Mit ›Das Tao ist Stille‹ ist dem amerikanischen Mathematiker und Philosophen Raymond Smullyan eine ebenso humorvolle wie tiefsinnige Einführung in die Philosophie des Taoismus gelungen. Erfrischend unkonventionell und ohne falschen Respekt vor festgefahrenen akademischen Vorstellungen macht er uns bewußt, daß die über 2000 Jahre alten Einsichten eines Laotse oder Tschuangtse auch auf unseren modernen westlichen Alltag anwendbar sind.

Smullyan zeichnet ein wunderbar großzügiges und beschauliches Konzept der Welt mit einer fast altmodischen wohlwollenden Annäherung an die Mitmenschen.

Dieses Buch zeigt uns, was geschieht, wenn ein westlicher Wissenschaftler mit östlicher Weisheit konfrontiert wird, und daß eine Begegnung zweier derart unterschiedlicher Denkhaltungen kein Widerspruch sein muß, sondern ein geistvolles und erheiterndes Erlebnis, das dem Denken neue Horizonte öffnet.

Raymond Smullyan, 1918 auf Long Island (New York) geboren, verließ bereits mit zwölf Jahren die Schule, um sich ausschließlich mit moderner Algebra und mathematischer Logik zu beschäftigen. Er lehrt u.a. an der City University in New York. In Deutschland wurde Smullyan bekannt durch seine Bücher über mathematische Logeleien.

Raymond Smullyan

Das Tao ist Stille

Aus dem Amerikanischen von
Robert Riedel

Fischer
Taschenbuch
Verlag

Spirit
Herausgegeben von
Stephan Schuhmacher

Veröffentlicht im Fischer Taschenbuch Verlag GmbH,
Frankfurt am Main, September 1997

Lizenzausgabe mit freundlicher Genehmigung
des Wolfgang Krüger Verlages, Frankfurt am Main

Die amerikanische Originalausgabe erschien 1977
unter dem Titel »The Tao is Silent«
im Verlag Harper & Row, New York

Druck und Bindung: Clausen & Bosse, Leck
Printed in Germany
ISBN 3-596-13588-5

Gedruckt auf chlor- und säurefreiem Papier

Um jeden Preis mußten die Christen Heiden und Atheisten von der Existenz Gottes überzeugen, um deren Seelen zu retten. Um jeden Preis mußten die Atheisten den Christen beweisen, daß ihr Glaube an Gott lediglich eine kindische und primitive Einbildung war, die der Sache des eigentlichen gesellschaftlichen Fortschritts ungeheuren Schaden zufügte. Also kämpften sie und rannten und schossen sich gegenseitig über den Haufen. Währenddessen sitzt der taoistische Weise ruhig an einem Fluß, hat vielleicht einen Gedichtband, Wein und sein Malzeug bei sich und genießt frohen Herzens das Tao, ohne sich je darum zu sorgen, ob es existiert oder nicht. Der Weise muß seine Kraft nicht auf das Tao verwenden; er ist vollauf damit beschäftigt, es zu genießen.

Inhalt

An meine deutschen Leser 11
Vorwort 13

Teil 1
Was ist das Tao?

1. Der Kern der chinesischen Philosophie 17
2. Das Tao 19
3. Existiert das Tao? 21
4. Existiert das Tao tatsächlich? 23
5. Das Tao ist vage 28
6. Das Tao ist formlos 33
   1. Läßt sich das Tao definieren? 33
   2. Ist das Tao etwas Wirkliches? 37
7. Das Tao ist geheimnisvoll und weiblich 40
8. Das Tao hat keinen Namen 43
9. Das Tao redet nicht 49
10. Das Tao und der Weise diskutieren nicht . . . 50
   1. Das Tao 50
   2. Der Weise 50
11. Ich bin wie ein Spiegel 55
12. Das Tao ist überall 58
13. Das Tao verlangt keinen Gehorsam 60
14. Das Tao ist nicht hochmütig 64

15. Verehrung des Buddha *69*
16. Im Einklang mit dem Tao *77*
17. Das Tao ist Spontaneität *79*

Teil 2

Das Tao ist gut, aber ohne Moral

18. Ist der Mensch von Natur aus gut? *89*
19. Wohin der Wind weht *92*
1. Mein ethisches Prinzip *92*
2. Wohin der Wind weht *92*
20. Warum helfen Sie Ihren Mitmenschen? *101*
21. Taoismus oder Moral? *104*
22. Ist Gott Taoist? *125*
23. Das Tao ist gut, aber ohne Moral *160*

Teil 3

Das Tao ist Leichtigkeit

24. Gartenarbeit *167*
25. Über Hunde *170*
26. Es kommt auf die Behandlung an *174*
27. Über Egoismus *177*
28. Egoismus und Altruismus *182*
29. Bin ich egozentrisch? *186*
30. Egozentrik und kosmisches Bewußtsein *194*
31. Vertrauen in die eigene Natur *197*
1. Scherzrede an meine Neffen und Nichten *197*
2. Rückblick *198*
32. Wie man den Dingen ihren Lauf läßt *207*

33. Wenn man es zu nichts bringen will 210
34. Die Mühe lohnt sich nicht 217

Teil 4
Das Tao ist ein erfrischendes Paradox

35. Verrückte und vernünftige Philosophie 231
36. Wäre es nicht komisch, wenn... 234
37. Ein Traum 239
38. Astrologie 240
39. Zwei Zen-Geschichten 253
40. Zwei Versionen einer Geschichte über Bankei . 260
41. Eine imaginäre Zen-Geschichte 265
42. Warum wir einander manchmal mißverstehen . 267
43. Mondo über Unsterblichkeit 271
44. Sehen Sie den entscheidenden Punkt? 272
45. Erleuchtung 275
46. Die Abendkühle 279
47. Wenn die Zeit reif ist... 282

Anmerkung des Übersetzers 296
Anregungen zum Weiterlesen 297
Kleine Bibliographie für deutsche Leser 307
Anmerkungen 309

An meine deutschen Leser

Grüße an meine deutschsprachigen Leser! Ich bin sehr glücklich über das Erscheinen der vorliegenden Übersetzung. Wie ich im Vorwort dieses Buches schrieb, bedeutet Taoismus für mich einen Zustand innerer Gelassenheit in Verbindung mit einem ausgeprägten Bewußtsein für Schönheit. Einmal kritisierte mich jemand dafür, daß meine taoistische Einstellung »mit dem ständigen Drunter und Drüber des modernen amerikanischen Lebensstils so rein gar nicht zu tun hat«. Um Himmels willen! Ich habe ja gar nichts dagegen, wenn es bei Leuten, die das mögen, drunter und drüber geht, aber ich denke, daß wir bestimmt davon profitieren würden, wenn nicht nur der amerikanische Lebensstil, sondern das ganze Leben in dieser verrückten modernen Welt etwas mehr von jener alten chinesischen Geruhsamkeit des Taoismus oder Konfuzianismus an sich hätte.

Ein ähnlich bezeichnender Punkt: Ein weltberühmter amerikanischer Philosoph sagte mir nach der Lektüre dieses Buches, er sei zu sehr im Westen verwurzelt, um sich wünschen zu können, die dualistische Denkweise preiszugeben. Ich sagte ihm – und darauf möchte ich all meine Leser ernsthaft hinweisen –, daß ich *nicht* gegen dualistisches Denken sei! Es ist nicht so, daß ich den Dualismus gern abschaffen möchte, sondern daß ich es für außerordentlich wertvoll halte, wenn man darüber hinaus auch dazu fähig ist, nicht-dualistisch zu denken. Ich möchte unsere Denkmöglichkeiten nicht beschneiden, sondern sie um eine neue Dimension bereichern.

August 1993
Elka Park, New York *Raymond Smullyan*

Vorwort

Als ich den Schriften des Taoismus zum ersten Mal begegnete, entzückten sie mich in höchstem Maße. Es kam mir nicht so vor, als läse ich etwas Fremdes oder Exotisches, sondern ich fühlte, daß ich genau jene Gedanken las, die mich mein ganzes Leben lang beschäftigt hatten, nur viel besser ausgedrückt, als ich es je hatte tun können. Für mich bedeutet Taoismus einen Zustand innerer Gelassenheit in Verbindung mit einem ausgeprägten Bewußtsein für Schönheit. Nur eines davon reicht nicht aus. Eine rein passive Gelassenheit ist eher stumpfsinnig, und ein von Angst bestimmtes Bewußtsein ist auch nicht gerade verlockend. Einer meiner Freunde, ein Chinese, kritisierte den Taoismus unlängst als eine Philosophie, in der man »sich sein Glück nicht verdienen muß«. Ich antwortete: »Was könnte besser sein?« Er widersprach: »Aber man *muß* sich sein Glück erst verdient haben!« Das ist genau der strittige Punkt! Mein ganzes Leben lang habe ich daran geglaubt, daß man sich sein Glück nicht verdienen muß. Folglich bin ich Taoist.

Eigentlich begegnet bin ich dem Taoismus erst durch den Zen-Buddhismus. Ich brauchte eine ganze Weile, bis ich merkte, in wie hohem Maße Zen Taoismus und Buddhismus miteinander kombiniert, und daß es in erster Linie die taoistischen Anteile waren, die mich ansprachen. Das Komische an Zen ist, daß es uns zuerst das Wasser im

Mund zusammenlaufen läßt, indem es von dieser Sache spricht, die man *Satori* (Erleuchtung) nennt, und uns dann unverzüglich mitteilt, daß es eben genau unser Verlangen nach *Satori* ist, das uns daran hindert, es zu erreichen! Dagegen beeindruckt mich der Taoist als jemand, der nicht so sehr nach etwas sucht, das ihm fehlt, sondern genießt, was er hat.

Dieses Buch ist nicht nur ein Buch *über* chinesische Philosophie; es enthält eine Reihe von Gedanken, zu denen chinesische Philosophie die *Anregungen* gab. Obwohl die taoistische Sichtweise im Mittelpunkt steht, behandelt das Buch insgesamt ein weites Spektrum von Themen – eigentlich ist es ein Buch vom Leben überhaupt. Gewidmet ist es meiner Frau, meinem Bruder und meiner Schwester, meinen Hunden, meinen Studenten, meinen Freunden, meinen Lesern und allen übrigen Menschen.

17. Januar 1977
Elka Park, New York — *Raymond M. Smullyan*

Teil 1

Was ist das Tao?

何謂道

1

Der Kern der chinesischen Philosophie

Einer meiner Freunde, ein Mathematiker, erzählte mir kürzlich von einem seiner Freunde, der ebenfalls Mathematiker ist und jeden Tag »ein Nickerchen zu machen pflegt«. Nun mache ich nie ein Nickerchen, aber ich schlafe oft beim Lesen ein – was etwas ganz anderes ist, als wohlüberlegt ein Nickerchen zu machen. Ich gleiche da eher meinen Hunden Peekaboo, Peekatoo und Trixie als dem besagten Mathematikerfreund zweiten Grades. Keiner dieser Hunde macht jemals ein Nickerchen; sie schlafen einfach ein. Sie schlafen ein, wo und wann es ihnen gefällt (was sie, nebenbei gesagt, fast unentwegt tun). So sind diese Hunde die wahren Weisen.

Ich glaube, das ist alles, worum es in der chinesischen Philosophie wirklich geht. Das übrige ist bloße Ausschmückung. Wenn Sie lernen können, wie man einschläft, ohne ein Nickerchen zu machen, dann werden Sie ein Weiser. Aber wenn Sie es nicht können, werden Sie sehen, daß es nicht so einfach ist, wie Sie vielleicht glauben. Es braucht *Disziplin,* aber Disziplin östlichen, nicht westlichen Stils. Östliche Disziplin befähigt Sie eher dazu einzuschlafen, als ein Nickerchen zu machen. Westliche Disziplin läßt Sie genau das Gegenteil tun. Östliche Disziplin bringt Ihnen bei, sich selbst zu erlauben zu schlafen, wenn Sie müde sind. Westliche Disziplin erzieht Sie dazu, sich zum Schlafen zu *zwingen,* gleichgültig ob Sie müde sind oder nicht. Wäre ich Laotse gewesen, so hätte ich folgende Maxime angefügt, von der ich glaube, daß sie die Quintessenz der taoistischen Philosophie enthält:

Der Weise schläft nicht ein
Weil er es soll
Nicht einmal weil er es will
Sondern weil er müde ist.

2
Das Tao

Es gibt ein Verschwommenes und Ununterscheidbares
Das Himmel und Erde vorausgeht.
So unterschiedslos! So verschwommen!
Doch in ihm ist Gestalt.
So dunkel! So verworren!
Ruhig, aber immerzu waltend.
Es tut nichts, und dadurch bleibt nichts ungetan.
Auf das Vollbrachte legt es keinen Wert.
Es liebt und nähret alle Dinge und spielt doch nicht den
Herren über sie.
Ich kenne seinen Namen nicht.
Ich nenne es das Tao.[1]

So schrieb Laotse vor ungefähr zweitausendfünfhundert Jahren. Ich glaube, eine bessere einführende Beschreibung des Tao läßt sich kaum wünschen. Sie wirft viele interessante Fragen auf: Was ist das Tao denn nun? Wie soll man das Tao definieren, oder verweigert sich das Tao jeder möglichen Definition? Wenn es existiert, wie ist es dann? Welche Eigenschaften hat es?

Bevor ich mich diesen Fragen zuwende, möchte ich die Geschichte eines Zen-Meisters erzählen, der von einem Schüler gefragt wurde: »Was ist das Tao?« Er antwortete: »Das werde ich dir sagen, wenn du die Wasser des westlichen Flusses mit einem einzigen Schluck ausgetrunken hast.« Der Schüler entgegnete: »Ich habe die Wasser des westlichen Flusses bereits mit einem Schluck ausgetrunken.« Darauf gab der Meister zurück: »Dann habe ich deine Frage beantwortet.«

3
Existiert das Tao?

Das Tao ist jenseits von Existenz und Nicht-Existenz.
Existenz ist etwas für Menschen, die Worte brauchen
Doch das Tao braucht keine Worte.
Es ist schweigsam wie eine Blume.
Worte kommen durch das Tao –
Das Tao bringt Worte hervor
Aber es gebraucht sie nicht.

In der Gerichtsszene in *Alice im Wunderland* verliest das weiße Kaninchen ein eigenartiges Gedicht, das für die Verhandlung offensichtlich ganz ohne Bedeutung ist, worauf der König triumphierend ausruft: »Das ist der entscheidende Beweis.« Alice widerspricht ihm prompt, indem sie sagt: »Meiner Meinung nach ist darin keine Spur von Sinn.« Da antwortet der König: »Wenn es keinen Sinn hat, können wir uns sehr viel Mühe sparen, denn dann brauchen wir ihn gar nicht erst zu suchen.«[1]

Zu den Taoisten könnte ich eine ähnliche Anmerkung machen. Da die Taoisten nirgendwo behaupten, daß das Tao existiert, sparen sie sich sehr viel Mühe, denn sie brauchen gar nicht erst zu beweisen, daß das Tao existiert. Das ist gesunder chinesischer Menschenverstand in Reinkultur!

Vergleichen wir diese Situation mit der Geschichte

westlicher Religionen. Wieviel Streit, Kampf, Blutvergießen und Unheil wegen der leidigen Frage, ob Gott nun existiert oder nicht! Allem Anschein nach war es mindestens eine Sache auf Leben und Tod. Um jeden Preis mußten die Christen Heiden und Atheisten von der Existenz Gottes überzeugen, um deren Seelen zu retten. Um jeden Preis mußten die Atheisten den Christen beweisen, daß ihr Glaube an Gott lediglich eine kindische und primitive Einbildung war, die der Sache des eigentlichen gesellschaftlichen Fortschritts ungeheuren Schaden zufügte. Also kämpften sie und rannten und schossen sich gegenseitig über den Haufen. Währenddessen sitzt der taoistische Weise ruhig an einem Fluß, hat vielleicht einen Gedichtband, Wein und sein Malzeug bei sich und genießt frohen Herzens das Tao, ohne sich je darum zu sorgen, ob es existiert oder nicht. Der Weise muß seine Kraft nicht auf das Tao verwenden; er ist vollauf damit beschäftigt, es zu genießen.

4
Existiert das Tao tatsächlich?

Sie sind ganz schön hartnäckig! Also gut, ich werde etwas mehr darüber sagen.

Der Taoist ist nicht vergleichbar mit dem westlichen Agnostiker, der zugesteht, daß Gott entweder existiert oder nicht, aber nicht weiß, was davon zutrifft. Der westliche Agnostiker würde sagen: »Durch elementarste aristotelische Logik wissen wir, daß Gott entweder existiert oder nicht, aber weder für die eine noch für die andere der beiden Möglichkeiten haben wir einen schlagkräftigen Beweis. Folglich besteht der einzige vernünftige Ausweg darin, unser Urteil in dieser Sache aufzuschieben, bis uns weitergehendere Einsichten zugänglich sind.« Der Taoist sieht die Sache ganz anders. Er schiebt sein Urteil darüber, ob es das Tao gibt, nicht auf. Schon die Frage der Existenz oder Nichtexistenz des Tao kommt ihm gar nicht erst in den Sinn, und wenn sie jemand stellt, betrachtet er sie als unklar, sinnlos, eigentlich irrelevant und sogar seltsam. In dieser Hinsicht verhält er sich auf befremdliche Weise so wie ein logischer Positivist aus dem Westen, wenn auch vielleicht aus anderen Gründen. Fragte man einen logischen Positivisten danach, ob das Tao existiert oder nicht, würde er erklären, die Frage sei »sinnlos«. Er würde zunächst eine eindeutige Definition des Wortes »Tao« verlangen. Wenn nun, wie der logische Positivist sagt, die Frage tatsächlich sinnlos ist, wäre ich damit vollkommen zufrieden, denn ich könnte antworten: »Wenn es keinen Sinn hat, können wir uns sehr viel Mühe sparen, denn wir brauchen ihn gar nicht erst zu suchen.«

An dieser Stelle sind Sie womöglich ein bißchen irritiert und sagen: »Halt! Sie weichen dem entscheidenden Punkt aus. Gibt es das Tao nun oder nicht? Ist es eine Realität oder bloße Einbildung, ein Hirngespinst?«

Nun hat es verwandte Fragen bezüglich der Existenz in anderen Bereichen gegeben, die ebenso fruchtlos waren. Beispielsweise gab es eine ausgedehnte metaphysische Kontroverse um die Existenz sogenannter Universalien – d. h. etwas wie *das Rote, das Dreieckige, das Schöne, das Gute* usw. Existiert *das Rote*? Wenn ja, wo ist es, wieviel wiegt es, welche Form hat es und welche Farbe? (Würden Sie sagen, daß die Farbe Rot selbst auch rot ist? Wohl kaum!) Ist es überhaupt so, daß das Rote an sich existiert? Naiv könnte man sagen: »Natürlich gibt es das Rote: Sieh dir Rosen, Lippenstifte oder Äpfel an ...« Aber das bedeutet nur, daß es *Gegenstände* gibt, die rot sind; es beweist nicht, daß es auch »das Rote« an sich gibt. Die Frage, ob es eine derartige Entität gibt, ist in der Geschichte der westlichen Philosophie lebhaft diskutiert worden. Da gibt es die sogenannten Nominalisten, die glauben, die Antwort sei »Nein«. Natürlich geben sie die Existenz einzelner roter Gegenstände zu, aber sie bestreiten die Existenz einer Entität namens »das Rote«. Sie akzeptieren das Wort »rot« als *Adjektiv* (schließlich gibt es rote Gegenstände), aber sie bestreiten jegliche Berechtigung, das Wort »das Rote« als *Substantiv* zu gebrauchen. Sie würden bestreiten, daß dem Wort »das Rote« irgendeine tatsächliche Bedeutung zukommt. Sie glauben nicht, daß »das Rote« tatsächlich eine *Bezeichnung* für etwas ist. Andererseits gibt es die sogenannten Realisten (manchmal auch Platoniker genannt), die glauben, daß »das Rote« wirklich und auch zu Recht ein Substantiv ist – eben die Bezeichnung für das Rote. Außerdem glauben sie, daß das Wort »rot« ebensogut als Adjektiv wie als Substantiv gebraucht werden kann. So wird es z. B. in dem Satz: »Dieser Apfel ist rot« als Adjektiv gebraucht; aber in dem Satz »Rot ist eine Grundfarbe« als Substantiv. Ferner glaubt der Realist, daß »das Rote« tatsächlich die Bezeichnung von etwas ist: Es bezeichnet die Farbe Rot.

In ähnlicher Weise erstreckt sich die Kontroverse zwischen den Realisten und Nominalisten auf andere sogenannte Universalien. Die Realisten glauben mit Plato an die Existenz des *Wahren, Guten und Schönen,* während die Nominalisten lediglich glauben, daß es angemessen ist, eine Aussage als »wahr«, eine Handlung als »gut« und ein Kunstwerk als »schön« zu bezeichnen.

Einige der mathematischen Laien unter den Lesern werden vermutlich davon überrascht sein, daß derartige Kontroversen selbst in jenem Reich existieren, das man als Grundlagenforschung der Mathematik kennt. Diesen Bereich hält der Laie irrtümlich für feststehend und unbestreitbar. Doch damit liegt er vollkommen falsch. Der sogenannte mathematische Realist (auch Klassizist oder Platoniker) glaubt an eine von linguistischen Bedingungen unabhängige Welt mathematischer Entitäten wie »Zahlen, Reihen, Funktionen, Gruppen, topologische Räume« etc., und daß der Zweck der Mathematik darin besteht, verschiedene Aussagen über diese Entitäten zu entdecken und zu beweisen, die wahr sind. Auf der anderen Seite stehen die sogenannten Formalisten, die glauben, daß all diese angeblichen Gegenstände der Mathematik nichts als

Hirngespinste sind; das einzig Reale sind die Symbole, die man braucht, um sie auszudrücken. Folglich scheint das Interesse des mathematischen Formalisten rein linguistischer Natur zu sein. Für ihn ist Mathematik nichts weiter als ein Studium von Symbolketten, die er »formale Ausdrücke« nennt, und davon, wie man sie nach den durch das zu untersuchende System vorgegebenen Regeln manipulieren muß. Die Ausdrücke für sich genommen drücken rein gar nichts aus. So bestreitet der Formalist (wie der Norminalist), daß »Zahlen« in einem anderen Sinn existieren könnten, als auf der Ebene rein linguistisch verstandener Ausdrücke.

Wir könnten das Problem der Existenz des Tao ähnlich angehen. Vielleicht gibt es Leute, die die Brauchbarkeit des Wortes »Tao« als Substantiv bestreiten würden. Sie würden sich weigern, an die Existenz irgendeiner Entität namens Tao zu glauben, aber sie würden trotzdem das Adjektiv »taoistisch« als ein durchaus sinnvolles Wort akzeptieren. Mit Sicherheit sollte es für jeden Studenten chinesischer Kunst und Literatur (auch wenn er absolut keine metaphysischen Neigungen hat) offensichtlich sein, daß manche Werke eher taoistisch zu nennen sind als andere. Beispielsweise ist es eine allgemein anerkannte Tatsache, daß die Landschaftsmalerei der Sung-Zeit eher taoistisch genannt werden kann als die Kunst der Tang-Dynastie. Es wird also kaum jemand Einwände gegen den Gebrauch des Wortes »taoistisch« haben, obwohl viele Leute Einwände gegen das Wort »Tao« erheben könnten.

Einigen von Ihnen mag es vorkommen, als würde ich der Frage, ob das Tao nun wirklich existiert oder nicht, immer noch ausweichen. Weiß ich das überhaupt?

»Aber«, werden Sie vielleicht einwerfen, »haben Sie denn in dieser Angelegenheit gar keine eigene Meinung?«

Nehmen wir an, Sie wären tatsächlich hier, in meinem Arbeitszimmer, um mich in die Ecke zu treiben, und sagten mir auf den Kopf zu: »Smullyan! Schluß mit den Ausreden! Glauben Sie, daß das Tao existiert: Ja oder nein?« Was würde ich antworten? Das hinge davon ab, ob ich mich zum Zeitpunkt Ihrer Frage in einer eher westlichen oder eher östlichen Stimmung befände. In einer eher westlichen Stimmung (die am Dualismus von Existenz und Nichtexistenz festhält) würde ich, da ich dazu neige, Platoniker zu sein, wahrscheinlich antworten: »Ja, das Tao existiert.« Was aber, wenn wir annehmen, ich wäre gerade östlich gestimmt? Wenn Sie jetzt einen Zen-Meister fragen würden, ob das Tao existiert, gäbe er Ihnen wahrscheinlich einen kräftigen Schlag mit seinem Stock. Da ich von etwas sanfterer Natur bin, würde ich Sie wahrscheinlich einfach anlächeln (vielleicht ein klein wenig mitleidig) und Ihnen eine Tasse Tee anbieten.

5
Das Tao ist vage

Das Tao ist formlos und vage.
Es ist verborgen, geheimnisvoll und dunkel.
Es ist der Ursprung aller Dinge.
Laotse[1]

Wenn mich jemand darum bäte, das Wort »Tao« zu definieren, wäre ich dazu natürlich nicht in der Lage. Heißt das, daß ich davon nur eine vage Vorstellung habe? Vermutlich heißt es genau das. Aber sie ist, so seltsam es klingen mag, genauso vage wie die meisten Begriffe in meinem Leben! Worte wie *das Wahre, Gute und Schöne, Freiheit, Determinismus, richtig, falsch, Geist, Materie* scheinen ebenso vage zu sein – wenigstens wenn ich sie benutze. Nun hat die Vorstellung, der Begriff Tao sei vage, einen eigenartigen Zug: vom Tao selbst wird angenommen, es sei vage – ist es da nicht angemessen, wenn der Begriff, den wir uns von ihm machen, in Entsprechung dazu ebenso vage ist? Und sollte ein Begriff, der der Sache angepaßt ist, diese nicht widerspiegeln, reflektieren, abbilden, nachahmen und – in gewissem Sinne – so wie sein Objekt beschaffen sein? Die Antwort auf diese Frage ist wahrscheinlich »nein«, aber lassen Sie uns so tun, als ob sie »ja« wäre, denn dann würde etwas Seltsames und Hintersinniges folgen: Wenn die »Abbildtheorie« des Wissens korrekt ist, und wenn das Tao wirklich so vage ist, wie die

Taoisten gern behaupten, dann folgt daraus, daß ein genau definierter Begriff des Tao eben *wegen seiner Genauigkeit unzutreffend* sein muß. D.h. ein genauer Begriff des Tao unterscheidet sich darin wesentlich vom Tao, daß die Vorstellung präzise bestimmt ist, das Tao selbst jedoch nicht. Folglich muß die Vorstellung unangemessen sein. Anders gesagt: Eine angemessene Vorstellung vom Tao muß ebenso vage sein wie das Tao selbst.

Natürlich hat meine Argumentation einige Schwachstellen. Einerseits scheint die Abbildtheorie des Wissens höchst verdächtig zu sein. Wenn ich ganz offen bin, finde ich diese Theorie eigentlich vollkommen lächerlich. Die Vorstellung, daß eine Vorstellung ihrem Objekt *gleicht*! Was soll das denn heißen, daß eine Vorstellung ihrem Objekt gleicht? Ich weiß, was es heißt, eine Vorstellung von einem Objekt zu haben, aber eine Vorstellung, die einem Objekt gleicht, erscheint mir grotesk.* Nein, selbstverständlich akzeptiere ich die Abbildtheorie des Wissens nicht, also ist die erste Voraussetzung meiner Argumentation falsch. Aber wie steht es mit der zweiten Voraussetzung, daß das Tao selbst vage sei? Auch das läßt sich in Frage stellen. Man könnte sogar so argumentieren, daß ein *Ding* niemals vage sein kann; nur Vorstellungen sind vage. Anders gesagt ist Unbestimmtheit eine Eigenschaft, die nicht Dingen, sondern eher Vorstellungen oder Aussagen zukommt. Dem würde ich zustimmen. Ich bezweifle, daß ein Objekt, ein Ding, vage sein kann. Doch offensichtlich ist das Tao vage. Folglich ist das Tao kein Ding.

* Manche Leute sagen, daß Vorstellungen Objekten in dem Sinne gleichen können, daß zwischen ihnen Isomorphie bestehe. Aber offen gesagt heißt Isomorphie für mich nichts anderes, als sich auf etwas dürftige Art zu gleichen!

Seltsamerweise habe ich der Welt damit bereits den zweiten Beweis erbracht, daß das Tao kein »Ding« ist – eine Tatsache, die erstmals von einem viel früheren Taoisten dargelegt und bewiesen wurde (ungefähr 500 oder 600 v. Chr.). Der frühere Beweis ist interessant und lehrreich und nimmt in gewisser Hinsicht die Unterscheidung zwischen Klassen und Mengen in der modernen Mathematik vorweg. Dem Beweis zufolge ist das Tao das, wodurch alle Dinge entstehen, also kann das Tao kein Ding sein.

Wenn ich eben sagte, ich hätte der Welt den zweiten Beweis dafür erbracht, daß das Tao kein Ding sei, gebrauchte ich das Wort Beweis natürlich mit einem Augenzwinkern. (Als ob sich über das Tao etwas *beweisen* ließe!) Offensichtlich habe ich keinen blassen Schimmer bewiesen! Denken Sie noch einmal an meinen Beweis zurück. Ich sagte, ein Ding könne nicht vage sein, folglich sei das Tao kein Ding. Aber woher weiß ich denn, ob das Tao wirklich vage ist? Eine ausgezeichnete Frage! Woher weiß ich es? Und wenn wir schon dabei sind: Weiß ich es *tatsächlich*? Die Antwort lautet »nein«. Nein, ich weiß nicht, ob das Tao vage ist, aber das Komische daran ist, daß das Tao trotzdem vage ist, auch wenn ich es nicht weiß! (Zum Glück ist die Unbestimmtheit des Tao unabhängig von meinem Wissen über seine Unbestimmtheit.) »Aber«, werden Sie ausrufen, »setzen Sie nicht schon wieder eben das voraus, was Sie zuerst beweisen müßten?« Meine Antwort lautet »nein«, und zwar aus zwei Gründen: Erstens setze ich nicht voraus, daß das Tao vage ist, sondern ich teile Ihnen einfach mit, daß das Tao vage ist. Zweitens glaube ich, daß es nicht nötig ist zu beweisen, daß das Tao vage ist, weil ich nicht glaube, daß es bewiesen werden kann. Wenn es sich nämlich beweisen ließe, dann müßte man es auch wissen können, und da ich nicht glaube, daß man es wissen kann, glaube ich auch nicht, daß es sich beweisen läßt.

Warum suche ich an dieser Stelle keinen rationalen oder wissenschaftlichen Zugang zu diesem Problem? Gute Idee, probieren wir es! Ich werde mich der Sache nun als analytisch geschulter Philosoph – oder noch besser als logischer Positivist zuwenden. Als erstes sollte ich eine *Analyse* der Aussage »Das Tao ist vage« durchführen. Was ist das für eine Aussage? Ist sie wahr oder falsch? Mit Sicherheit wird Ihnen jeder gute logische Positivist antworten, daß diese Aussage weder wahr noch falsch, sondern schlicht »sinnlos« ist (wie z. B. die Aussage »Das Absolute ist schön«*). Die Positivisten können Ihnen sogar beweisen, daß diese Aussage sinnlos ist. Sie geben Ihnen eine absolut genaue – kein bißchen vage – Definition von »Sinn« und werden Ihnen mit unwiderlegbarer Logik zeigen, daß die Aussage nicht in die Kategorie des Sinnvollen fällt. Damit fällt die Aussage auch nicht in die Kategorie »wahr« oder »falsch« – sie ist zu vage, um wahr oder falsch zu sein! Ja, die Positivisten werden Ihnen versichern, daß eben die Aussage »Das Tao ist vage« selbst vollkommen vage ist.

Das Aufregende daran ist, daß die Positivisten diesmal tatsächlich recht haben. Sie haben sogar mehr recht, als ihnen bewußt ist! Die Aussage »Das Tao ist vage« ist nicht nur in bezug auf den lächerlich beschränkten Begriff, den die Positivisten von *Sinn* haben, vage und sinnlos (denn in diesem beschränkten Rahmen sind alle Aussagen sinnlos, die sie für sinnlos erklären), sondern die Aussage »Das Tao

* Obwohl das Absolute, nebenbei gesagt, *tatsächlich* schön ist!

ist vage« ist in einem absoluten Sinn wirklich vage! Es ist eine der vagesten Aussagen, die ich kenne. Sie ist so vage, wie es eine Aussage nur sein kann. Sie ist auf schöne und wunderbare Weise vage – fast so vage wie das Tao selbst.

6
Das Tao ist formlos

1. Läßt sich das Tao definieren?

Vielleicht beschreibt man Zen-Buddhismus am treffendsten als eine Mischung aus chinesischem Taoismus und indischem Buddhismus, dem eine Prise Salz und Pfeffer (insbesondere Pfeffer) durch das Japanische beigemengt wird. Es ist fraglich, ob man den Zen-Buddhismus eine *Philosophie* nennen sollte. Wie von vielen Anhängern des Zen immer wieder betont wird, ist Zen eher eine bestimmte Art zu leben, eine Ansammlung von Verhaltensweisen, eher eine *Gestalt* als eine Ansammlung kognitiv sinnvoller Sätze. Ich denke, daß in dieser Aussage viel Wahrheit steckt, aber wie viele andere Aussagen auch darf man sie nicht überstrapazieren. Ich glaube, daß Zen in erster Linie eine »Lebensart« und keine Lehre ist, aber ich glaube nicht, daß Zen ganz ohne Lehre ist.* Und es kommt mir so vor, daß eine Sache, die im Zen besonders hervorgehoben wird, die Vorstellung ist, daß sich das Transzendente im Immanenten finden läßt. In Wirklichkeit sind das Transzendente und das Immanente identisch. Mit Sicherheit ist es dieser Gedanke, der uns in dem folgenden Zen-Gedicht so ausdrücklich beeindruckt:

* Ich kenne keine Lehre, auf die das zuträfe.

Wenn die Vögel ihr Lied von den Baumwipfeln singen,
Übermitteln sie die Lehre aller Patriarchen.
Wenn die Bergblumen erblühen,
Offenbart ihr Duft den Wahren-Sinn.[1]

Natürlich ist der Gedanke, daß das Transzendente sich im Immanenten findet, auch in jener bekannten Geschichte deutlich ausgedrückt, in der ein Zen-Meister auf die Frage »Was ist das Tao?« antwortet: »Dein gewöhnliches Bewußtsein.«

Hier kann man fragen: »Wenn das Tao nichts weiter als das gewöhnliche Bewußtsein ist, warum es dann das Tao nennen? Warum nennt man es nicht einfach das gewöhnliche Bewußtsein?«

Es ist außerordentlich schwierig, auf diese Frage eine logische Antwort zu geben. Erstens glaube ich, daß es ein Fehler ist, die Aussage »Das Tao ist dein gewöhnliches Bewußtsein« als »Das Tao ist *nichts weiter* als dein gewöhnliches Bewußtsein« zu interpretieren. Ich glaube kaum, daß in dem Satz »Das Tao ist dein gewöhnliches Bewußtsein« das Wort »ist« dazu dient, die Begriffe »Tao« und »gewöhnliches Bewußtsein« gleichzusetzen. Ich würde eher sagen, daß das Tao zwar mein gewöhnliches Bewußtsein ist, *aber mehr als nur das.* Tatsächlich lesen wir im *Tao Te King,* daß das Tao Himmel und Erde vorausgeht. Geht Ihr gewöhnliches Bewußtsein Himmel und Erde voraus? Wer weiß, womöglich tut es das! Auf jeden Fall finde ich den Satz »Das Tao ist dein gewöhnliches Bewußtsein« außerordentlich einleuchtend; natürlich unter der Voraussetzung, daß man ihn nicht allzu wörtlich nimmt.

Aber, so werden Sie vielleicht weiterfragen, wenn das

Tao einfach das gewöhnliche Bewußtsein ist, warum sollte man es dann nicht eher das gewöhnliche Bewußtsein nennen als das Tao? Und außerdem, was *ist* das Tao, wie definiert man das Tao?

Das Wort ist viele Male ganz unterschiedlich übersetzt worden: *Gott; Natur; das Absolute; das, wodurch alle Dinge entstehen; die große Leere; der Sinn; der Weg* etc. Meine Lieblingsdefinition lautet vielleicht: »Der Grund dafür, daß die Dinge sind wie sie sind.« Trotzdem muß ich die Frage stellen: Sorgt irgendeine dieser Definitionen – so suggestiv und wunderbar sie sind – für eine Klärung unseres Begriffs vom Tao? Und ist es überhaupt wünschenswert, daß dieser Begriff geklärt wird?

Manche Leute sagen, das Wort »Tao« sei unübersetzbar; andere, es sei undefinierbar. Ist die erste Aussage so überraschend? Wenn Sie eine Fremdsprache beherrschen, kennen Sie solche Worte, für die Ihre Muttersprache nur Annäherungen, aber keine genau zutreffende Entsprechung bietet. Betrachten wir nun die Behauptung, das Wort Tao sei undefinierbar. In den Köpfen vieler Leute, die sich etwas darauf einbilden, »kritische Denker« zu sein, erregt so etwas tiefes Mißtrauen. Aber ist dieses Mißtrauen wirklich gerechtfertigt? Viele Menschen werden steif und fest behaupten, daß man gar nicht wirklich weiß, worüber man redet, wenn man seine Ausdrücke nicht definieren kann. Es gibt sogar jene seltsame Auffassung, die Unfähigkeit zu sagen, was man meint, bedeute, daß man eben nichts meint. Ich glaube, in diesem Punkt sollten wir uns an den Philosophen Wittgenstein halten, der weise bemerkte: »Schau nicht auf die Bedeutung; schau auf den Gebrauch!« Darin könnte sehr wohl der Schlüssel zu unserer Frage liegen. Obwohl ich noch einen Schritt weiter gehen würde und sagen, daß die Bedeutung der Gebrauch *ist* – zumindest ist die eigentliche Bedeutung der Gebrauch. Für mich ist die wahre Bedeutung eines Begriffs die Summe aller Gelegenheiten seines Gebrauchs und aller Assoziationen zu dem Begriff. Wie soll man das alles in einer kurzen Definition unterbringen? Dazu ist zu sagen, wer wirklich die Bedeutung eines Wortes wie *Tao* herausfinden möchte – und zwar die, die die taoistischen Schriftsteller meinten, als sie das Wort gebrauchten –, kann nicht erwarten, sie zu erfahren, indem er die Abkürzung über eine Definition nimmt. Um die wahre Bedeutung des Ausdrucks »Tao« zu verstehen, muß man hunderttausend Fälle begutachten, in denen der Ausdruck tatsächlich gebraucht wird. Aber das ist noch nicht alles. Um den Begriff Tao zu erfassen, muß man außerdem vollkommen vertraut mit taoistischer Dichtung und Malerei sein (und wohl ebenso mit Kalligraphie), die das taoistische Lebensgefühl am konkretesten und lebendigsten verkörpern. Kurz gesagt: Um die Bedeutung des »Tao« zu verstehen, muß man ganz und gar in die Philosophie und die Künste des Taoismus eintauchen.

Wenn Sie all dies hinter sich haben, wenn Sie tausendmal den Gebrauch des Wortes »Tao« begutachtet haben, könnten Sie sich daran versuchen, Ihre Klugheit unter Beweis zu stellen, indem Sie eine einzige Definition formulieren, die die ganze Vielfalt der einzelnen Fälle abdeckt. Aber selbst wenn es Ihnen gelingt, wird Ihre Definition all denen trotzdem vollkommen leer erscheinen, die nicht über Ihre konkrete Erfahrung verfügen, wie es tatsächlich ist, mit dieser Philosophie zu leben!

2. Ist das Tao etwas Wirkliches?

Einige werden vielleicht behaupten, daß man das Tao nur in der mystischen Erfahrung kennenlernen kann. Doch was ist eine mystische Erfahrung? Nahezu jeder kann sich etwas unter einer ästhetischen Erfahrung vorstellen, aber unter einer mystischen Erfahrung? Es mag einen engen Zusammenhang zwischen den beiden geben, aber ich würde kaum sagen, daß sie identisch sind. Meiner Ansicht nach ist der Sinn für das Mystische vom Schönheitssinn ebenso verschieden wie beide vom Sinn für Humor.

Aber was ist dieser Sinn für das Mystische, und was ist eine mystische Erfahrung? Ist es eine freischwebende Erfahrung, oder hat diese Erfahrung einen Gegenstand? Und vorausgesetzt, sie hat einen Gegenstand, ist dieser Gegenstand real, oder existiert er nur in unserer Einbildung?

Um diese seltsame Frage drehen sich viele Kontroversen. Zahlreiche Psychologen, die sich mit Mystizismus befassen, haben alles nur Erdenkliche unternommen, um zu beweisen, daß der Gegenstand mystischer Erfahrung nichts Wirkliches ist. Sie charakterisieren Mystiker als Menschen, die emotionalen Störungen unterliegen (als Schizophrene und Hysteriker) und ihre Traumwelt mit den Dingen bevölkern, die sie in der wirklichen Welt nicht finden können. Auf der anderen Seite haben die Verteidiger des Mystizismus (bei denen es sich meist eher um Philosophen als um wahrhafte Mystiker handelt) ebenfalls alles Erdenkliche unternommen, um uns davon zu überzeugen, daß das, was die Mystiker wahrnehmen, etwas außerordentlich Wirkliches sei. Wer hat nun recht? Nehmen die Mystiker eine Wirklichkeit wahr oder nicht?

Stellen wir uns einmal zwei Menschen vor, von denen einer ein Musiker, der andere dagegen extrem unmusikalisch ist, und die beide einem Musikstück lauschen. Der Unmusikalische gibt offen zu: »Ich höre zwar die Noten, aber keine Melodie.« Der Musiker versichert dem anderen, daß er neben den einzelnen Noten noch etwas viel Entscheidenderes hört: die Melodie! Doch worin besteht diese Melodie, die der Musiker zu hören vorgibt? Die Einzelnoten, d. h. die Schallwellen, werden sowohl vom Musiker wie vom Nichtmusiker wahrgenommen, und ihre Wirklichkeit im rein physikalischen Sinn ist allgemein anerkannt. Aber wie steht es mit der Melodie? Ist sie etwas Wirkliches, oder existiert sie nur in unserem Bewußtsein oder unserer Einbildung? Eine höchst seltsame Frage! Ich denke, es wäre vollkommen irreführend zu sagen, sie bestehe nur in der Einbildung. Der Musiker, der behauptet, eine Melodie zu hören, ist nicht das Opfer seiner Einbildungen. Tatsächlich ist die gehörte Melodie etwas außerordentlich Wirkliches, obwohl es eine andere und viel diffizilere Frage ist, ob man sagen sollte, daß sie nur im Bewußtsein existiert. Darauf weiß ich keine Antwort. Auf jeden Fall glaube ich kaum, daß irgend jemand dagegen Einspruch erheben wird, wenn ich behaupte, daß Melodien etwas Wirkliches sind. Und ich denke, daß wir das Wort »wirklich« eher in diesem Sinn benutzen, wenn wir vom Tao sagen, es sei etwas Wirkliches. Der wahre Taoist (oder der sogenannte Mystiker anderer Religionen, und selbst der gottlose Mystiker) nimmt das, was er das Tao nennt (und was andere Gott, Natur, das Absolute oder kosmisches Bewußtsein nennen), ebenso direkt wahr wie der Musiker die Melodie. Der Musiker braucht weder einen »Glauben« an die Melodie, noch muß er die Existenz der Melodie aufgrund einer schriftlichen Autorität akzeptieren; er erlebt ganz offensichtlich eine unmittelbare Erfahrung der Melodie selbst. Und hat er die Melodie einmal gehört, so ist es ihm unmöglich, daran zu zweifeln.

Aber wie läßt sich das Tao unmittelbar wahrnehmen? Durch unser Gehör? Nicht ganz. Unser physischer Hörsinn spielt offenbar eine wesentliche Rolle, aber er ist nicht das einzige, worauf es ankommt. Der Nichtmusiker kann ein ebenso gutes Gehör wie der Musiker haben, und dennoch wird es ihm nicht gelingen, die Melodie so wie der Musiker zu erfahren. Also legt unser Gebrauch der Formulierung »die Melodie hören« eine erweiterte und subtilere Bedeutung des Wortes *hören* nahe, die über das bloße »Hören von Tönen« hinausgeht. Der entscheidende Punkt ist, daß eine Melodie mehr ist als eine Reihe von Tönen; sie besteht aus Tönen, die irgendwie in eine Art Muster oder Struktur eingefügt sind.

Vielleicht wird der eine oder andere behaupten, das Tao sei nichts anderes als das physikalische Universum. Damit würde er jedoch den entscheidenden Punkt ebensowenig treffen wie jemand, der behauptet, eine Melodie sei nichts weiter als eine Reihe von Tönen. Es wäre richtiger zu sagen, daß das Universum zum Tao im gleichen Verhältnis steht wie die einzelnen Töne einer Melodie zu der Melodie.

7
Das Tao ist geheimnisvoll und weiblich

Der Geist des Tales stirbt nicht.
Man nennt ihn das geheimnisvoll Weibliche.
Die Pforte des geheimnisvoll Weiblichen
Ist der Grund, aus dem Himmel und Erde entsprungen.
Es ist um uns und in uns allezeit.
Schöpfe daraus soviel du willst, er versiegt nie.
Laotse, nach der Übersetzung
von Arthur Waley[1]

Wenn das Tao geheimnisvoll und weiblich ist, dann ist es kein Wunder, daß ich es so sehr liebe. Was könnte einen mehr gefangen nehmen als eine geheimnisvolle Frau? Eine geheimnisvolle Frau ist aus genau zwei Gründen wunderbar und bezaubernd: (1) Sie ist eine Frau; (2) sie ist geheimnisvoll. Ja, Frauen und Geheimnisse zählen mit Sicherheit zu den hinreißendsten Dingen, die es überhaupt im Leben gibt. Und hier treten sie sogar beide auf einmal auf! Mein Gott, was könnte herrlicher sein? Beide sind zusammengenommen mehr als doppelt so faszinierend wie nur eines von ihnen. D. h. eine geheimnisvolle Frau ist mindestens doppelt so attraktiv wie eine Frau ohne Geheimnis oder ein Geheimnis ohne Frau. Also ist es kein Wunder, daß ich das Tao so sehr liebe!

An dieser Stelle sollte ich wohl einmal versuchen, der Sache auf psychoanalytischem Wege nachzugehen. Vielleicht sollte ich mich fragen, warum ich eine Vorliebe für geheimnisvolle Frauen habe. Gibt es, was das angeht, eine bestimmte geheimnisvolle Frau in meinem Leben, die als Prototyp für alle anderen geheimnisvollen Frauen dient? Wir werden sehen. Wie steht es mit meiner Frau? Sie ist eine Frau und gelegentlich auch ziemlich geheimnisvoll! Wie steht es mit meinen früheren Liebschaften? Meine früheren Liebschaften waren allesamt weiblich und ebenfalls mehr oder weniger geheimnisvoll. Ist das alles? Zumindest alles, was mir in den Sinn kommt. Aber ist es nicht möglich, daß ich etwas unterdrücke? Ich frage mich, was das sein könnte. Was ist das bloß? Es macht mir wirklich Kopfzerbrechen! Redet der Taoismus nicht irgendwo davon, daß das Tao die *Mutter* des Universums ist? Das Wort »Mutter« scheint irgendwie bedeutsam zu sein. Ich frage mich, wofür es ein Symbol sein könnte. Aber natürlich, meine Mutter! Mein eigen Fleisch und Blut! Warum bin ich nicht früher darauf gekommen? Vielleicht ist meine Mutter *die* geheimnisvolle Frau meines Lebens? Wir werden sehen. Meine Mutter war eine Frau (was Sie wohl kaum überraschen wird), und sie war ganz entschieden geheimnisvoll, auf wunderbare, großartige Weise geheimnisvoll – ganz in der viktorianischen Tradition. Womöglich ist *sie* die geheimnisvolle Frau meines Lebens. Wir werden sehen.

Die Theorie des Ödipuskomplexes ist hierfür bemerkenswert und hält einige interessante Möglichkeiten bereit (z. B. die, daß man sich zu seiner Mutter hingezogen fühlt). Als die Europäer zum ersten Mal davon erfuhren, waren sie zutiefst erschrocken. Heutzutage halten es die meisten westlichen Menschen – insbesondere die Amerikaner – für eine Tatsache und schlucken die Theorie, ohne mit der Wimper zu zucken. Die Avantgarde beginnt sich von ihr abzuwenden. (Einige junge Psychiater, die ich kenne, halten Freud allen Ernstes für »zu romantisch«.) Die erfrischendste Reaktion auf den Ödipuskomplex, die ich kenne, stammt von den Chinesen. Wenn sie von dieser Theorie hören, sind sie kein bißchen erschrocken, aber sie verfallen ihr auch nicht; sie zeigen sich lediglich amüsiert – höchst amüsiert! Sie lachen und halten sie für herzerfrischend komisch. Ich vermute, daß ich im tiefsten Herzen Chinese bin, denn ich reagiere in fast derselben Weise. Nicht daß ich die Wahrheit oder die psychologische Bedeutsamkeit des Ödipuskomplexes in Zweifel ziehen wollte, aber ich halte die Vorstellung nach wie vor für außerordentlich amüsant. Ist es denn nicht amüsant, daß ein Mann seine Mutter dazu auserwählen soll, entweder die eine besondere Frau zu sein, zu der er sich nicht hingezogen fühlt, oder die, zu der er sich besonders hingezogen fühlt? Können wir die Sache nicht unvoreingenommen sehen und seine Mutter als eine unter den vielen charmanten geheimnisvollen Frauen betrachten, die er kennt?

Wenn wir schon von geheimnisvollen Frauen sprechen: Ich habe noch nie eine Frau getroffen, die *nicht* geheimnisvoll gewesen wäre. Für mich sind alle Frauen geheimnisvoll! Und ich liebe sie um ihrer geheimnisvollen und fraulichen Seite willen. Aber die Vorstellung *der* geheimnisvollen Frau als solcher ist, glaube ich, nur eine romantische Fiktion. Wie ich es sehe, ist die geheimnisvolle Frau keine Person, sondern ein allgemeiner Begriff, etwas, das von jeder einzelnen geheimnisvollen Frau verkörpert wird. Und der allgemeine Begriff der geheimnisvollen Frau ist etwas Dunkles, Formloses und Vages – ganz so wie das Tao selbst.

8
Das Tao hat keinen Namen

Das geht jetzt aber endgültig zu weit! Wenn einige Taoisten behaupten, daß das Tao nicht einmal einen Namen habe, dann fühle sogar ich mich – trotz meiner Vorliebe für die östliche Philosophie – zu sehr im westlichen Denken verwurzelt, als daß ich keinen Protest anmelden müßte. Natürlich hat das Tao einen Namen! Dieser Name lautet offensichtlich »Tao«. Wir brauchen uns nur den folgenden kurzen Dialog vorzustellen:

Östlicher Philosoph: Das Tao hat keinen Namen.
Westlicher Philosoph: Was hat keinen Namen?
Östlicher Philosoph: Das Tao.
Westlicher Philosoph: Dann haben Sie ihm soeben einen Namen gegeben!

In dem Dialog lasse ich natürlich den westlichen Philosophen das letzte Wort haben. Nachdem ich somit gegenüber der westlichen Logik und Semantik meine Schuldigkeit getan habe, werde ich Ihnen sagen, wie ich wirklich über die Sache denke.

Das Komische daran ist, daß ich ganz anders reagiert hätte, wenn ich nicht den Satz »Das Tao hat keinen Namen«, sondern statt dessen den Satz »Das Tao ist namenlos« gehört hätte. Hier stellt sich unverzüglich die Frage, was denn der logische Unterschied zwischen einem Tao ohne Namen und einem namenlosen Tao sein soll. In logischer Hinsicht gibt es keinen Unterschied, aber ist es angemessen, sich dem Tao auf dem Wege der Logik zu nähern? Eine interessante Frage, die ich jedoch nicht sofort beantworten möchte. Wie wir schon festgestellt haben, gibt es zwischen den beiden Aussagen in logischer Hinsicht keinen Unterschied, wohl aber in *psychologischer* Hinsicht. Woher ich das weiß? Allein die Tatsache, daß ich auf die beiden Aussagen so verschieden reagiere, würde ausreichen, einen psychologischen Unterschied zwischen ihnen anzunehmen. Bei der ersten Aussage (»Das Tao hat keinen Namen«) sträubt sich sofort mein analytischer westlicher Verstand und versetzt mich in höchstes Mißtrauen, wohingegen mich die Aussage »Das Tao ist namenlos« eher in einen sanften östlichen Schlummer wiegt. Die erste Aussage scheint präzise zu sein, und insofern sie präzise ist, ist sie offenbar falsch. Die zweite Aussage scheint etwas unbestimmter formuliert zu sein, und insofern sie vage formuliert ist, erlaubt sie eine Reihe ansprechender und interessanter Interpretationen. Manche Leute sind vagen Aussagen gegenüber von vorneherein mißtrauisch. Ich neige eher dazu, einer allzu präzisen Aussage gegenüber mißtrauisch zu sein: Nur diese Art von Aussagen läßt sich korrekt als »falsch« klassifizieren. Wie steht es mit eindeutigen Aussagen, die nicht falsch, sondern in einem ganz präzisen Sinne »wahr« sind? Wie schneiden sie gegenüber einer eher vagen Aussage ab? Das kommt ganz auf die Umstände an. In manchen Zusammenhängen ist eine eindeutige, in anderen eine vage Aussage angebracht. Es sollte uns klar sein, daß eine eindeutige Aussage, obwohl sie in vielen Fällen ihre Berechtigung hat, nur eine einzige Bedeutung besitzt, während eine vage

Aussage eine ganze Fülle interessanter und anregender Bedeutungen enthalten kann.

Aber ich schweife ab. Es ist vielleicht nicht ganz klar, *wovon* ich abschweife, denn unsere Diskussion scheint ganz wunderbar vage geworden zu sein, aber ich habe dennoch das Gefühl, daß ich abschweife. Wovon denn bloß? Ach ja, lassen Sie mich auf den Satz »Das Tao ist namenlos« zurückkommen, den ich so überaus suggestiv, geheimnisvoll, poetisch und wunderschön finde. Was bedeutet er? Es ist natürlich möglich, daß er gar keine Bedeutung hat. Wenn das zutrifft, können wir uns sehr viel Mühe sparen, denn dann brauchen wir sie gar nicht erst zu suchen. Aber es sieht mir so aus, als ob der Satz eine ganze Menge interessanter Bedeutungen besitzt. Bedeutet er, daß das Tao keinen Namen hat? Nein, diese Möglichkeit haben wir bereits ausgeschlossen. Vielleicht soll er besagen, daß es keinen dem Tao *angemessenen* Namen gibt, keinen, der ihm gerecht würde. Diese Interpretation wirft zahlreiche semantische Probleme auf. Was soll es bedeuten, wenn ein Name seinem Träger *gerecht* zu werden hat? Wird der Name »Raymond« meiner Person gerecht? (Schon möglich; mein Name bedeutet soviel wie *weiser Beschützer.*) Wird der Name »Goggelmoggel« dem eiförmigen Goggelmoggel aus *Alice hinter den Spiegeln* gerecht? In diesem Falle trifft das wohl eindeutig zu, denn weise wie er ist, erklärt uns Goggelmoggel: »*Mein* Name zum Beispiel bedeutet meine Leibesform.«[1] Wie steht es nun mit dem Namen »Tao« – wird er dem Tao gerecht? Ich glaube schon. Vielleicht bezeichnet er nicht so sehr seine Form, denn schließlich ist das Tao formlos, sondern eher die Art und Weise, *wie* es ist, und für diesen Zweck paßt der Name »Tao« ganz ausgezeichnet!

Folglich stellt sich heraus, daß das Tao nicht nur einen Namen hat, sondern noch dazu einen, der wie für es geschaffen zu sein scheint. Also nehme ich meine Behauptung, das Tao habe keinen angemessenen Namen, wieder zurück.

Doch ich habe eine andere, viel bessere Idee! Eine aufregende und phantastische Idee! Um Ihnen die Wahrheit zu sagen, hatte ich schon von Anfang an vor, Ihnen diese Idee mitzuteilen. Was ist das für eine Idee? Ich werde es Ihnen sagen.

Steht es tatsächlich so ganz außer Frage, daß es im Universum Dinge gibt, die so empfindlich sind, daß schon allein der Akt des *Benennens* das Ende ihrer Existenz bedeuten würde? Ich behaupte nicht, daß das Tao sich so verhält. Ich kann mir kaum vorstellen, daß dies die Existenz des Tao beenden könnte, so viel man es auch benennen mag. Aber es könnte sehr gut sein, daß das Tao so bemerkenswert empfindlich ist, daß es sich, sobald man es benennt, ein wenig verändert und nicht mehr genau dasselbe Tao ist wie vorher. Wenn wir das Tao mit dem Universum gleichsetzen, muß das sogar so sein, denn ein Benennen des Universums ist ein Vorgang, der selbst ein Ereignis im Universum darstellt; also ist das Universum danach nicht mehr dasselbe wie zuvor. Eine zutreffendere und poetischere Betrachtung dieses Sachverhalts könnte das so ausdrücken: Das Tao ist wie ein Spiegel. Schließlich ist ein Blick in einen Spiegel ein Vorgang, der den Zustand des Spiegels verändert, oder nicht? Wenn Sie in einen Spiegel blicken, wirft er Ihr Bild zurück; wenn Sie nicht hineinblicken, tut er es nicht. Es wäre tatsächlich schwierig, in einen Spiegel zu schauen und ihn so zu erblicken, wie er aussähe, wenn niemand hineinschauen würde!* Genauso verhält es sich mit dem Tao. Wenn Sie es benennen, ist es nicht mehr das unbenannte Tao, das existierte, bevor Sie es benannt haben. Und dieses unbenannte Tao ist womöglich ein reineres, wahrhaftigeres Tao als das benannte Tao. In diesem Sinn ist das wahre, das unbenannte Tao namenlos.

Übrigens machen einige Taoisten einen Unterschied zwischen dem namenlosen und dem benennbaren Tao:

Namenlos ist das Tao der Ursprung von Himmel und Erde
Benannt ist es die Mutter aller Dinge.

Wenn wir dieser Interpretation folgen, ist es vielleicht angemessener, das wahre Tao als unbenennbar statt als namenlos zu bezeichnen. Es ist unbenennbar, weil es bereits durch den Vorgang der Benennung verändert würde.** Angenommen, wir dächten lediglich über das Tao nach, ohne es konkret zu benennen; würde es dadurch ebenfalls verändert? Ich fürchte ja! Ändert sich das Universum, wenn wir darüber nachdenken? Selbstverständlich! Wenn sich jemand über das Universum Gedanken macht, enthält das Universum jemanden, der sich über es Gedanken macht. Wenn niemand über das Universum nachdenkt,

* Ich finde, es sollte ein Zen-Koan geben, das diesen Sachverhalt aufgreift. (Ein Koan ist eine Aufgabe, die ein Zen-Meister seinem Schüler stellt und die rein logisch betrachtet keine Lösung besitzt. Der Sinn besteht darin, die Wahrnehmung auf die Nichtigkeit des logischen Denkens hinzulenken, wenn es um die »letzten Dinge« geht.)

** Das erinnert an die Heisenbergsche Unbestimmtheitsrelation, die besagt, daß jede Zustandsmessung an einem sehr kleinen Teilchen den Zustand verändert.

enthält das Universum niemanden, der über es nachdenkt. Das erinnert mich an die Heinzelmännchen, die bei Nacht in die Häuser kommen und heimlich Schusterarbeit verrichten, aber jedesmal, wenn man das Licht andreht, um sie dabei zu beobachten, verschwinden und nie wieder zurückkehren.

Vielleicht besteht die Lehre aus dieser Geschichte darin, daß das Tao eine gewisse Intimsphäre braucht und unsere neugierigen Fragen und Blicke ihm schlecht bekommen. So könnten wir mit den folgenden Worten schließen:

Am besten ist, das halt ich fest,
Wenn man das Tao ganz in Ruhe läßt.
Wie junge Vögel in ihrem Nest.

9
Das Tao redet nicht

Das ist ein weiterer Grund dafür, daß ich das Tao so gern mag: Es redet nicht! Ich hasse Leute, die zuviel reden. Wenn ich in Gesellschaft bin, will *ich* derjenige sein, der spricht. Die anderen sollen sich damit begnügen, mir ehrerbietig zuzuhören!

Ist es nicht wunderbar, daß ich mit dem Tao reden kann, soviel mein Herz begehrt, und es dabei niemals widerspricht oder auch nur antwortet? Das Tao würde mich niemals dafür kritisieren, daß ich zu egozentrisch bin oder zuviel rede.

Wenn ich hier davon rede, wie es ist, mit dem Tao zu sprechen, wird ein eher spitzfindiger, psychoanalytisch geschulter Leser darauf hinweisen, daß ich nicht wirklich mit dem Tao spreche, sondern mit mir selbst. Aber dem ist nicht so! Da alle Worte aus dem Tao kommen, ist meine Unterredung mit dem Tao kein Selbstgespräch, sondern ein Gespräch des Tao mit sich selbst! Wie Sie sehen, redet das Tao mit sich selbst. Und trotzdem redet das Tao nicht, sondern es schweigt. Ist das nicht ein bemerkenswertes Paradox?

10
Das Tao und der Weise diskutieren nicht

1. Das Tao

Diskutiert das Tao gelegentlich? Natürlich nicht, mit wem sollte es diskutieren? Wenigstens habe ich es niemals eine Diskussion führen hören; und es hat noch nie mit mir diskutiert.

Wie anders erscheint uns dagegen – zumindest in dieser Hinsicht – Gott! Das Alte Testament ist voller Gestalten, die mit Gott über alle möglichen Dinge diskutieren. Aber würde Ihnen auch nur im Traum etwas so Absurdes einfallen, wie eine Diskussion mit dem Tao führen zu wollen?

2. Der Weise

Wie steht es mit dem Weisen? Diskutiert er gelegentlich? Wir werden sehen.

Chinesischer Weiser: Laotse sagt: »Der gute Mann diskutiert nicht. Wer diskutiert, ist nicht gut.«

Westlicher Logiker: Das bestreite ich!

Weiser: Sie bestreiten was?

Logiker: Das, was Sie eben gesagt haben.

Weiser: Und was habe ich gesagt?

Logiker: Daß ein guter Mensch nicht diskutiert.

Weiser: Falsch.

Logiker: Was meinen Sie mit »falsch«?

Weiser: Ich habe nie behauptet, daß ein guter Mensch nicht diskutiert.

Logiker: Selbstverständlich haben Sie das getan! Sie haben ganz entschieden behauptet, daß ein guter Mann nicht diskutiert, und daß jemand, der diskutiert, nicht gut ist.

Weiser: Unsinn! Ich habe nur gesagt, daß Laotse das gesagt hat.

Logiker: Sie wissen genau, was ich meine.

Weiser: Und wer ist jetzt unlogisch?

Logiker: Ach, hören Sie auf! Warum fangen Sie bei jeder Kleinigkeit gleich eine Diskussion an?

Weiser: Ich fange überhaupt keine Diskussion an, ich bin lediglich logisch.

Logiker: Sie sind keineswegs logisch, eher sind Sie irritierend logisch.

Weiser: Welche Art Logik soll das denn sein? Wenn ich irritierend logisch bin, dann bin ich nichtsdestoweniger logisch.

Logiker: Jetzt diskutieren Sie schon wieder. Warum fangen Sie über alles gleich eine Diskussion an? Nach allem, was Sie bisher gesagt haben, diskutiert ein guter Mensch nicht.

Weiser: Nicht ich sage das, sondern Laotse hat das gesagt!

Logiker: Und glauben Sie daran?

Weiser: Woran? Daß Laotse das gesagt hat?

Logiker: Nein, nein! Glauben Sie daran, daß das, was Laotse sagt, wahr ist?

Weiser: Ja.

Logiker: Oh, dann glauben Sie also, daß der gute Mann nicht diskutiert?

Weiser: Ja.

Logiker: Warum haben Sie das nicht schon früher gesagt?

Weiser: Warum sollte ich?

Logiker: Jetzt fangen Sie schon wieder eine Diskussion an! Sie widersprechen sich ununterbrochen.

Weiser: Inwiefern?

Logiker: Weil Sie zwar zugestehen, daß ein guter Mensch nicht diskutiert, aber selbst eine Diskussion nach der anderen führen und sich gar nicht darum scheren!

Weiser: Das ist kein Widerspruch. Es ist nur einfach so, daß mir im Moment eher danach ist, zu diskutieren als gut zu sein.

Untersuchen wir Laotses Behauptung. Mir geht es eher wie dem westlichen Logiker; ich würde dem Satz nicht zustimmen – zumindest nicht ganz. Es mag ein Körnchen Wahrheit darin liegen, aber zu sagen, daß ein guter Mensch *niemals* diskutiert, kommt mir als eine dumme Übertreibung vor. Schließlich diskutiere ich gerade mit Ihnen, und bin ich deshalb schlecht? Es mag sein, daß ein guter Mensch dazu neigt, weniger zu diskutieren als andere, aber ich glaube kaum, daß er überhaupt keine Diskussionen führt.

Nehmen wir meinen Cousin Arthur als Beispiel: Er ist ein guter Mensch und geradezu diskussionswütig. Er ist ein echter Philosoph westlicher Prägung. Als Student nahm er einmal an einem Philosophieseminar bei Morris Cohen am City College in New York teil. Das ganze Semester hindurch zettelte er eine Diskussion nach der anderen an. Bei einer Gelegenheit sagte Professor Cohen schließlich: »Bitte, das ist ein Seminar über Philosophiegeschichte. Keine weitere Diskussion mehr! Wenn Sie Fragen stellen möchten, werde ich sie gern beantworten, aber keine weitere Diskussion!« Mein Cousin entgegnete höflich: »Das ist gut und schön, Professor Cohen, aber dann würde ich gern eine Frage stellen: Wie beantworten Sie folgenden Einwand in einer Diskussion? …«

Hätte Laotse gesagt »Der Weise diskutiert nicht mit Worten«, dann hätte ich ihm schon eher zugestimmt. Ein Weiser gibt sich für gewöhnlich ziemlich weise, und ein Bestandteil seiner Weisheit ist seine Einsicht in die Nichtigkeit aller wortreichen Diskussionen. Aber wie viele Weise gibt es schon? Selbst ich bin leider noch kein Weiser – dafür diskutiere ich viel zu gern. Ich wäre liebend gern ein Weiser, aber nicht um jenen lächerlichen Preis, nicht diskutieren zu dürfen.

Das wirft folgende merkwürdige Frage auf: Angenommen, jemand glaubt tatsächlich, daß ein Weiser niemals diskutiert. Er möchte selbst ein Weiser werden, diskutiert aber für sein Leben gern. Wie sollte er sich verhalten? Wird er wirklich eher zu einem Weisen werden, wenn er sich vorsätzlich jeder Diskussion enthält? Sollte er seine diskussionsfreudigen Regungen unterdrücken? Ich glaube kaum, daß diese Methode funktioniert. Statt ein Weiser zu werden, würde aus unserem Freund höchstens ein »frustrierter Diskutant«, der vermutlich als Selbstmörder endet. Wenn er dagegen den ganzen Tag lang aus vollem Herzen diskutieren darf, soviel er möchte, wird für ihn eines Tages alles ausdiskutiert sein. Er wird nichts mehr zu sagen haben und auf diesem Weg zu wirklicher Weisheit gelangen. Ich fasse das folgendermaßen zusammen:

Der Weise diskutiert nicht.
Nicht aufgrund eines *Prinzips*,
Sondern weil er nichts zu sagen hat.
Er ist leer und einfältig
Wie ein neugeborenes Kind,
Das seine Milch unmittelbar von der Mutter Tao bekommt.
Er hat alle Nahrung, die er braucht.
Warum also sollte er diskutieren?

11

Ich bin wie ein Spiegel

Der Geist des Weisen ist ein Spiegel, der das gesamte Universum reflektiert.
Tschuangtse

Ich behaupte nicht, daß ich ein Weiser bin. Ich bewundere weise Menschen, ich liebe sie geradezu, doch leider bin ich selbst kein Weiser, zumindest noch nicht. Aber immerhin bin ich wie ein Spiegel! Vielleicht nicht ganz im obigen taoistischen Sinn, aber mit Sicherheit was meine Beziehungen zu anderen Menschen angeht. In jahrelangen Erfahrungen habe ich immer wieder beobachtet, daß praktisch jeder, mit dem ich in Kontakt komme, in mir *seine eigenen Charaktereigenschaften* wiederzuerkennen scheint. Die unfreundlichsten Leute, die ich kenne, sagen mir, wie unfreundlich ich sei; die nettesten Leute, die ich kenne, was für ein netter Kerl ich sei; ehrliche Menschen vertrauen mir und bezeichnen mich als wahrhaftig und aufrichtig; Heuchler und verlogene Menschen sagen mir, daß ich von Grund auf unehrlich und ein großer Heuchler sei; intelligente Leute nennen mich intelligent, dumme Leute sagen, ich sei dumm etc.

Warum ist das so? Eine Möglichkeit wäre, daß ich ein Spiegel bin, der den Leuten einfach ins Gesicht sagt, wie es in ihrer eigenen Seele aussieht. Es mag noch andere Erklärungen geben. Vielleicht bin ich eher ein Chamäleon, das einfach die Charakterzüge der Menschen annimmt, mit denen es gerade verkehrt. Zum Beispiel werde ich in Gegenwart einer unfreundlichen Person selbst unfreundlicher, in Gegenwart einer egoistischen Person werde ich egoistischer, in Gegenwart eines großzügigen Menschen großzügiger etc. Eine intelligente Person wird meinen eigenen Intellekt zu Höchstleistungen anspornen. Aber in gewissen Fällen versagt diese Chamäleon-Hypothese. Beispielsweise werde ich einem dummen Menschen gegenüber nicht dümmer, eine unehrliche Person läßt mich nicht an meiner eigenen Aufrichtigkeit zweifeln, und einem Heuchler gegenüber empfinde ich mich selbst nicht als Heuchler. Folglich kann diese Hypothese, wie mir scheint, bestenfalls teilweise wahr sein.

Es gibt noch eine andere Hypothese, die die Psychologen vielleicht mehr befriedigen wird. Es könnte nämlich sein, daß ich so egozentrisch bin, daß mein Urteil über andere Menschen in erster Linie von ihrem Urteil über mich abhängt. Zum Beispiel könnte ich, wenn mir jemand sagt, wie unfreundlich ich sei, denken: »Wie unhöflich von ihm, so etwas zu sagen. Muß ein sehr unfreundlicher Mensch sein.« Oder wenn jemand meine Intelligenz lobt: »Es zeugt von Intelligenz zu erkennen, wie ich wirklich bin«; oder wenn man sagt, ich sei dumm: »Er ist bloß zu dumm, meine Intelligenz zu erkennen« etc. Nach dieser Hypothese wäre ich kein Spiegel, sondern eher ein Anti-Spiegel (was immer das sein mag)! Es ist ein amüsanter Gedanke, daß mir einige Leute, die ich kenne, ganz ernsthaft die Hypothese vorschlagen könnten, daß die von mir beschriebenen Phänomene ihren Grund in meiner Egozentrik hätten. Aber alle Leute, die dafür in Frage kämen, sind selbst furchtbar egozentrisch. Trotzdem glaube ich, daß diese Hypothese etwas für sich hat, wenn auch nicht gerade viel. Ich verwerfe sie vor allem aus folgendem Grund: Wenn mir jemand eine bestimmte Charaktereigenschaft zuschreibt, bin ich nicht der einzige, der findet, daß er diese Eigenschaft ebenfalls hat, sondern fast alle anderen Leute, die uns beide kennen, versichern mir, daß er den besagten Charakterzug tatsächlich aufweist. Es ist also nicht unbegründet, daraus zu schließen, daß dem wirklich so ist.

Somit bin ich wieder bei der Hypothese angelangt, daß ich ein Spiegel bin. Mit Sicherheit *empfinde* ich mich als Spiegel. Und ich glaube, in gewisser Weise spiegelt sich in mir tatsächlich das ganze Universum.

12
Das Tao ist überall

Tungkuotse fragte Tschuangtse: »Wo ist das, was Ihr Tao nennt?« Tschuangtse antwortete: »Überall.« Tungkuotse sagte: »Drückt Euch deutlicher aus!« Tschuangtse sagte: »Es ist in dieser Ameise.« »Auch in Niedrigerem?« »In den Grashalmen.« »Auch in noch Niedrigerem?« »Es ist in Ziegelsteinen.« »Gibt es etwas noch Niedrigeres?« Tschuangtse sagte: »Es ist im Kot und im Urin.« Da hatte Tungkuotse nichts mehr zu sagen.[1]

H. G. Creel kommentiert diese Passage mit folgenden Worten:

Das ist, um mit William James zu sprechen, tatsächlich eine »hartherzige« Vorstellung vom Universum. Sie macht auch nicht das kleinste Zugeständnis an unsere menschliche Eitelkeit oder unsere Gefühle. Die höchste Natur des Universums hat genauso viel und genauso wenig Bezug zu meinem Geist wie zum kleinsten Kieselstein am Wegesrand. Natürlich gab es neben den chinesischen Taoisten noch andere Menschen, die eine für das menschliche Geschlecht ebenso unschmeichelhafte Weltsicht akzeptieren konnten.[2]

Ich sehe die Sache ganz anders als Creel (wenigstens anders als in dieser Passage; später scheint er sie selbst anders zu beurteilen). Genau gesagt sehe ich den taoistischen Standpunkt, den die obige Geschichte über Tschuangtse illustriert, weder als unschmeichelhaft der Menschheit gegenüber an, noch erblicke ich darin eine »hartherzige« Vorstellung des Universums.

Es kommt ganz auf den Standpunkt an. Wer menschliche Wesen in irgendeiner Weise »höher« einordnet als Ameisen, Grashalme und andere Dinge, wird die Geschichte über Tschuangtse natürlich als etwas unschmeichelhaft der menschlichen Rasse gegenüber betrachten. Aber man könnte die Geschichte Tschuangtses auch anders interpretieren: nicht als Abwertung des Menschen, sondern als Aufwertung oder Verherrlichung – oder sogar Seeligsprechung – eben dieser anderen Dinge! Zumindest ist das die Reaktion, die mir am nächsten liegt. Außerdem glaube ich nicht, daß die in dieser Geschichte enthaltene Philosophie uns eine »hartherzige« Sicht des Universums nahelegt. Eher würde ich sagen, daß sie nur *in den Augen hartherziger Menschen* so erscheint! Der wahrhaft Weichherzige wird, wie ich glaube, diese Geschichte lieben und ihre wunderbare Weichherzigkeit erkennen. Folglich wird sie der Hartherzige als hartherzig und der Weichherzige als weichherzig beurteilen, was beweist, daß Tschuangtse ein wahrer Weiser ist, denn er ist wie ein Spiegel, in dem jeder seine eigenen Züge erblickt.

13
Das Tao verlangt keinen Gehorsam

Das große Tao fließt überall,
nach links und nach rechts.
Das Leben aller Dinge hängt von ihm ab,
und es läßt sie nicht im Stich.
Was es vollbringt, nennt es nicht sein eigen.
Es liebt und nährt alle Dinge,
aber es spielt nicht den Herren über sie.
Laotse nach Alan Watts[1]

Das ist noch ein netter Zug am Tao: Es kommandiert niemanden herum! Es liebt und nährt alle Wesen und macht sich nicht zum Herren über sie. So bleibt das Tao etwas, das stets hilfsbereit ist und niemals Zwang ausübt.

Ein Aspekt, den die jüdisch-christliche Tradition besonders betont, ist der *Gehorsam* gegenüber Gott. Die großen Sünden sind »Ungehorsam, Auflehnung gegen Gott, Stolz, Eigensinn« etc. Die Christen betonen unentwegt, wie unendlich wichtig die »vollkommene Ergebenheit des Willens an Gott« ist, und sagen, »nicht mein, sondern dein Wille geschehe«. Wie verschieden davon sind doch die Taoisten! Sie sprechen niemals von »Gehorsam« dem Tao gegenüber, sondern davon, wie es ist »in Harmonie mit dem Tao zu sein« – was ich viel ansprechender finde. Und die Harmonie mit dem Tao ist nichts, was uns befohlen wird, keine »Pflicht«, die ein »moralisches Gesetz« von uns verlangt, oder etwas, nach dem man strebt, um künftig dafür belohnt zu werden, sondern etwas, das seinen Lohn in sich trägt. Es ist schon in sich ein Zustand geistiger Gelassenheit. In dieser Hinsicht ist es der jüdisch-christlichen Vorstellung von »Kommunion« vergleichbar.

Im übrigen käme es einem Taoisten auch irgendwie seltsam vor, von der »Ergebenheit in den Willen des Tao« zu sprechen. Erstens klingt es nicht ganz richtig, wenn man sagt, daß das Tao seinen eigenen »Willen« habe. Das Tao tut nichts »willentlich«, und ich denke, ein Taoist würde dazu neigen, Dinge, die ihren eigenen Willen haben, als irgendwie »willkürlich« zu bezeichnen – aber lassen wir das beiseite! Jedenfalls erschiene ihm die Vorstellung der »Ergebenheit« seines Willens gegenüber dem Tao unpassend, da der sogenannte individuelle »Wille« nichts als ein Teil des Tao ist. Nicht daß die Taoisten den freien Willen bestreiten wollten (noch daß sie viel Wert auf ihn legen würden, denn sie neigen dazu, die ganze Debatte um Determinismus und freien Willen für höchst verwirrend und dualistisch zu halten), aber sie würden eher sagen, daß das, was wir den freien Willen nennen – was immer das sein mag –, nichts weiter als ein Teil des Tao ist. Goethe drückte eine ganz ähnliche Empfindung aus, als er sagte, daß wir, wenn wir der Natur widerstreben, nur ihren Gesetzen gehorchen. In ähnlicher Weise hat Suzuki darauf hingewiesen, daß der westliche Mensch, der glaubt, die Natur zu beeinflussen oder zu beherrschen, nur nicht erkennt, daß er, indem er dies tut, einfach nach den Gesetzen der Natur handelt.*

* Ich glaube, wer die erschütternden Ausmaße dieser Behauptung in vollem Umfang erkennt, würde eine Art von Satori erlangen.

Ich muß gestehen, daß ich mein ganzes Leben lang auf die Vorstellung des »Gehorsams gegen Gott« – und mehr noch der »Ergebenheit meines Willens an Gott« – mit größtem Entsetzen reagiert habe. Einige Christen würden mir wohl sagen, daß ich diese Vorstellung deshalb so entsetzlich finde, weil ich stolz, ungehorsam, egoistisch und eigenwillig bin – aber ist das wirklich so? Ich könnte diesem Argument einige Berechtigung zubilligen, wenn ich lediglich etwas dagegen hätte, meinen Willen Gott zu unterwerfen, aber ohne Einwände akzeptierte, daß andere Menschen ihren Willen für Gott aufgeben. Doch das ist nicht der Fall. Ich habe eine ganz allgemeine Abneigung gegen die Vorstellung, daß jemand seinen Willen um Gottes willen aufgibt. Tatsächlich sind mir alle Situationen, in denen ein Lebewesen seinen Willen einem anderen Lebewesen ausliefert, zuwider. Ich kann Situationen, in denen einer befiehlt und die anderen gehorchen, einfach nicht leiden.

Allerdings gibt es in dieser Situation gewisse mildernde Umstände, auf die ich kürzlich bei der Lektüre einiger Schriften von Alan Watts aufmerksam wurde. Wenn nämlich eine Person sich dazu entschließt, ihren Willen für Gott aufzugeben und mehrere Jahre damit zubringt, sich verschiedenen Übungen der inneren Disziplin, Selbstaufgabe, Reinigung usw. zu unterziehen, wird sie schließlich einen Zustand erreichen, in dem sie mit einem Schlag erkennt, daß der Anlaß ihres so heftigen Kampfes pure Illusion war. Das heißt, sie erkennt mit einem Mal, daß ihr Wille von Anfang an Teil des göttlichen Willens war und selbst ihre sogenannte »Auflehnung« Teil des göttlichen Plans. Anders gesagt erkennt sie, daß es nicht verboten ist, gegen Gottes Willen aufzubegehren, sondern daß man es einfach nicht *kann.* In weniger theologischen Begriffen könnte man sagen, es ergeht ihr nicht anders als einem Menschen, der plötzlich die Satori-ähnliche Erleuchtung hat, daß nicht er es ist, der (wie er bisher dachte) die Natur beeinflußt, sondern daß die Natur ihn so beeinflußt, daß er denkt, er beeinflusse sie – oder noch besser ausgedrückt, daß weder er die Natur noch sie ihn beeinflußt, sondern er und die Natur ein und dasselbe sind. (Wer weiß, ob Jesus nicht genau das gemeint hat, wenn er im Johannesevangelium sagt: »Ich und der Vater sind eins.«)

Wenn nun die »Ergebenheit des Willens an Gott« wirklich zu jenem wunderbaren Zustand führt, der der Harmonie der Taoisten und dem Satori des Zen so eng benachbart zu sein scheint, dann hat sie natürlich einiges für sich. Aber muß man diese entsetzliche spirituelle Gymnastik dazu unbedingt über sich ergehen lassen? Gibt es keinen gesünderen Weg?

Ich muß hier noch einmal an jenen taoistischen Weisen am Flußufer denken, der sich weder um Dinge wie »Gehorsam« oder »Ergebenheit des Willens« kümmert noch eine Vorstellung der »Harmonie mit dem Tao« entwirft, sondern einfach mit dem Tao in Harmonie ist und es aus vollem Herzen genießt.

14
Das Tao ist nicht hochmütig

Das Tao ist nicht hochmütig
Noch verdammt es den Hochmut.
Hochmut kommt *durch* das Tao,
Aber nicht *vom* Tao
Wenn das Tao frei von Hochmut ist,
Wozu sollte es dann eine Vorstellung
Von »Hochmut« haben?

Es gibt Äußerungen großer Menschen der Vergangenheit, die man zu meinem Leidwesen als »hochmütig« eingestuft hat. Ich möchte einige davon hier betrachten und eine andersartige Sichtweise vorschlagen.

Doch zunächst ein paar Bemerkungen über Hochmütigkeit im allgemeinen: Ich habe wiederholt beobachtet, daß Leute, die andere gern als »hochmütig« bezeichnen, jene Eigenschaft, die sie »Hochmut« nennen, selbst aufweisen. Nehmen Sie bloß mich als Beispiel: Ich stelle mich einfach hin und behaupte, daß Menschen, die andere als hochmütig bezeichnen, selber hochmütig sind. Na, wenn das kein Hochmut ist!

Aber lassen Sie uns auf die erwähnten Aussprüche zurückkommen.

1. Ich habe mehreren Leuten erzählt, daß ich Konfuzius den westlichen Moralisten bei weitem vorziehe, weil er nicht sagt, »Du *sollst* dieses tun und jenes nicht tun«, son-

dern eher: »Der kluge Mann tut dieses, der Weise jenes« etc. Darauf reagieren viele Leute – die alle selbst hochmütig sind – indem sie sagen: »Wie eingebildet von Konfuzius! Wer ist *er* denn schon, daß er zu wissen glaubt, was der kluge Mann und der Weise tun würden?« Was soll ich solchen Leuten antworten?

2. Laotse gebraucht in derselben Sache ganz ähnliche Worte:

Wenn ein kluger Mensch das Tao vernimmt,
handelt er danach.
Wenn ein gewöhnlicher Mensch das Tao vernimmt,
beachtet er es nicht.
Wenn ein dummer Mensch das Tao vernimmt,
lacht er darüber.
Wenn man es nicht verlachen würde,
wäre es nicht das wahre Tao.[1]

Wieder werden manche Leute sagen: »Soso, Laotse glaubt, er sei einer von jenen ›klugen Menschen‹, die das Tao wirklich verstehen, während die ›niederen‹ Leute es nicht beachten oder darüber lachen.« Auch hier frage ich mich, was ich diesen Leuten antworten soll. Jedes Argument, das ich anführe, wird bloß als »Rationalisierung« abgetan werden. Vielleicht sollte ich mich an die Worte Laotses erinnern: »Der gute Mann diskutiert nicht.«

Aber mir ist danach zumute, ein bißchen zu diskutieren. Im Moment ist mir eher danach zu diskutieren als gut zu sein. Also diskutiere ich mit Ihnen.

Mein Argument ist lächerlich einfach, geradezu trivial: Jemand, der die Größe anderer erkennt, muß sich nicht mit Notwendigkeit selbst für groß halten. Um zu wissen, was ein Weiser tut, ist es nicht notwendig, selbst ein Weiser zu sein.

Um auf Konfuzius zurückzukommen: Er hat weder von sich selbst geglaubt ein Weiser zu sein, noch war er gewillt, irgend jemand anderen als weise anzusehen. Betrachten wir hierzu folgenden Dialog, der, mit einigen unwesentlichen Änderungen, aus dem Buch von Liehtse stammt.[2]

Ein hoher Beamter aus Shang sagte zu Konfuzius: »Ihr seid doch ein Weiser, nicht wahr?«

»Ein Weiser!« rief Konfuzius erstaunt aus, »wie käme ich dazu, das zu glauben? Ich bin ein Mann, der eine Menge gelernt und erfahren hat, aber ich würde mich kaum als Weisen bezeichnen!«

Darauf fragte der Minister: »Waren die drei Könige weise?«

Konfuzius antwortete: »Die drei Könige waren groß an Wissen und Mut. Doch weiß ich nicht, ob sie weise waren.«

»Und die fünf Kaiser?«

»Die fünf Kaiser taten sich hervor, indem sie Nächstenliebe und Gerechtigkeit übten, aber ich würde nicht so weit gehen zu sagen, sie seien Weise gewesen.«

»Und die drei großen Herrscher? Sie waren sicherlich weise.«

»Die drei großen Herrscher taten sich durch drei Tugenden hervor, die ihrem Alter gemäß waren, aber ob sie Weise waren, kann ich wirklich nicht sagen.«

»Aber wen gibt es dann«, rief der Minister zutiefst erstaunt, »der wirklich ein Weiser ist?«

Konfuzius sah nachdenklich aus, und nach einer Pause sagte er:

»Unter den Menschen des Westens lebt einer, der tatsächlich ein Weiser sein mag. Er regiert nicht, doch es herrscht keine Unordnung. Er verspricht nichts, doch wird ihm von Natur aus vertraut. Er tritt nicht für Reformen ein, doch glaubt er, daß rechtes Verhalten spontan und allumfassend ist. So groß und unbegreiflich ist er, daß die Leute keinen Namen finden, den sie ihm geben könnten. Ich vermute, daß dieser Mann ein Weiser ist, aber ob er in Wirklichkeit ein Weiser ist oder nicht, weiß ich nicht.«[3]

3. Jesus sprach: »Vater, vergib ihnen; denn sie wissen nicht, was sie tun!« Viele Menschen haben mir gesagt, daß sie dies als Hochmut betrachten. »Was denkt dieser Kerl namens Jesus, wer er ist, daß er eine dermaßen überlegene, herablassende, hochmütige Geste der Vergebung einnimmt?« Ich möchte hervorheben, daß Jesus nicht sagte »Ich vergebe euch«, sondern »Vater, vergib ihnen«, was einen großen Unterschied macht.

4. Einer Legende zufolge soll Buddha bei seiner Geburt ausgerufen haben: »Über und unter den Himmeln bin ich allein der Ehrenwerte!«

Viele werden das als Hochmut betrachten, obwohl ich offen zugeben muß, daß der Gedanke an ein neugeborenes Kind voller Hochmut mich eher belustigt. Ich liebe den Ausspruch Buddhas und billige ihn, aber ebenso liebe und billige ich den Kommentar, den der Zen-Meister Yün-men dazu gibt. Er sagt, daß, wäre er dabeigewesen, als Buddha einen derartigen Ausspruch getan habe, er ihn auf der Stelle erschlagen und den Hunden zum Fraß vorgeworfen hätte.

Bitte verstehen Sie mich nicht falsch. Ich würde es nicht billigen, wenn Yün-men den neugeborenen Buddha tatsächlich töten und den Hunden zum Fraß vorwerfen würde! Aber ich billige und bin sogar entzückt über seinen Kommentar. Dieser ist offensichtlich formuliert worden, um solchen Neigungen entgegenzusteuern, die Buddha zum Gott erheben wollen und glauben, daß die Verehrung des Buddha den Pfad zur Erleuchtung darstellt. Nebenbei bemerkt sind Zen-Meister nicht grundsätzlich dagegen, den Buddha zu verehren; einige unter ihnen verehren ihn, andere tun es nicht,* aber sie scheinen sich in dem Punkt ganz und gar einig zu sein, daß die Verehrung des Buddha – welchen Wert sie um ihrer selbst willen auch haben mag – für das Problem der Erleuchtung vollkommen unwesentlich ist. Tatsächlich ist die Verehrung einer Sache sehr oft ein Ersatz dafür, daß wir sie nicht verstehen. Indem man einen Gegenstand verehrt, neigt man dazu, sich gleichzeitig von ihm zu entfernen, statt ihn zu etwas Eigenem zu machen. Angenommen ich brauche Vitamine; wäre es für mich nicht ziemlich unsinnig, sie zu verehren, statt sie einfach zu nehmen? Ein Fisch, der ganz vom Wasser umgeben ist, wird das Wasser, das ihn umgibt, kaum verehren. Der Weise, der ganz vom Tao durchdrungen ist, wird das Tao kaum verehren. Und die »Verehrung« des Buddha oder der Buddha-Natur ist oftmals ein Ersatz für das Erlangen der Buddha-Natur. Ich glaube, das ist alles, was Yün-men wirklich sagen wollte. Jedenfalls glaube ich kaum, daß Yün-men diese Worte sprach, weil er glaubte, der neugeborene Buddha sei »hochmütig«.

* Siehe Kapitel 15, »Verehrung des Buddha«.

15
Verehrung des Buddha

Das Johannesevangelium ist das einzige, in dem Jesus behauptete – oder scheinbar behauptete –, *die* Inkarnation Gottes zu sein. Er sagte: »Ich und der Vater sind eins«, aber fügte er hinzu: »du und der Vater sind nicht eins«? Hätte er das getan, dann würde das die Folgerung nahelegen, daß Jesus einen irgendwie besonderen theologischen Status innehatte, der von anderen Sterblichen nicht geteilt wird. Aber er hat es nicht gesagt. Aus dem Satz »Ich und der Vater sind eins« läßt sich nur die Tatsache ableiten, daß Jesus eher *eine* Inkarnation als *die* Inkarnation Gottes gewesen ist. Um Himmels willen, wie viele Hindus oder Anhänger des Vedanta sagen von sich, »Ich und Brahman sind eins«, was bedeuten soll, daß es im Universum nur einen Geist gibt, und daß ich, Sie, Brahman usw. eben dieser Geist sind. Aber sie nehmen sicherlich nicht jene einzigartige Göttlichkeit für sich in Anspruch, von der viele Christen glauben, Jesus habe sie besessen.

Einige Christen ziehen es vor, in Jesus keine Inkarnation Gottes, sondern lieber einen ungewöhnlich erleuchteten Menschen zu sehen, der ein großer religiöser Lehrer und Erneuerer gewesen ist. Einige von ihnen kommen einfach deshalb zu dieser Auffassung, weil sie die Echtheit des Johannesevangeliums bezweifeln. Was ich dagegen aufzeigen möchte, ist, daß man ohne in Widersprüche zu geraten am Johannesevangelium festhalten kann und trotzdem nicht den Glauben übernehmen muß, daß von allen Sterblichen, die je gelebt haben, allein Jesus die Inkarnation Gottes war.

Da das Johannesevangelium nun einmal existiert und ich keine Notwendigkeit erkennen kann, es in der von mir vorgeschlagenen unorthodoxen Weise zu interpretieren, hat ein Christ keinen Grund, nicht darauf zu bestehen, daß es wenigstens ein paar Beweise dafür gibt, daß Jesus eben *die* Inkarnation ist. Ich persönlich habe bezüglich solcher Beweise meine Zweifel, verstehe aber, daß andere darüber anders urteilen. Darum hat es seinen Sinn, daß viele Christen Jesus als wirkliche Gottheit verehren.

Ich kann jedoch nicht verstehen, daß einige Buddhisten Buddha als Gottheit verehren, obwohl Buddha selbst ausdrücklich bestritten hat, eine solche zu sein. Das ist ein wesentlicher Unterschied zu Jesus: In den ersten drei Evangelien hat er seine Göttlichkeit weder beteuert noch bestritten, und im letzten Evangelium scheint er sie zu beteuern. Also hat es seinen Sinn, wenn einige Christen Jesus als Gottheit verehren. Aber wie können Buddhisten so etwas gegen Buddhas ausdrückliche Worte tun? Glauben diese Menschen vielleicht, daß Buddha tatsächlich ein Gott war, aber selbst nichts davon wußte? Das ist sicherlich logisch möglich, erscheint aber phantastisch!

Es ist immer wieder verblüffend festzustellen, wie sehr die Menschen danach verlangen, Dinge zu »vergöttern« und Okkultismus, Telepathie und das Übernatürliche bei Gelegenheiten anzubringen, wo es einfach nicht am Platz ist. Es ist bemerkenswert, wie viele außerordentlich intelligente Menschen ich kenne – darunter viele hervorragende Wissenschaftler und Mathematiker –, die einem Zauberer telepathische Kräfte zugestehen, der vorgibt Gedanken lesen zu können. Nun bin ich viele Jahre lang ein professioneller Zauberer und Gedankenleser (sic!) gewesen und weiß, wovon ich spreche. Ich kenne den Modus operandi fast aller Vorführungen in Sachen Gedankenlesen und weiß, daß dabei nichts weiter im Spiel ist als eine Reihe außergewöhnlich gut ausgedachter Tricks. Das Allerbemerkenswerteste daran ist, daß mir die Leute gelegentlich geschworen haben, ich hätte telepathische Fähigkeiten, obwohl ich ihnen versicherte, daß dem nicht so ist. Ich sagte ihnen dann immer wieder: »Das ist wirklich nur ein Trick! Er besitzt eine ganz simple mechanische Erklärung, und jeder von Ihnen könnte ihn selbst ausführen, wenn ihm die Erklärung bekannt wäre (die zu verraten mir meine Berufsethik jedoch nicht gestattet).« Aber sie weigerten sich, mir zu glauben.

Darum glaube ich, daß einige Menschen nur aus dem Grund daran festhalten, in Buddha eine Gottheit zu sehen, weil sie einfach etwas oder jemanden brauchen, das sie vergöttern können. Und der bedauernswerte Buddha muß es ausbaden!

Noch schlimmer ist, daß einige Leute sogar darauf bestehen, Statuen des Buddha zu vergöttern. Derartige Praktiken bezeichnen die Juden als *Götzenanbetung.* Zen-Meister gleichen den Juden sowohl in ihrer Verurteilung dieser Praktiken als auch in ihrer Verurteilung jeglicher Vergötterung der Person Buddhas. Sie sagen Sätze wie: »Wenn du Buddha triffst, töte ihn!« oder »Sollte der Name Buddhas über deine Lippen kommen, dann wasch dir den Mund!«

Es ist aber ein himmelweiter Unterschied, ob man Buddha verehrt, oder ob man ihn als Gottheit verehrt. Viele Menschen verehren Buddha in der gleichen Weise, wie ich

Beethoven oder Mozart verehre, die mit Sicherheit keine Gottheiten gewesen sind. Wenn man die Verehrung Buddhas in diesem Sinn versteht, ist das eine ganz andere Sache, die – wie ich meine – großen spirituellen Wert haben kann. Ich möchte Ihnen vier gegensätzliche Fälle der Verehrung Buddhas schildern.

In der ersten Geschichte, die allgemein bekannt ist, geht es um einen Zen-Meister in einem Tempel, der an einem kalten Tag Holz brauchte, um ein Feuer zu entfachen. Weil es in der Umgebung kein anderes Holz gab, nahm er eine hölzerne Buddha-Statue, hackte sie in Stücke und warf sie ins Feuer. In diesem Augenblick betrat ein Mönch das Zimmer und war von dieser »Blasphemie« entsetzt. Der Meister lächelte und erklärte, daß er lediglich Holz verbrenne und Buddha selbst diese Handlung sicherlich gebilligt hätte. Daraufhin entstand ein reges Streitgespräch, an dessen Verlauf sich ablesen ließe, daß der Meister ein wahrhaft Gläubiger war, der »sich an den Weg hielt«, während der Mönch mit seinen Einwänden nichts weiter als ein Götzenanbeter war.

Diese Geschichte erinnert ein wenig an ein Haiku von Issa:

Aus der Nase flog
dem großen Buddha ein Paar
nistender Schwalben.[1]

Dieses Gedicht trifft mich viel tiefer als die obige Geschichte. Es ist fast schon ein Schock zu erkennen, daß ein und derselbe Klumpen Metall auf zwei so verschiedene Weisen gesehen werden kann – als eine Statue Buddhas oder als rein physikalisches Objekt, in dessen riesigen Einbuchtungen (den Nasenlöchern) Vögel ihr Nest bauen können. Ein und derselbe Gegenstand kann zwei so vollkommen verschiedene Funktionen erfüllen! Und ist seine Funktion als »Nistplatz für Vögel« in gewissem Sinn nicht sogar heiliger als die andere? (Vielleicht empfand der Zen-Meister der hölzernen Statue gegenüber dasselbe!) Davon abgesehen stelle ich mir liebend gern die beiden Vögel vor, die so wunderbar unschuldig und unbeschwert von Begriffen wie »Anbetung« oder »Verehrung« in einer Buddha-Statue ihr Nest bauen. Die »Buddha-Natur« der Statue ist, gemessen an ihrer Eignung als Nistplatz, erfreulich belanglos.

Wenn ich vorhin schon das Wort »Schock« benutzt habe – können Sie sich vorstellen, wie es wäre, mitten im Wald einer solchen Statue gegenüberzustehen, ohne sich der nistenden Vögel auch nur im geringsten bewußt zu sein? Plötzlich, ohne die leiseste Vorwarnung, hören Sie ein Flügelschlagen und sehen zwei Vögel auftauchen. Können Sie sich vorstellen, in einem solchen Moment Satori zu erlangen?

Um noch weiter abzuschweifen: Das obige Haiku erinnert mich ein wenig an die folgenden Zeilen aus einem sehr bekannten Haiku von Buson:

Dort auf der Tempelglocke
schläft ein Schmetterling.[2]

Nun die zweite Geschichte: Ein Zen-Meister verehrte eine Statue des Buddha. Ein Novize kam vorüber und fragte: »Warum verehrt Ihr den Buddha? Ich dachte, Zen lehrt uns, das nicht zu tun. Gibt es nicht Zen-Meister, die dem Buddha ins Gesicht spucken?« Der Meister entgegnete:

»Manche spucken dem Buddha ins Gesicht, ich ziehe es vor, den Buddha zu verehren.«

Nun die dritte Geschichte, die ich noch mehr mag: Ein Zen-Meister verehrte eine Statue des Buddha. Ein Mönch kam vorüber und sagte: »Warum verehrt Ihr den Buddha?«

»Es macht mir Freude, den Buddha zu verehren.«

»Aber ich dachte, Ihr hättet gesagt, daß man die Erleuchtung nicht durch die Verehrung des Buddha erreichen kann?«

»Ich verehre den Buddha nicht, um zur Erleuchtung zu gelangen.«

»Aber warum verehrt Ihr den Buddha dann? Ihr *müßt* einen Grund haben!«

»Ich habe keinen Grund. Es macht mir Freude, den Buddha zu verehren.«

»Aber Ihr müßt damit doch irgend etwas erreichen wollen, Ihr müßt ein bestimmtes Ziel vor Augen haben!«

»Ich verehre den Buddha nicht, um ein bestimmtes Ziel zu erreichen.«

»Warum verehrt Ihr den Buddha dann? Was *bezweckt* Ihr mit der Verehrung des Buddha?«

An dieser Stelle bekam der Mönch von dem Zen-Meister einen kräftigen Schlag ins Gesicht.

Es ist außerordentlich wichtig zu begreifen, daß der Meister den Mönch nicht schlug, weil dieser »blasphemisch« oder »ungläubig« war. Er war schlichtweg ratlos. Das Schlagen des Mönches war ebensowenig »zweckgerichtet« wie seine Verehrung des Buddha. Wäre ich an der Stelle des Meisters gewesen, so wäre mir ebenfalls danach gewesen, dem Mönch einen Schlag zu versetzen. Für mich ist nichts so aggressiv und feindselig, wie jemand, der einem anderen ständig damit in den Ohren liegt, daß er doch sagen solle, was denn nun der »Zweck« seines Tuns sei. Einige der schönsten und wichtigsten Dinge, die man im Leben tut, geschehen ganz ohne einen bestimmten Zweck – obwohl sie einem Zweck dienen können, aber das ist etwas ganz anderes! Westliche Menschen können das nur schwer verstehen. Ich werde später darauf zurückkommen.

Bevor ich Ihnen die vierte Geschichte erzähle, möchte ich ein paar Worte über das Thema Ehrfurcht und Respektlosigkeit verlieren. Ich finde es traurig, daß so viele Menschen entweder in das eine oder in das andere Extrem verfallen. Auf der einen Seite gibt es solche, die unentwegt auf ihrer feierlichen Ehrfurcht bestehen und die jede Respektlosigkeit zutiefst entsetzt. Andererseits sind da jene, die sich an ihrer Respektlosigkeit freuen, aber alles, was auch nur entfernt nach Ehrfurcht aussieht, verabscheuen oder verachten und als sentimentales Gewäsch abtun. An den Taoisten schätze ich, daß sie hier einen goldenen Mittelweg gefunden haben; ich habe bei ihnen kaum jemals übertriebene Ehrfurcht oder einen erschreckenden Mangel an Respekt erlebt. Auf der anderen Seite haben Zen-Meister eine unglaubliche Fähigkeit, ihre tiefste Ehrfurcht von einer Minute zur anderen in vollkommene Respektlosigkeit umschlagen zu lassen, ohne zwischen diesen beiden Zuständen auch nur den geringsten Widerspruch zu sehen.

Ich habe Ihnen drei Geschichten über die Verehrung des Buddha erzählt. Zwei davon ließen sich dadurch charakterisieren, daß sie uns auf eine natürliche Art der Ehrfurcht hinweisen, die nicht aus einem Prinzip heraus geschieht. Die andere Geschichte (über das Verbrennen der hölzernen Statue) verbindet Ehrfurcht und Respektlosigkeit auf hübsche Weise miteinander. Nun werde ich Ihnen die vierte Geschichte erzählen, die auf erfreuliche Art respektlos ist – obwohl ich glaube, daß sie auf einer tieferen Ebene vollkommen über die Kategorien von Ehrfurcht und Respektlosigkeit hinausgeht.

Ein Mönch kam zu dem Zen-Meister Matse, um die Erleuchtung zu erlangen, und fragte: »Was ist die höchste Botschaft des Buddha?« Der Meister antwortete: »Das werde ich dir zeigen. Doch bevor wir über so heilige Dinge diskutieren, solltest du dich zunächst vor dem Buddha verbeugen.« Demütig fügte sich der Mönch und bekam – inmitten der Verbeugung – von dem Meister einen saftigen Tritt in den Hintern. Nach diesem unerwarteten Tritt begann er, sich vor Lachen zu schütteln, bis alle ihn quälenden Zaghaftigkeiten ganz von ihm abfielen; in diesem Augenblick erfuhr er eine »unmittelbare Erleuchtung«. Noch Jahre später sagte er zu jedermann, den er traf: »Seit Meister Matse mir jenen Tritt gab, kann ich nicht mehr aufhören zu lachen.«

16
Im Einklang mit dem Tao

In der jüdisch-christlichen Religion ist viel von »Gottesfürchtigkeit«, von der »Liebe zu Gott« und vom »Gehorsam gegen Gott« die Rede. Im frühen chinesischen Taoismus spricht man weniger von der »Liebe zum Tao« – und gewiß nicht von einer »Furcht vor dem Tao« – als davon, wie es ist, »mit dem Tao in Harmonie« zu sein.

Sich vor dem Tao zu fürchten, wäre auch vollkommen absurd. Das Tao liebt und nährt alle Dinge und spielt doch nicht den Herren über sie! Das Tao ist absolut freundlich und voller Wohlwollen – und zwar *allen* Wesen gegenüber und nicht etwa nur denen, die an es glauben oder es »als ihren Erlöser akzeptieren«. Folglich ist das Tao eine Sache, an die man unmöglich glauben kann, ohne sie zu lieben. Aber die Liebe zum Tao ist nichts, was man ausdrücklich betonen müßte, aus dem einfachen Grund, daß sie so offensichtlich ist. Von jemandem zu verlangen, das Tao zu lieben, wäre ebenso unsinnig wie von ihm zu verlangen, er solle doch seinen besten Freund lieben.

Im Gegensatz dazu verlangt die Bibel von uns, Gott, den Herrn, zu lieben – »von ganzem Herzen und mit aller Macht«. Ferner wird uns befohlen, nach Erlösung zu streben. Es ist unsere Pflicht, nach Erlösung zu streben, und unser Sinn und Zweck, erlöst zu werden. Einige Protestanten sagen in der Tat, der Sinn und Zweck des Menschen bestehe darin, »Gott zu lieben und sich Seiner auf ewig zu erfreuen«.

Ist es nicht seltsam, daß der taoistische Weise im Einklang mit dem Tao bleibt, ohne daß man es ihm befohlen hätte, und ohne daß es seine »Pflicht« wäre, einfach weil er es liebt? Er will nichts vom Tao, er strebt nicht danach, »seine Seele zu retten«, noch begehrt er »zukünftigen Lohn«; er verfolgt keinen Zweck, wenn er mit dem Tao in Einklang bleibt; er befindet sich einfach deshalb im Tao, weil es angenehm ist, dort zu sein.

In dieser Lage gleicht er den vielen Kindern und Freunden, die uns – nicht selten auch mal für etwas längere Zeit – in unserem Landhaus in Elka Park besuchen. Sie bleiben nicht bei uns, weil es ihnen irgend jemand befohlen hätte, oder weil es ihre Pflicht wäre, noch üben sie Disziplin um zukünftiger Güter willen. Wenn ich es mit den Worten der Kinder sagen darf: »Wir kommen, weil wir mögen, wie es hier ist.«

17
Das Tao ist Spontaneität

In der Kino-Version von *Ring of Bright Water* gibt es eine malerische Szene, in der der Held (ein Schriftsteller) und die Heldin (eine Landärztin) eine wunderschöne Landschaft betrachten.

Der Held stößt einen Seufzer aus und sagt: »Jetzt muß ich wirklich wieder an die Arbeit. Ich kann den Rest meines Lebens unmöglich mit Nichtstun verbringen.« Die Heldin antwortet: »Warum nicht, wenn es der Sache dient?«

Worin diese Sache besteht, wird jedoch nicht erkärt, und genau darin liegt der Charme der Geschichte.

Dient das Tao einem bestimmten Zweck? Ich habe einmal eine materialistische und atheistische Biologin gefragt, ob sie glaube, daß das Universum einen bestimmten Zweck hat. Sie antwortete: »Ich würde sagen, daß das Universum eine Richtung hat, aber keinen Zweck.« Das war eine interessante und in gewisser Beziehung sogar taoistische Antwort. Dem Tao einen »Zweck« zuzuschreiben, wäre ziemlich untaoistisch. Das innere Prinzip des Tao ist eher Spontaneität als Zweckhaftigkeit. Anders als der jüdisch-christliche Gott ist das Tao nicht der Schöpfer oder Urheber der Dinge; vielmehr »wächst« oder »reift« es in ihnen. Im Geist Laotses könnten wir sagen:

Das Tao hat keinen Zweck
Und erfüllt deshalb alle Zwecke
Auf wundersame Weise.

In »Verehrung des Buddha« sprach ich davon, daß einen Zweck zu verfolgen etwas anderes ist, als einem Zweck zu dienen oder ihn zu erfüllen. Zum Beispiel ist es fraglich, ob das Wachstum eines Baumes für ihn einen bestimmten Zweck hat, oder ob ein Fluß einen Zweck verfolgt, indem er bergab fließt. Trotzdem scheinen diese Dinge in irgendeiner Weise einem Zweck zu dienen. Dagegen könnte man einwenden: »Aber ein Mensch läßt sich nicht mit einem Baum oder einem Fluß vergleichen. Ein Mensch ist ein vernunftbegabtes Wesen, und dementsprechend sollte alles, was er tut, auch einen Zweck haben.« Diese Einstellung charakterisiert auf wunderbare Weise den Unterschied zwischen der taoistischen und der sogenannten westlichen, »rationalen« Geisteshaltung. Leider ist es für viele Denker, die sich mit ihrer »Rationalität« brüsten, charakteristisch zu glauben, ein vernunftbegabtes Wesen sollte auch immer nach vernünftigen Zwecken handeln. Zum Glück sind nicht alle westlichen Denker dieser Ansicht. Ich denke hierbei an jene von mir so geliebten Autoren, die gegen Ende ihres Lebens solche Sätze schrieben wie: »Bei den meisten Dingen, die ich in meinem Leben getan habe, hatte ich zu dem Zeitpunkt, als ich sie tat, keinen bestimmten Zweck im Sinn. Aber nun erkenne ich den zugrundeliegenden Zweck, der sich hinter ihnen verbarg.«

Nebenbei gesagt, um nicht mißverstanden zu werden: Ich bin nicht *dagegen*, daß jemand einen bestimmten Zweck verfolgt; ich verurteile lediglich die Ansicht, daß man *immer* einen bestimmten Zweck verfolgen sollte. Genausowenig glaube ich, daß die Taoisten etwas gegen die Vorstellung, einen bestimmten Zweck zu verfolgen, haben. Ich denke, sie würden zugeben, daß das Verfolgen eines Zwecks manchmal tatsächlich einem sehr nützlichen Zweck dienen kann, so wie eine spontane »zwecklose« Handlung ebenfalls manchmal einer großen Sache dient.

Ich habe auch davon gesprochen, wie außerordentlich aggressiv und destruktiv ich es finde, einen Menschen ständig danach zu fragen, welchen Zweck er verfolgt. Ich denke dabei an den speziellen Fall eines erfolglosen Musikers, der einmal zu einem aufstrebenden jungen Musiker sagte: »Ich glaube, Sie sollten sich wirklich einmal fragen, *warum* Sie Konzerte geben möchten.« Das kommt mir entsetzlich vor! Warum, um alles in der Welt, sollte sich ein aufstrebender Musiker die lächerliche Frage stellen, warum er Konzerte geben möchte? Reicht es nicht aus, *daß* er es möchte? Vielleicht hätte jemand zu Johanna von Orleans sagen sollen: »Johanna, ich glaube, Sie sollten sich wirklich einmal fragen, *warum* Sie alle diese Kämpfe führen möchten!«

Ich habe manchmal überlegt, was der junge Musiker auf die Frage »Warum möchten Sie Konzerte geben?« angemessen hätte antworten können. Ich glaube, das folgende kleine Gedicht, das den Titel »Der Spielmann« trägt, wäre eine ausgezeichnete Antwort:

Der Spielmann streicht die Fiedel.
Es hört ihm niemand zu, doch
Der Spielmann streicht die Fiedel.

Eine weitere gute Antwort wäre das folgende Zen-Gedicht von Bukkoku Kokushi.[1]

Obwohl sie das Reisfeld nicht mit Vorbedacht
vor Eindringlingen bewahrt,
Dient die Vogelscheuche letztlich
doch einem Zweck.

Vor kurzem stieß ich auf folgendes Gedicht samt Kommentar aus R. H. Blyths *Zen and Zen Classics*, das eine ganz wunderbare Antwort auf die Frage »Warum möchten Sie Konzerte geben?« enthält. Der Geist des Gedichts von Zen-Meister Ikkyu ist dem meines Gedichts »Der Spielmann« sehr verwandt.

Etwas schreiben und hinter uns lassen,
Ist wie ein Traum.
Wenn wir erwachen, wissen wir,
Daß es nicht einmal jemand lesen wird.

Blyth kommentiert:

Diese Verse bilden den Schluß von Die Gebeine. *In demselben auf das Transzendente gerichteten Geist schrieb Shakespeare seine Stücke, wie es scheint, ohne sich darum zu sorgen, ob sie nach all der Mühe und dem Schaffensrausch in der Form, die er ihnen gab, überleben würden; sogar ohne sich darum zu sorgen, ob sie überhaupt überleben würden.*[2]

Ich kann Ihnen gar nicht sagen, wie sehr ich das Gedicht und den Kommentar dazu liebe! Ich bin nicht Shakespeare-Experte genug, um beurteilen zu können, ob die Bemerkungen über ihn historisch korrekt sind, aber wenn es auch nicht unbedingt Shakespeare gewesen sein mag, der gegenüber seinen eigenen Werken eine derart erfrischend anmaßende Haltung einnahm, so hat es sicherlich andere Schriftsteller dieser Art gegeben. Und nichts fasziniert mich mehr als ein Künstler oder Wissenschaftler, der bei seinem Tun mit soviel Liebe ans Werk geht, daß Gedanken an Berühmtheit – oder auch edlere Gefühle wie der Wunsch, sich anderen mitzuteilen – obwohl nicht unbedingt ausgeschlossen, doch von zweitrangiger Bedeutung sind.

Eine Zen-Geschichte erzählt, daß drei Männer am Fuße eines Hügels einen einzelnen Mann erblickten, der auf dem Gipfel stand. Sie begannen darüber zu diskutieren, zu welchem Zweck er dorthin gegangen war. Einer vermutete: »Vielleicht sucht er nach einem Freund.« Ein anderer vermutete: »Vielleicht sucht er seinen Hund.« Der dritte vermutete: »Nein, vielleicht steht er nur da, um die frische Luft zu genießen.« Daraufhin erklommen die drei den Gipfel. Der erste fragte den Mann: »Sie haben einen Freund verloren?« Der Mann antwortete: »Nein.« Der zweite fragte: »Oh, Sie suchen Ihren Hund?« Der Mann antwortete: »Nein.« Der dritte sagte: »Ah, also habe ich recht. Sie stehen hier einfach, um die frische Luft zu genießen!« Der Mann antwortete: »Nein.« Die drei waren vollkommen verblüfft. Schließlich sagte einer: »Aber warum sind Sie dann hier?« Der Mann antwortete: »Ich stehe hier einfach nur.«

Die folgende Passage stammt von William James und kann wohl etwas Licht auf die »Gründe« werfen, aus denen wir die Dinge tun, die wir tun.

Die ganze tägliche Routine des Lebens, das Ankleiden und Wiederausziehen, das zur Arbeit Kommen und Gehen oder das Ausführen der verschiedenen Handgriffe erfolgt vollkommen ohne geistigen Bezug auf Freude und Schmerz, mit Ausnahme nur sehr selten vorliegender Umstände. Es sind gedanklich-motorische Handlungen. Ich atme nicht um der Freude des Atmens willen, sondern entdecke einfach, daß *ich atme, und ebensowenig schreibe ich um der Freude des Schreibens willen, sondern einfach deshalb, weil ich einmal damit begonnen habe, und da ich in einem Zustand intellektueller Erregung bin, der sich seinen freien Lauf läßt, entdecke ich,* daß *ich immer noch schreibe. Wer wird behaupten wollen, daß er, wenn seine Finger bei Tisch gedankenverloren mit dem Messergriff spielen, dies tut, um daran irgendeine Freude zu haben, oder um dadurch Schmerz zu vermeiden. Wir tun all diese Dinge, weil wir im Augenblick nicht anders können; unsere Nervenbahnen sind so gebaut, daß sie in dieser Weise überströmen; und für viele unserer gedankenlosen oder nur »nervösen« und unruhigen Verrichtungen können wir absolut keinen* Grund *angeben.*[3]

Ich finde James in dieser Passage bemerkenswert taoistisch. Sie dient vielleicht als eine weitere Antwort auf unsere Frage »Warum tun Sie dies und das?«. Diese Antwort mag – da sie von einem westlichen Psychologen und Philosophen kommt – weniger mystisch erscheinen als die anderen, die ich hier gegeben habe, aber sie unterscheidet sich nur unwesentlich von ihnen.

Ich möchte noch eine großartige Passage von Jakob Böhme erwähnen, die auf die Frage, welchen Zweck ein Mystiker verfolgt, wenn er auf dem Weg wandelt, eine perfekte Antwort gibt. Denn *was* ist der Zweck der Erleuchtung? Wonach sucht der Mystiker? Vielleicht sollte er sich fragen, *warum* er erleuchtet werden möchte. Womöglich weil er es für seine Pflicht hält, dies zu erreichen? Sucht er die Freuden ekstatischer Verzückung? Versucht er »seine Seele zu retten«? Was soll das Ganze eigentlich?

Jakob Böhme sagt:

Wo du mir auf dieser Leiter, darauf ich in die Tiefe Gottes steige, nachsteigest, so wirst du wohl gestiegen sein. Ich bin nicht durch meine Vernunft oder durch meinen vorsätzlichen Willen auf diese Meinung oder in diese Absicht und Erkenntnis gekommen, ich habe auch diese Wissenschaft nicht gesucht, auch nichts davon gewußt... Morgenröte im Aufgang, 23. Kap.[4]

Teil 2

Das Tao ist gut, aber ohne Moral

道雖好卻無倫理

18
Ist der Mensch von Natur aus gut?

Die Taoisten und die Konfuzianer stimmten beide darin überein, daß es grundsätzlich in der Natur des Menschen liege, gut zu sein, und daß der unverdorbene »natürliche« Zustand des Menschen gut sei. Selbstverständlich dachten einige Taoisten, daß der Konfuzianismus den natürlichen Zustand des Menschen durch Moralpredigten verdorben habe, aber es bestand Einigkeit über die Tatsache, *daß* der Mensch von Natur aus gut war. Wie Konfuzius sagte: »Menschen werden von Natur aus gut geboren, aber nur wenige können sich ihre Güte bis ins hohe Alter erhalten.« Als Gegner standen beiden, den Taoisten und den Konfuzianern, die chinesischen Legalisten (manchmal auch »Realisten« genannt) gegenüber, die glaubten, daß die menschliche Natur grundsätzlich schlecht sei, und daß man deshalb, um der Realität gemäß regieren zu können, die Menschen entsprechend ihrer wahren, verdorbenen Natur behandeln müsse.

Die Legalisten errichteten eines der schrecklichsten totalitären Regime, das jemals existiert hat, und ließen Tausende von konfuzianischen Gelehrten hinrichten. Die Regierung verbrannte alle Klassiker, die ihr in die Hände fielen, Folterung und Verstümmelung waren die bevorzugten Bestrafungen, und von jedem wurde verlangt, alle anderen zu bespitzeln. Wenn eine Person ein »Verbrechen gegen die Regierung« nicht anzeigte, wurde sie des »Verbrechens« für schuldig befunden. Die ideologischen Unterschiede zwischen Taoisten und Konfuzianern waren trivial, verglichen mit den riesigen Unterschieden zwischen jedem von ihnen und der Ideologie der Legalisten.

Natürlich bin ich auf seiten der Taoisten und Konfuzianer. Selbstverständlich ist der Mensch von Natur aus gut! Warum ich dessen so sicher bin? Das ist es, was ich Ihnen gerne verraten möchte. Die Aussage »Der Mensch ist von Natur aus gut« ist die logische Konsequenz zweier anderer Aussagen, die ich beide für so offensichtlich halte wie sonst kaum ein Axiom. Aber selbstverständlich steht es dem Leser frei, eine oder sogar alle beide zu verwerfen.

Das erste meiner beiden Axiome lautet, daß *ich* von Natur aus gut bin. Das erscheint mir so völlig offensichtlich! Mit »von Natur aus gut« meine ich selbstverständlich, daß ich gut geboren wurde. Das sage ich deshalb, weil ich mich ganz entschieden daran erinnern kann, daß ich diese Welt guten Glaubens betreten habe, voller Liebe und Vertrauen für jedermann, gutwillig allen Menschen gegenüber und ganz ohne böse Absichten. Feindseligkeit, Haß, Engstirnigkeit, Neid, Eifersucht etc. entwickelten sich in mir nur als Antwort auf Unfreundlichkeit und Mißtrauen. Aber so schlimm hat man mich auch wieder nicht behandelt, und deshalb bin ich nicht halb so schlimm, wie ich tue. Doch wieviel Bosheit ich auch besitzen mag, sie ist nichts mehr und nichts weniger als eine Reaktion auf die Bosheiten, die mir einst widerfahren sind. Ich habe diese Bosheit nicht mitgebracht, als ich diese Welt betrat! Dessen bin ich sicher. Folglich lautet mein erstes Axiom unwiderruflich: »Ich bin von Natur aus gut.«

Mein zweites Axiom lautet, daß es offensichtlich ist, daß ich kein besserer Mensch bin als irgend jemand sonst.

Nicht von Natur aus besser, meine ich. Selbstverständlich sind meine Handlungen manchmal besser als die anderer Leute, und manchmal sind sie schlechter. Aber es erscheint mir unvorstellbar, daß die menschliche Natur so radikal verschieden sein könnte, daß einige Leute gut und andere böse geboren werden. Nein, das wäre lächerlich. Also ist, wenn ich von Natur aus gut bin, jeder von Natur aus gut. Und da ich von Natur aus gut *bin*, ist jedermann von Natur aus gut.

Nachtrag: Einmal erzählte ich einem Freund, daß ich glaube, der Mensch sei von Natur aus gut. Er wurde ziemlich aufgeregt und unruhig, höchst verstört, etwas ärgerlich und sagte: »Ich bitte dich! Jedes Kind weiß, daß dem nicht so ist! Wenn du sehen willst, wie lächerlich diese Vorstellung ist, brauchst du nur deine eigene Natur mal unter die Lupe zu nehmen!«

Prompt befolge ich seinen Ratschlag und nahm meine eigene Natur unter die Lupe. So ist dieses Kapitel entstanden.

19
Wohin der Wind weht

1. Mein ethisches Prinzip

Wohin auch der Wind weht,
Welchen Weg auch die Welt geht
Ist ganz und gar gut so für mich!
Unbekannter Taoist

2. Wohin der Wind weht

Moralist: Ich habe gerade Ihr Gedicht gelesen:

Wohin auch der Wind weht,
Welchen Weg auch die Welt geht
Ist gut genug für mich!

Taoist: Sie haben es falsch zitiert. Die letzte Zeile lautet »Ist ganz und gar gut so für mich«. Aber mir gefällt Ihre Version mindestens genausogut wie meine – in gewissem Sinn sogar besser.

Moralist: Auf jeden Fall halte ich das Gedicht für kindisch, verantwortungslos, unlogisch und moralisch höchst tadelnswert.

Taoist: Das ist ganz und gar gut so für mich!

Moralist: Also, im Ernst gesagt, komme ich mit dieser Beruhigungsphilosophie Ihres Gedichts nicht zurecht.

Taoist: Es enthält keinerlei Beruhigungsphilosophie.

Moralist: Natürlich tut es das. Ihr Gedicht hat oberflächliche Ähnlichkeit mit dem Zen-Gedicht:

Ruhig sitzen, nichts tun.
Der Frühling kommt, und das Gras wächst von selbst.[1]

Taoist: Dieses Gedicht mag ich sehr. Ich glaube, es ist mein Lieblingsgedicht.

Moralist: Sie mögen es! Ich für meinen Teil habe wirklich nichts gegen das Gedicht. Es ist nichts Falsches daran, ruhig dazusitzen, während das Gras wächst, denn wachsendes Gras hat seinen Wert. Aber es ist etwas ganz anderes, ruhig dazusitzen, während die Welt in Flammen steht!

Taoist: Ich habe es niemals befürwortet, ruhig dazusitzen, während die Welt in Flammen steht. Ich habe es auch sonst nicht befürwortet, ruhig dazusitzen. Tatsächlich ist es so, daß mein Gedicht überhaupt nichts befürwortet.

Moralist: Sie sagen, der Lauf der Dinge sei gut genug für Sie. Na schön, er mag gut genug für Sie sein, aber für mich ist er es bestimmt nicht! Bei all dem Elend und Unrecht in der Welt mögen Sie damit zufrieden sein, ruhig dazusitzen und nichts zu tun, den Wind wehen zu lassen, wohin es ihm beliebt, aber *ich* beabsichtige, hinaus in die Welt zu gehen und etwas dagegen zu tun. Ob es Ihnen gefällt oder nicht!

Taoist: Ob es *mir* gefällt oder nicht? Ob es *mir* gefällt? Ich habe Ihnen doch gerade gesagt:

Wohin auch der Wind weht,
Welchen Weg auch die Welt geht
Ist gut genug für mich!

Wenn Sie also losgehen und die Welt verändern wollen, ist Ihr Tun gut genug für mich.

Moralist: Natürlich ist es gut genug für Sie, wenn *ich*

Schwierigkeiten auf mich nehme, um die Welt zu verändern, aber offensichtlich ist es nicht gut genug für Sie, wenn Sie diese Schwierigkeiten auf sich nehmen sollen.

Taoist: Warum nicht?

Moralist: Ach, kommen Sie, stellen Sie sich doch nicht dumm! Entweder sind die Dinge gut genug für Sie, oder sie sind es nicht. Sie können nicht beides sein. Wenn die Dinge für Sie gut genug sind, haben Sie keinen Grund, sie zu ändern; sind sie es nicht, dann haben Sie einen. Ob die Dinge wirklich gut genug für Sie sind, beurteile ich danach, wie Sie handeln.

Taoist: Ich sehe das anders. Tatsächlich führe ich ein äußerst aktives Leben. Ich bin andauernd mit irgendwelchen Projekten beschäftigt, aber ich sage immer noch: Was auch passiert, es ist gut genug für mich. Angenommen, einige meiner Projekte schlagen fehl. Dann versuche ich es mit anderen weiter, bis ich Erfolg habe. Einige meiner Projekte werde ich vielleicht in meinem ganzen Leben nicht zu einem erfolgreichen Ende bringen. Und diese Tatsache ist gut genug für mich.

Moralist: Angenommen, Sie wären Arzt und setzten alles daran, das Leben eines Ihrer Patienten zu retten. Könnten Sie aufrichtig zu sich sagen: »Ich gebe mein Bestes, um das Leben meines Patienten zu retten, aber wenn er stirbt, ist das ganz und gar gut so für mich«?

Taoist: Selbstverständlich nicht! Ich hielte es für höchst unangebracht, dieses Gefühl bei einer solchen Gelegenheit zu äußern.

Moralist: Jetzt habe ich Sie! Sie widersprechen sich. Auf der einen Seite sagen Sie, daß *alles*, was geschieht, gut genug für Sie sei, und dennoch geben Sie in bezug auf ein besonderes Ereignis zu, daß es nicht gut genug für Sie ist. Das ist offensichtlich ein Widerspruch.

Taoist: Um Gottes willen, da haben wir's! Sie, der große Logiker, haben mich bei einem Widerspruch ertappt. Ich behaupte einen allgemein gültigen Satz und verneine trotzdem ein Beispiel! Tz, tz, tz, ist es nicht fürchterlich?

Moralist: Nun, was haben Sie zu Ihren Gunsten vorzubringen?

Taoist: Was ich zu meinen Gunsten vorbringe? Vor allem, daß Sie ein erstklassiger Dummkopf sind! Das ist es, was ich in erster Linie vorzubringen habe.

Aber sehen Sie, wird es Sie irgendwie glücklicher machen, wenn ich mein Gedicht wie folgt ändere? Angenommen, irgendein sehr unangenehmes Ereignis geschieht, nennen wir es Ereignis E, dann kann ich mein Gedicht so verändern:

Wohin auch der Wind weht,
Welchen Weg auch die Welt geht
Ist ganz und gar gut so für mich,
Ausgenommen Ereignis E.

Moralist: Das ist noch nicht gut genug. Es würde bedeuten, daß Sie Ihr Gedicht jedesmal, wenn Ihnen ein weiteres unangenehmes Ereignis zustößt, erneut ändern müßten.

Taoist: Ganz und gar nicht! Ich kann einfach das Symbol E als Variable benutzen, die ein für allemal sämtliche unangenehmen Ereignisse umfaßt.

Moralist: Ich glaube, Sie wollen mich auf den Arm nehmen.

Taoist: Natürlich! Daß ich mich über Sie lustig mache, ist offensichtlich nur eine gelangweilte Reaktion auf Ihre Kleinlichkeit.

Moralist: Aber jetzt sagen Sie mal ehrlich, warum Sie es als kleinlich ansehen sollten, wenn ich gegen einen eindeutigen Widerspruch protestiere? Wie können Sie ernsthaft daran festhalten, daß alles, was geschieht, für Sie gut ist, und doch zugeben, daß gewisse Vorkommnisse es nicht sind?

Taoist: Ich habe nie behauptet, daß alles, was geschieht, für mich gut sei. Ich habe nie gesagt, daß jedes willkürlich herausgegriffene Einzelereignis gut für mich sei. Ich sagte »welchen Weg auch die Welt geht« ist gut so für mich. Dabei dachte ich an den Lauf der Welt als Ganzes, als einer *Einheit.* Die Tatsache, daß mir die Welt als Ganzes gefällt, bedeutet nicht, daß mir jeder einzelne herausgehobene Aspekt an ihr auch gefallen muß.

Moralist: Mir wird auf einmal klar, daß ich Sie möglicherweise vorschnell verurteilt habe. Vielleicht wollen Sie einfach nur sagen, daß Sie den Willen Gottes akzeptieren. Möglicherweise wollen Sie nur sagen: »Nicht mein, sondern dein Wille geschehe!«

Taoist: Wenn es Sie glücklich macht, es in diesen theologischen Begriffen auszudrücken, dann tun Sie es bitte! Ich würde solche Worte nicht verwenden, aber vielleicht sind sie gar nicht so weit entfernt von dem, was ich meine. Ihre erste Formulierung, daß ich den Willen Gottes akzeptiere, kommt der Sache näher als »nicht mein, sondern dein Wille geschehe«.

Moralist: Was ist der Unterschied?

Taoist: Mir erscheinen sie, zumindest psychologisch gesehen, als sehr verschieden. Ich erinnere mich an meine

Studentenzeit, wie ich in Chicago einen Sommer lang ein theologisches Seminar besuchte. Ich führte viele Gespräche mit dem leitenden Geistlichen. Eines Tages fragte er mich, ob ich nicht an den hausinternen Abendgottesdiensten teilnehmen wolle. Obwohl es mir nicht ganz richtig vorkam, nahm ich die Einladung aus Höflichkeit an. Also ging ich hin, und bei einer Gelegenheit mußten wir die Hände falten und zu Gott beten: »Nicht mein, sondern dein Wille geschehe.« Ich erinnere mich lebhaft, daß ich mir in diesem Augenblick wie ein Heuchler vorkam, so als ob ich tatsächlich eine Lüge ausspräche. Konnte ich wirklich und mit aller Aufrichtigkeit wünschen, daß Gottes Wille eher geschehe als mein eigener? Nehmen wir zum Beispiel an, daß die christliche Auffassung wahr wäre, und Gott wollte, ich müßte die Strafe ewiger Verdammnis erleiden. Könnte ich Gott wirklich dafür *preisen* mir das anzutun? Oder dafür, daß er es jemand anderem antäte – und sei es der Satan selber? Und davon abgesehen, angenommen, der christliche Gott existiert; erschiene es dann für ein schwaches, wehrloses Geschöpf, wie ich es bin, nicht ziemlich lächerlich, Gott eine Genehmigung für die Ausführung seines eigenen Willens zu erteilen? Offensichtlich wird Gott tun, was er will, ob es mir gefällt oder nicht. Ich bin sicher, daß dieses Gefühl schon oft ausgesprochen wurde, aber ich kann nicht anders, als es ein weiteres Mal auszusprechen. Auf jeden Fall hat aus diesem Grund der Satz »Nicht mein, sondern dein Wille geschehe« in meinen Ohren niemals richtig geklungen. Ihre erste Formulierung, »den Willen Gottes zu akzeptieren«, bedeutet etwas anderes: Eine Sache zu akzeptieren ist nicht dasselbe, wie nach ihr zu verlangen. Deshalb meine ich, daß Ihr erster Vorschlag dem, was ich sagen will, näher kommt als der zweite, obwohl es immer noch nicht ganz das ist, was ich meine.

Moralist: Also gut, aber wenn es nicht das ausdrückt, was Ihr Gedicht bedeutet, dann tappe ich immer noch im dunkeln darüber, was es wirklich bedeuten soll.

Taoist: Warum strengen Sie sich so an, eine *Bedeutung* zu finden? Können Sie es nicht einmal als das nehmen, was es ist, und einfach sagen: »Es ist ein gutes Gedicht« oder »Es ist ein miserables Gedicht«?

Moralist: Nein. Es muß eine Bedeutung haben. Sie sagen, daß Sie keine Beruhigungsphilosophie vertreten wollen, und mit Sicherheit sind Sie nicht für Aktivismus. Ich vermute, Sie sprechen sich einfach dafür aus, die Welt zu nehmen, wie sie ist.

Taoist: Nein, ich spreche mich für überhaupt nichts Bestimmtes aus.

Moralist: Aber mit Sicherheit muß Ihre Idee in irgendeiner Weise Ihre Einstellung der Welt gegenüber beeinflussen und Auswirkungen auf Ihr Handeln haben.

Taoist: Auf meine Einstellung ja, nicht auf mein Handeln.

Moralist: Hatten Sie diese Einstellung schon immer?

Taoist: Bestimmt nicht.

Moralist: Würden Sie sagen, daß Sie seitdem ein aktiveres Leben führen oder ein weniger aktiveres?

Taoist: Weder noch. Äußerlich betrachtet gibt es an meinen Handlungen keine nennenswerte Veränderung.

Moralist: Aber Ihr Gedicht muß doch irgendeine ethische Botschaft haben. Warum wählen Sie einen so pompösen Titel wie »Mein ethisches Prinzip«? Nach Ihren letzten Bemerkungen zu urteilen, haben Sie überhaupt kein Prinzip.

Taoist (lacht): Diesen pompösen Titel habe ich absichtlich gewählt, als Seitenhieb auf alle Moralisten, die dazu neigen, sich selbst allzu ernst zu nehmen! Ich war entzückt von der Vorstellung, daß der überaus pompöse Titel »Mein ethisches Prinzip« beim Leser die Erwartung wecken würde, ich käme mit irgendeiner schwerfälligen Analyse über das wahre Wesen des Guten daher und darüber, wie die Menschen eigentlich leben sollten. Aber alles, was dann kommt, ist mein kleines einfältiges Gedicht. Und trotzdem glaube ich, daß dieses Gedicht in einer gewissen Weise – vielleicht hauptsächlich auf unbewußter Ebene – eine sehr wesentliche Botschaft enthält.

Moralist: Aber können Sie nicht sagen, worin diese Botschaft besteht?

Taoist: Damit hätte ich dieselbe Schwierigkeit, wie wenn ich erklären müßte, warum ein Witz komisch ist.

Moralist: Nun sagen Sie, daß die Botschaft in erster Linie nicht die Handlungen der Menschen betrifft...

Taoist: Richtig.

Moralist: Sie betrifft vielmehr eine Veränderung ihrer inneren Einstellung.

Taoist: Richtig.

Moralist: Können Sie mir einen Hinweis geben, was für eine Einstellung Sie dabei im Sinn haben? Haben Sie irgendeine Vorstellung davon, welche Art Einstellung es ist, von der Sie hoffen, sie würde durch Ihre Botschaft hervorgerufen?

Taoist: Ich glaube schon. Ich glaube, diese Einstellung würde nicht bewirken, daß unsere Handlungen erfolgloser oder weniger zielgerichtet wären als vorher – tatsächlich hoffe ich eher auf das Gegenteil –, aber sie würde bewirken, daß wir mit weniger Angst und Sorge handeln.

Moralist: Oh, aber dann haben Sie sogar eine bedeutsame Botschaft. In diesem Falle glaube ich, daß Sie es sich selbst und allen anderen schuldig sind, sie klarer und präziser auszudrücken.

Taoist: Ich kann sie nicht klarer ausdrücken als zu sagen

Wohin auch der Wind weht,
Welchen Weg auch die Welt geht
Ist mir vollkommen gleich!

Nachspiel: Einige Tage nach Abschluß dieses Kapitels hatten wir nachts einen Sturm, bei dem der Wind uns die Schirme von der Veranda wehte. Am nächsten Morgen stand ich da und sah mir die Bescherung an, als meine Frau herunterkam und sagte : »Na, Raymond, bist du immer noch zufrieden damit, wohin der Wind weht?«

20
Warum helfen Sie Ihren Mitmenschen?

Stellen wir uns einmal eine Gruppe aus vier Leuten vor, von denen jeder einzelne sich mit Nachdruck in einem Wohltätigkeitsverein engagiert oder einer nützlichen sozialen oder politischen Betätigung nachgeht, und zwar aus rein altruistischen Motiven. Jemand stellt ihnen die Frage: »Warum arbeiten Sie soviel, um Ihren Mitmenschen zu helfen?« Wir bekommen folgende Antworten: Der erste sagt: »Ich betrachte es als meine moralische Pflicht und Schuldigkeit, meinen Mitmenschen zu helfen.« Der zweite antwortet: »Moralische Pflicht und Schuldigkeit? Zum Teufel mit der Moral! Verdammt will ich sein, wenn ich dabeistehe und zusehe, wie meine Mitmenschen unterdrückt werden, ohne daß *ich* etwas dagegen tue!« Der dritte antwortet: »Ich habe mich ebenfalls nicht sehr viel mit Dingen wie Moral, Pflicht oder Schuld beschäftigt. Ich empfinde einfach außerordentliches Mitleid für diese Menschen und möchte ihnen gern helfen.« Der vierte sagt: »*Warum* ich mich so verhalte, wie ich es tue? Um Ihnen die Wahrheit zu sagen: ich habe keine Ahnung, warum. Es liegt einfach in meiner Natur, das zu tun, was ich tue, und mehr kann ich dazu nicht sagen.«

Ich würde diese vier Antworten gerne miteinander vergleichen. Von der letzten bin ich vollkommen entzückt! Sie scheint sehr taoistisch oder vom Zen beeinflußt zu sein. Der Mann ist ein wahrer Weiser oder ein Heiliger, der sich ganz in Harmonie mit dem Tao zu befinden scheint. Er ist vollkommen natürlich, spontan und hilfsbereit, ohne selbstgerecht zu sein. Wenn es einen Gott gibt, hoffe ich, daß er ihn als ersten in den Himmel läßt! Dicht auf den Fersen würde ihm, wie ich hoffe, der dritte Mann folgen. Er kommt mir irgendwie buddhistisch vor – nicht von Moral, sondern vom Mitleid geleitet, wenn auch vielleicht eine Spur zu selbstgerecht.

Es ist aufschlußreich, den ersten und den zweiten Sprecher miteinander zu vergleichen. Beide sind sehr von sich überzeugt, aber auf höchst verschiedene Weise! Der zweite ist, obwohl er auf den ersten Blick etwas schroff wirkt, eigentlich ein charmanter und humorvoller Bursche. Er kommt mir vor wie ein Kerl »mit harter Schale, aber weichem Kern« (so wie Humphrey Bogart in manchen seiner Rollen). Er ist eigentlich ein sehr sympathischer Mensch, der sich ein wenig schämt, diese Tatsache einzugestehen, und nicht sentimental erscheinen möchte. Wenn ich Gott wäre, würde ich ihn selbstverständlich ebenfalls in den Himmel lassen.

Aber der erste Mann! Um Himmels willen, was für eine Ungeheuerlichkeit! Es tut mir leid, wenn ich jene Leser verletze, die in einer puritanischen Tradition erzogen worden sind, aber ich kann meine Gefühle ebensowenig ändern wie sie. Leute, die dem ersten Sprecher gleichen, sind oft so aufgeblasen, eitel, von sich eingenommen, puritanisch, unmenschlich, eingebildet, dominant und unsympathisch. Es sind Menschen, die aufgrund von »Prinzipien« handeln. In mancher Hinsicht sind sie sogar schlimmer als Leute, die anderen überhaupt nicht helfen. Wenn ich nun Gott wäre, würde ich sie natürlich ebenfalls in den Himmel lassen, aber nicht sofort! Ich würde sie zuerst noch einmal auf die Erde zurückschicken, damit sie dort noch ein paar Jahre Zeit haben, um sich etwas mehr »Disziplin« zu erwerben.

Manche Leser werden vielleicht ganz pragmatisch sagen: »Warum legen Sie soviel Wert darauf, wie die Leute es begründen? Läuft es in Wirklichkeit nicht alles auf dasselbe hinaus? Kommt es nicht eher darauf an, *wie* hilfsbereit sich jemand zeigt, als auf seine Motive oder Gründe?« Meine Antwort lautet: »Nein.« Nach meinem Empfinden können Hilfeleistungen von Menschen, die sich aus einem falschen Bewußtsein heraus engagieren, auf lange Sicht ebenso schädlich sein, als ob die Hilfe ganz unterbliebe. Vermutlich bin ich stark beeinflußt von dem chinesischen Sprichwort: »Wenn der falsche Mann die richtigen Dinge tut, stellen sie sich meist als falsch heraus.«

21
Taoismus oder Moral?

Moralist: Ich muß gestehen, daß mich der Lauf der Welt vom Schlimmen zu noch Schlimmerem zutiefst beunruhigt. Alle objektiven moralischen Grundwerte sind in Auflösung begriffen. Heutzutage spricht jeder nur noch davon, was für mich oder für dich oder für sonstwen richtig ist, aber nicht mehr davon, was an und für sich richtig ist. Alle moralischen Aussagen – so heißt es – lassen sich letztlich auf rein subjektive Geschmäcker und Vorlieben zurückführen. Wenn alle objektiven moralischen Leitsätze verschwinden, braucht man sich nicht zu wundern, daß die Zivilisation immer schneller ihrer Zerstörung entgegentreibt!

Taoist: Dann bin ich genau der richtige Mann für Sie. Wie es der Zufall will, bin ich einer von denen, die – in aller Strenge – an objektiv gültige moralische Grundwerte glauben.

Moralist: Wirklich? Wie wunderbar! Sie haben ja gar keine Ahnung, was für eine Erleichterung es ist, in diesen amoralischen Zeiten jemanden wie Sie zu treffen. Interessieren Sie sich auch für die logischen Voraussetzungen der Ethik? Haben Sie sich zum Beispiel jemals mit der Frage beschäftigt, ob die Ethik axiomatisch endlich fundiert ist?

Taoist: Ich glaube, ich kann Ihnen nicht ganz folgen.

Moralist: Ich meine, ob sich die Ethik als Ganzes aus

einer endlichen Anzahl von Sätzen – ethischen Axiomen – herleiten läßt, oder ob dafür eine unendliche Anzahl solcher axiomatischer Prinzipien notwendig ist.

Taoist: Oh, ganz eindeutig eine endliche Anzahl; sogar eine ziemlich kleine endliche Anzahl – eins, um genau zu sein.

Moralist (mit Eifer): Und wie lautet dieses Prinzip? Vielleicht die goldene Regel?

Taoist: Oh nein! Mein Prinzip ist viel grundlegender. Es lautet ganz schlicht, daß jeder das Recht dazu hat, alles zu tun, was er will.

Moralist (nach einem Moment betretenen Schweigens): Oh, mein Gott! In meinem ganzen Leben bin ich noch nie so listig und gemein hinters Licht geführt worden! Hier stand ich, bereit Ihnen vollkommen zu vertrauen und Sie als einen, dem die Moral ebenso am Herzen liegt wie mir, willkommen zu heißen, aber Sie kommen mit dieser ungeheuerlichen Ansicht daher – keiner amoralischen Ansicht wohlgemerkt – sondern eindeutig der anti-moralischsten Ansicht, die ich je gehört habe! Sie werden verzeihen, wenn ich noch immer leicht unter der Einwirkung dieses Schocks stehe.

Taoist: Ich betrachte diese Ansicht keineswegs als gegen die Moral gerichtet.

Moralist: Aber sie ist es! Erstens führt die Idee, daß jeder tun darf, was er will, natürlich in die Anarchie.

Taoist: Oh, keineswegs! Wenn die Leute Gesetze wollen, ist es nur ihr gutes Recht, welche zu verabschieden. Es ist das gute Recht des Verbrechers, sie zu übertreten, und das Recht der Polizei, ihn dafür zu verhaften; der Richter hat das Recht, ihn zu einer Gefängnisstrafe zu verurteilen usw.

Moralist: Einen Moment, Sie benutzen einen hinterlistigen Trick. Wenn ein Verbrecher das Recht hätte, Gesetze zu übertreten (was er selbstverständlich nicht hat), dann hätte die Polizei kein Recht dazu, ihn zu verhaften.

Taoist: Warum nicht?

Moralist: Weil es offensichtlich ist, daß wenn eine Person das Recht hat, eine bestimmte Sache zu tun, niemand das Recht haben kann, sie daran zu hindern oder für das, was sie getan hat, zu bestrafen.

Taoist: Aber das kann offensichtlich nicht wahr sein, denn ich habe Ihnen gerade gesagt, daß jeder das Recht dazu hat, alles zu tun, was er will.

Moralist: Dann gebrauchen Sie das Wort *Recht* offensichtlich in einem Sinn, der überhaupt keine Bedeutung hat. Jeder vorstellbare Begriff von *Recht* besagt, daß wenn eine Person das Recht hat, eine bestimmte Sache zu tun, niemand anderer das Recht hat, sie daran zu hindern.

Taoist: Aber das ist nicht wahr. Der Begriff von Recht, den ich vertrete, besagt, daß Ihre Behauptung schlicht falsch ist, da zwei verschiedene Menschen einander widersprechende Dinge wollen können.

Moralist: Dann sind Sie inkonsequent. Es ist einfach nicht möglich, eine Interpretation des Wortes *Recht* zu finden, nach der jeder das Recht hat zu tun, was er will.

Taoist: Ich gebe zu, daß es Ihrer Auffassung von *Recht* nach offenbar falsch ist, daß jeder das Recht haben könnte zu tun, was er will. Trotzdem ist es nicht der Fall, daß sich keine Interpretation des Wortes *Recht* finden ließe, nach der jeder das Recht hätte zu tun, was er will.

Moralist: So eine Interpretation gibt es nicht.

Taoist: Sicher gibt es die!

Moralist: Es gibt sie nicht!

Taoist: Würden Sie darauf wetten?

Moralist: Um alles, was mir heilig ist!

Taoist: Dann tut es mir leid, daß Sie Ihre Wette verlieren. Definieren Sie eine Handlung einfach als *rechtmäßig,* wenn der Handelnde tut, was er will. Dieser Definition zufolge ist es ganz trivial, daß er das Recht hat, alles zu tun, was er will.

Moralist: Oh, mein Gott, was für ein billiger, hinterlistiger Trick! Sie machen idiotische, sinnlose Wortspiele, indem Sie rein abstrakte Argumente anführen, die nichts mit der Wirklichkeit zu tun haben. Natürlich wäre dieser reinen Ad-hoc-Definition von *Recht* zufolge das, was Sie sagen, in trivialer Weise wahr. Aber niemand, der noch bei klarem Verstand ist, würde eine derart entsetzliche Definition für annehmbar halten.

Taoist: Sie werfen einige interessante Fragen auf: erstens haben Sie vorhin nicht gesagt, daß es keiner *annehmbaren* Definition des Wortes *Recht* zufolge wahr sein könnte, sondern daß dies unter gar keiner Definition wahr sei. Also gab ich Ihnen eine – wenn auch unangenehme – als Gegenbeispiel.

Moralist: Genau das meine ich, wenn ich von Wortspielen spreche! Warum geben Sie mir eine solche Definition, wenn Sie genau wissen, daß Sie für mich unannehmbar ist?

Taoist: Um Sie auf den alles entscheidenden Punkt hinzuweisen. Ursprünglich beklagten Sie sich über den Mangel an objektiven moralischen Grundwerten. Ich versuche Ihnen klarzumachen, daß Sie mehr wollen als nur Objektivität. Es lassen sich viele, sehr viele verschiedene objektive Definitionen der Begriffe *richtig* und *falsch* angeben, die alle vollkommen eindeutig sind. Aber damit Sie eine davon annehmbar finden, muß sie Ihren eigenen, rein subjektiven Kriterien genügen.

Moralist: Selbstverständlich! Na und?

Taoist: Ursprünglich beklagten Sie sich über die Subjektivität in bezug auf die Moral, und ich behaupte, nach eingehender Analyse, daß Sie dabei ebenso subjektiv handeln wie jene, die Sie dafür kritisieren. Die Vertreter einer subjektiven Moral sind natürlich subjektiv, aber sie sind wenigstens ehrlich genug, es zuzugeben. Meine Hauptkritik an den sogenannten objektiven Moralisten ist, daß Sie zwar ebenso subjektiv sind wie die subjektiven Moralisten, es aber nicht zugeben. Sie breiten über Ihre Subjektivität den Mantel der Objektivität aus.

Moralist: Was ist mit dem objektiven Moralisten, der an Gott glaubt? Er definiert das Gute als die Übereinstimmung mit dem Willen Gottes. Kann daran irgend etwas Subjektives sein?

Taoist: Aber natürlich! Abstrakt gesprochen mag diese Auffassung objektiv erscheinen; das Dumme ist nur, daß unsere Entscheidung für diese oder jene Religion – also für die Natur des Gottes, an den man glaubt – ganz von subjektiven Einstellungen bestimmt wird. Wenn also jemand sagt, »Du solltest dies und das nicht deshalb tun, weil ich glaube, daß das besser wäre, sondern weil die Gebote Gottes es so verlangen«, dann sieht mir das sehr danach aus, daß jemand über seine rein subjektiven Ansichten den Mantel der Objektivität ausbreitet. Ich möchte Sie darauf aufmerksam machen, daß ich nicht unbedingt gegen Subjektivität bin – vorausgesetzt, sie wird ehrlich zugegeben.

Moralist: Wenn ich meine Subjektivität tatsächlich hinter einer objektiven Fassade verstecken wollte, dann hätte ich nach dem, was Sie gesagt haben, das absolute Recht dazu. Schließlich haben Sie gesagt, ich hätte das Recht, alles zu tun, was ich will.

Taoist: Das ist ein amüsantes Beispiel eines sich selbst ad absurdum führenden Arguments, aber ich bin froh, daß Sie darauf kommen, denn es dient ganz ausgezeichnet dazu, einen weiteren Punkt zu illustrieren.

Natürlich haben Sie das *Recht* dazu! Das stelle ich auch gar nicht in Frage. Aber ich glaube nicht, daß Sie es auch wirklich wollen! Ich kenne Sie gut genug, um zu wissen, daß Ehrlichkeit für Sie einen hohen Wert darstellt. Ich glaube nicht, daß Sie Ihre Subjektivität bewußt und vorsätzlich hinter der Maske der Objektivität verbergen. Sie wissen gar nicht, daß Sie das tun. Und der einzige Grund für meinen Versuch, Sie davon zu überzeugen, ist mein felsenfester Glaube, daß Sie, wenn Sie erst einmal erkennen, was Sie da tun, es nicht weiter fortsetzen wollen. Wie Sie sehen, besteht unsere eigentliche Meinungsverschiedenheit darin, daß ich viel eher an den guten Kern im Menschen glaube als Sie.

Moralist: Jetzt mal im Ernst – diese Behauptung, daß man das Recht habe, alles zu tun, was man will! Ich finde das Wort *alles* so beunruhigend. Müssen Sie, wenn Sie ehrlich sind, nicht zugeben, daß Ihre Behauptung gleichbedeutend ist mit der Ablehnung der Moral als solcher?

Taoist: Möglich, daß sie in logischer Hinsicht genau das bedeutet. Psychologisch gesehen heißt sie es mit Sicherheit nicht! Die meisten Menschen sind von meiner Behauptung bedeutend mehr entsetzt als von einer bloßen Ablehnung der Moral. Amoralische Ansichten gibt es schon so lange, daß sie für Moralisten keine aufregenden Neuigkeiten mehr darstellen. Wenn jemand, der sich selbst als amoralisch bezeichnet, die objektive Realität der Moral in Zweifel zieht, wird ein Moralist sicherlich anderer Auffassung sein, aber ganz gut damit fertig werden. Wenn aber jemand kommt und zugesteht, daß es so etwas wie richtig und falsch gibt, dann aber fortfährt, daß jeder das Recht habe, alles zu tun, was er will, sieht das nicht mehr aus wie eine moralische Ansicht, sondern wie eine grauenhafte Perversion der Moral!

Moralist: Eben. Aber sagen Sie mir, wenn Sie wissen, daß Ihre Bemerkung die Leute entsetzt, warum machen Sie sie dann?

Taoist: Weil ich nach wie vor glaube, Sie gut genug zu kennen, um zu wissen, daß Sie mich nicht bitten würden, die Wahrheit – oder das, wovon ich glaube, daß es die Wahrheit sei – zurückzuhalten, um Ihnen einen Schock zu ersparen.

Moralist: Aber glauben Sie denn wirklich, daß es die Wahrheit ist? Finden Sie an Ihrer Behauptung denn nichts Gefährliches? Erkennen Sie nicht, daß man sie dazu benutzen kann, die schrecklichsten Untaten zu rechtfertigen, die man sich vorstellen kann?

Taoist: Ich kann mir gut vorstellen, daß es für Sie so aussieht, aber im Gegensatz zu Ihnen habe ich kaum die Befürchtung, daß das tatsächlich geschehen wird. Ich werde das Gefühl nicht los, daß sich unser beider Temperamente hauptsächlich darin unterscheiden, daß ich viel mehr Vertrauen in den guten Kern der menschlichen Natur habe als Sie. Folglich habe ich weniger Angst davor, daß die Menschen tun könnten, was sie wirklich wollen. Besteht wirklich ein so großer Unterschied zwischen meiner Maxime und dem wohlbekannten (und viel annehmbareren) Ausspruch: »Liebe Gott, und tu, was du willst«?

Moralist: Ich fürchte, Sie sind unrealistisch. Sie glauben, daß die eigentlichen Instinkte des Menschen gut seien, während jeder, der etwas von diesen Dingen versteht und keinem Wunschdenken nachgibt, weiß, daß die primitiven natürlichen Regungen des Menschen außerordentlich gefährlich sind, wenn sie nicht von Vernunft und Moral im Zaum gehalten werden. Ein Mensch, der nur aus Es besteht, ist eine Bedrohung für sich selbst und für die ganze Gesellschaft. Das Es muß durch das Ich und das Über-Ich diszipliniert werden, um ein wirklich gesellschaftsfähiges Wesen hervorbringen zu können.

Taoist: Es kommt mir so vor, als hätte ich das irgendwo schon mal gehört.

Moralist: Ich kann nicht behaupten, daß es sehr originell wäre. Der entscheidende Punkt ist, daß es wahr ist.

Taoist: Für mich ist der wesentlich entscheidendere Punkt, daß es falsch ist.

Moralist: Sind Sie nicht ein bißchen dogmatisch?

Taoist: Natürlich, aber nicht mehr als Sie.

Moralist: Wir wollen uns nicht über Kleinigkeiten streiten. Der Punkt ist, woher wollen Sie wissen, daß meine Sichtweise falsch ist?

Taoist: Ich behaupte nicht, es zu *wissen*; das ist eine heiß umkämpfte Frage. Die Erfahrungen, die ich in meinem Leben gemacht habe, haben mich gelehrt, das Bild, das Sie zeichnen, als falsch zu empfinden – dieses Bild, das das Es als ein wildes, nicht zu bändigendes Tier beschreibt und das Über-Ich als den strafenden Helden, der das Es in Schach hält. Wenn ich schon in diesen freudianischen Begriffen denke (was ich übrigens sonst nicht tue), habe ich eher den entgegengesetzten Eindruck: Ich sehe in dem armen, verleumdeten Es eine in Wirklichkeit sanfte und liebende Natur, die aber vom Über-Ich gefesselt und geknebelt wird, was sie dazu treibt, ihrerseits mit Feindseligkeit zu antworten und dann tatsächlich manchmal gewalttätig zu reagieren. Dann lacht das Über-Ich triumphierend und sagt: »Seht nur, was für ein bösartiges Geschöpf das Es *in Wirklichkeit* ist! Versteht ihr nun, warum ich es im Zaum halten muß? Denkt nur einmal daran, wieviel Schaden es noch anrichten würde, wenn ich es nicht unter Kontrolle hielte!« Diese Situation ist ganz analog zu der eines Mannes, der seinem Hund nicht traut und ihn deshalb ständig an die Kette legt. Es ist offensichtlich, daß der Hund durch den Vorgang des Ankettens bösartiger wird, und dann sagt der Mann: »Da sehen Sie, daß man einen so bösartigen Hund anketten muß!«

Moralist: Wir haben über das Es und das Über-Ich diskutiert, aber wo kommt das Ich ins Spiel?

Taoist: Das hängt ganz vom einzelnen ab. Ihr Ich steht offensichtlich auf der Seite des Über-Ich, meines auf der Seite des Es.

Moralist: Jetzt sagen Sie mal ehrlich, warum wir Moralisten eine derartige Bedrohung darstellen. Was haben Sie eigentlich gegen uns? Ist es bloß das, was Sie bereits gesagt haben: daß wir unsere Subjektivität unter dem Mantel der Objektivität verbergen?

Taoist: Nein, es ist viel mehr als das. Vielleicht erinnern Sie sich an George Berkeleys eindringliche Kritik an den Philosophen: »Erst wirbeln sie eine Menge Staub auf, und dann beschweren sie sich, daß sie nichts sehen können.« Meine Kritik an den Moralisten ist sehr ähnlich und vielleicht sogar noch etwas drastischer. Vergegenwärtigen Sie sich, daß unsere ganze Diskussion damit begann, daß Sie den Verfall der Moral in der Welt beklagten. Die meisten

Moralisten beklagen sich ständig über den sogenannten moralischen Verfall der Welt, aber dennoch kann ich nicht umhin festzustellen, daß die Moralisten selbst die Hauptursache dieses Übels sind. Mehr als jede andere Gruppierung treiben sie den Menschen zu unmoralischen Handlungen, trotz (oder gerade wegen) der Tatsache, daß sie die Moral predigen. Den Mißstand, den sie anprangern, verursachen sie selbst.

Moralist: Das ist, offen gesagt, die unfairste Beschuldigung, die mir jemals untergekommen ist.

Taoist: Das tut mir leid, aber ich muß offen zu Ihnen sein. Der Fall ist nicht ohne Parallelen. Ein Experte auf dem Gebiet der Medizin sagte kürzlich, das größte Gesundheitsrisiko neben Krebs seien schlechte Ärzte. Ich kann nicht beurteilen, ob das wahr ist, aber es würde mich nicht überraschen. Ich habe auch gehört, daß die Medizin des neunzehnten Jahrhunderts wesentlich mehr Menschen das Leben gekostet oder krank gemacht als gerettet hat. Das ist eigentlich höchst einleuchtend. Es liegt durchaus im Bereich des Möglichen, daß die Ökonomen die Hauptursache für die schlimmsten ökonomischen Probleme auf der Welt sind. Eltern, die einen Psychologen aufsuchen, finden manchmal – zu ihrem vollkommenen Entsetzen – heraus, daß sie die Hauptursache für die Straffälligkeit und die neurotischen Probleme ihrer Kinder sind. Die Psychologie sieht sich selbst ähnlichen Angriffen ausgesetzt. Einige Leute empfinden die Psychologie selbst als Hauptursache für die ständig zunehmenden Neurosen in unserer Gesellschaft, trotz der Tatsache, daß sie einigen Individuen tatsächlich helfen konnte. Es sieht so aus, als ob das Phänomen »Staub aufwirbeln und sich dann beschweren, daß man nichts sehen kann« nicht unbedingt auf die Philosophen allein begrenzt ist. Warum sollten gerade Moralisten gegen diese Kritik gefeit sein?

Moralist: Aber Sie geben mir nichts als Analogien! Sie haben mir nicht gesagt, wie wir Moralisten die moralischen Probleme der Welt verursachen.

Taoist: Ein wenig habe ich das bereits angedeutet. Rufen Sie sich ins Gedächtnis zurück, was ich Ihnen über das Über-Ich gesagt habe, das das Es wie einen Hund an die Kette legt, was es dazu treibt, böse zu werden, und das es schließlich dafür tadelt, von Grund auf bösartig zu sein. Lassen Sie mich etwas mehr darüber sagen – in weniger freudianischen Begriffen.

Der Schlüssel, auf den es ankommt, ist, daß es einen himmelweiten Unterschied macht, ob man sich moralisch verhält oder einfach menschlich. Ich glaube, das Wort *Menschlichkeit* ist für unser Problem das entscheidende. Sie fordern moralisches Verhalten. Ich versuche zur Menschlichkeit zu ermutigen. Sie betonen »richtig und falsch«, ich betone den Wert der naturgegebenen Liebe. Ich behaupte nicht, daß es für eine Person logisch unmöglich wäre, sowohl moralisch als auch menschlich zu handeln, aber mir ist bisher noch keine untergekommen! Eigentlich glaube ich auch nicht, daß es sie gibt. Alle Erfahrungen, die ich in meinem Leben gemacht habe, weisen mich eindeutig darauf hin, daß diese beiden Handlungsweisen sich zueinander in höchstem Grade komplementär verhalten. Ich habe noch nie einen Moralisten getroffen, der ein wirklich netter Mensch gewesen wäre. Ich habe noch nie eine wahrhaft nette und menschenfreundliche Person getroffen, die ein Moralist gewesen wäre. Das ist auch kein Wunder! Moralität und Menschlichkeit sind von ihrem Geist her vollkommen antithetisch.

Moralist: Ich bin nicht sicher, ob ich Ihren Gebrauch des Wortes *menschlich* wirklich verstehe, und darüber hinaus verwirrt es mich vollends, daß Sie es als Antithese zu moralischem Verhalten betrachten.

Taoist: Jemand ist menschlich, wenn er seiner Umwelt gegenüber nett und voller Mitgefühl und Liebe ist. Er glaubt nicht, daß er so sein *sollte*, oder daß es seine »Pflicht« wäre, so zu sein. Er ist einfach so. Er behandelt seinen Nachbarn nicht freundlich, weil »es richtig ist, das zu tun«, sondern weil ihm danach ist. Daß ihm danach ist, kommt aus seiner Sympathie oder seinem Mitgefühl – ganz einfachen menschlichen Regungen. Wozu aber braucht jemand, der zutiefst menschlich ist, Moral? Wozu sollte man jemandem sagen, was er zu tun hat, wenn er es ohnehin tun will?

Moralist: Ah, jetzt verstehe ich, wovon Sie reden; Sie sprechen von Heiligen! In einer Welt von Heiligen wären Moralisten selbstverständlich überflüssig – so wie Ärzte in einer Welt voller gesunder Menschen. Aber in Wirklichkeit ist die Welt leider nicht voll von Heiligen. Wenn jeder sich nach dem verhielte, was Sie »menschlich« nennen, wäre die Welt in Ordnung. Aber die meisten Menschen haben kein sehr freundliches Wesen. Sie lieben ihren Nächsten nicht; und bei der günstigsten Gelegenheit werden sie ihren Nächsten um des eigenen Vorteils willen ausbeuten. Darum sind wir Moralisten nötig, um sie in Schach zu halten.

Taoist: Um sie in Schach zu halten! Gut formuliert. Und gelingt es Ihnen, sie in Schach zu halten?

Moralist: Ich will nicht sagen, daß es uns immer gelingt, aber wir tun unser möglichstes. Schließlich können Sie einen Arzt nicht dafür tadeln, daß es ihm nicht gelingt, den Ausbruch einer Seuche zu verhindern, wenn er gewissenhaft alles tut, was er kann. Wir Moralisten sind keine Götter und können nicht dafür garantieren, daß sich unsere Mühe lohnt. Alles, was wir tun können, ist, den Leuten zu sagen, daß sie sich menschlicher verhalten *sollen,* aber wir können sie nicht dazu zwingen. Letztlich hat jeder Mensch einen freien Willen.

Taoist: Und es ist Ihnen niemals in den Sinn gekommen, daß Sie die Leute in Wirklichkeit nicht zu menschlicherem, sondern zu einem weniger menschlichen Verhalten bringen?

Moralist: Selbstverständlich nicht, wie können Sie so etwas nur sagen? Machen wir den Leuten nicht ausdrücklich klar, daß sie sich menschlicher verhalten sollten?

Taoist: Eben. Und genau das ist das Problem. Wie kommen Sie darauf, daß es jemanden dazu bringen könnte menschlicher zu handeln, wenn man ihm sagt, daß er dies tun sollte, oder daß es seine Pflicht sei? Mir scheint, daß das eher den genau entgegengesetzten Effekt haben würde. Sie versuchen, die Liebe zu verordnen. Und so wie eine kostbare Blume wird die Liebe verdorren, wenn man versucht, sie zu erzwingen. Meine eigentliche Kritik zielt darauf ab, daß Sie versuchen, etwas zu erzwingen, das nur ohne Zwang gedeihen kann. Das meine ich, wenn ich sage, daß Moralisten wie Sie die Probleme hervorbringen, über die sie sich beklagen.

Moralist: Nein, nein, Sie verstehen nicht! Ich verordne den Menschen die Liebe nicht. Ich weiß genausogut wie Sie, daß Liebe nicht verordnet werden kann. Ich gebe zu, daß die Welt wunderbar wäre, wenn jeder den anderen lieben würde und Moral gar nicht notwendig wäre, aber die harten Fakten des Lebens sind nun einmal, daß wir nicht in einer solchen Welt leben. Deshalb ist Moral notwendig. Aber ich verordne keine Nächstenliebe – ich weiß, daß das unmöglich ist. Wenn ich etwas verordne, dann daß man, selbst wenn man seinen Nächsten nicht allzu sehr liebt, trotzdem die Pflicht hat, ihn richtig zu behandeln. Ich bin Realist.

Taoist: Und ich sage, Sie sind kein Realist. Ich behaupte, daß richtiges oder gerechtes Verhalten oder Wahrhaftigkeit oder Pflicht und Schuldigkeit mit ebensowenig Aussicht auf Erfolg verordnet werden können wie Liebe.

Auch Jesus war sich in manchen erleuchteten Augenblicken der grundlegenden Bedeutung dieser Sache bewußt. Seine Haltung gegenüber Huren und Sündern war nicht: »Schäme dich, du bist verachtenswert! So, wie du bist, kann ich dich nicht lieben und anerkennen. Wenn du meine Liebe und Anerkennung willst, mußt du zuerst dein Leben ändern.« Nein, seine ganze Haltung besagte: »Ich liebe dich und verstehe dich vollkommen, und ich verstehe, warum du sündigst. Ich liebe dich und nehme dich so an, wie du bist. Weil ich dich liebe, hoffe ich *um deinetwillen,* daß du aufhörst zu sündigen, denn ich weiß, daß deine Sünden dich unglücklich machen.«

Moralist: Sie sind mir ja ein feiner Interpret des Erlösers. Glauben Sie, daß Jesus je gesagt hätte: »Jeder hat das Recht alles zu tun, was er will«?

Taoist: Nein, ich glaube nicht. Aber in dem Zusammenhang, in dem ich es sagte, beabsichtigte ich die gleiche Wirkung. Ich wollte der Moral insofern einen Schlag versetzen, als sie sich gegen wahre Menschlichkeit richtet.

Moralist: Aber warum soll die Moral gegen die Menschlichkeit gerichtet sein? Schließlich predigen wir Menschlichkeit!

Taoist: Das hatten wir schon. Der springende Punkt ist, daß sich Menschlichkeit nicht herbeireden läßt. Predigten sind genau das, was sie zerstört. Ich fürchte, Sie haben den entscheidenden Punkt immer noch nicht verstanden.

Ich werde Ihnen eine andere Quelle aus der christlichen Überlieferung zitieren. In *Christliche Ethik* von Waldo Beach und H. Richard Niebuhr stoßen wir auf die folgende wundervolle Stelle über Paulus:

In gewissem Sinn lassen sich alle Gedanken, die Paulus über das Gesetz äußert, als eine Fortsetzung des Ausspruchs Jesu interpretieren, nach dem ein guter Baum gute Früchte bringt, und kein noch so bescheidenes Maß äußerer Führung den Menschen wirklich gut machen kann. Insofern das imperative moralische Gebot für den Menschen ein rein äußerliches bleibt, eine Angelegenheit des »Du sollst« und »Du sollst nicht«, kann es ihn nicht von Grund auf gut machen; es kann seine Motive nicht verwandeln. Die Befehlsform des Gebots, nicht sein Gehalt, bezieht sich auf die Annahme, daß im Menschen der Wunsch gegenwärtig sei, der Intention des Gebots zuwiderzuhandeln. Zudem weckt das Erlassen von Anordnungen, an die die Menschen sich zu halten haben, sehr wahrscheinlich ihren Eigensinn und verleitet sie dadurch, das Gesetz zu übertreten. Wo es Gebote gibt, sind Erwachsene ebenso wie Kinder der Versuchung ausgesetzt, herauszufinden wie nahe sie der Grenze des Verbotenen kommen können. Wieder müssen wir feststellen, daß imperative Gebote nicht in der Lage sind, jene angeborene, zwanglose und begnadete Lebensführung hervorzurufen, die in Jesus Christus offenbar wird, und die soviel anziehender und fruchtbarer ist als selbstgerechte Güte.[1]

Ich finde diese Stelle höchst bemerkenswert. Sie drückt meine ethische Philosophie besser aus als alles, was ich bisher gesagt habe. Sie repräsentiert einen Zug des Christentums, der zu meinem höchsten Erstaunen vielen praktizierenden Christen kaum bekannt ist.

Moralist: Ich bin froh, daß Sie nur von »einem Zug des Christentums« sprechen, da es kaum dem Christentum als Ganzem entspricht. Die ganze Lehre an diesem seidenen Faden aufzuhängen, wäre mehr als irreführend.

Taoist: Ja, ich weiß, leider.

Moralist: Warum leider?

Taoist: Weil es mich schmerzt, jede Religion verwerfen zu müssen – sogar den Atheismus. Ich wünschte, ich könnte sie alle akzeptieren, obwohl sie sich gegenseitig widersprechen. Jede umfaßt eine ganze Reihe von Aspekten, ein paar gute, ein paar schlechte und ein paar gleichgültige. Das einzige, was ich tun kann, ist, mir aus jeder die besten Stücke herauszupicken und sie, so gut ich kann, wieder zusammenzusetzen. Gerade diese Stelle über Paulus hebt genau den Aspekt des Christentums hervor, den ich liebe.

Moralist: Natürlich! Sie picken sich genau den Aspekt heraus, der Ihrem Zweck dient. Sie machen andauernd wieder denselben Fehler. Sehen Sie sich die letzte Zeile der Stelle, die Sie eben vorgelesen haben, doch an: »Wieder müssen wir feststellen, daß imperative Gebote nicht in der Lage sind, jene angeborene, zwanglose und begnadete Lebensführung hervorzurufen, die in Jesus Christus offenbar wird, und die soviel anziehender und fruchtbarer ist als selbstgerechte Güte.« Das mag auf Wesen wie Christus zutreffen, aber ich wünschte, es ginge endlich in Ihren Kopf hinein, daß Sie und ich nicht Jesus Christus sind. Wir sind menschliche Wesen, die von Natur aus teils gut und teils böse sind. Selbstverständlich ist die spontane Güte eines Christus anziehender und fruchtbarer als selbstgerechte Güte. Ja, das trifft auf Jesus Christus zu, aber wir sind nicht Jesus Christus. Wir Sterblichen haben ein härteres Los. Auch wenn spontane Güte besser sein mag als selbstgerechte Güte, ist selbstgerechte Güte besser als gar keine Güte. Und da die meisten Menschen Güte nur erlernen können, indem sie sich, zumindest vorerst, ihrer selbst bewußt werden, ist das eben leider einmal der Lauf der Dinge.

Ich denke, folgende Betrachtungen könnten uns hierbei hilfreich sein. Kant macht einen bedeutsamen Unterschied zwischen dem, was er den »reinen Willen«, und dem, was er den »heiligen Willen« nennt. Ein Mensch mit reinem Willen fühlt sich von Pflicht und Tugend um ihrer selbst willen angezogen, aber das heißt nicht, daß er keine niederen oder unedlen Impulse hätte. Doch dank seinem reinen Willen besiegt er seine minderwertigen natürlichen Impulse durch Disziplin und Selbstverleugnung. Das ist ein schmerzhafter Vorgang, doch er ist charakterstark genug, diesen Schmerz zu besiegen. Eine Person mit einem heiligen Willen hätte dagegen gar nicht erst den Wunsch, etwas Unrechtes zu tun. Sie braucht ihre bösen Triebe nicht zu besiegen, weil sie keine bösen Triebe hat. Zum Beispiel könnte ein Mensch mit reinem Willen den Wunsch haben, seinen Nachbarn zu bestehlen, diese Versuchung aber überwinden, weil er weiß, daß sie falsch ist. Ein Mensch mit heiligem Willen wird dagegen gar nicht erst das Verlangen haben, seinen Nachbarn zu bestehlen.

Taoist: Von den beiden würde ich den heiligen Willen vorziehen.

Moralist: Natürlich, ich ebenfalls. Der heilige Wille ist der größte Segen, der uns zuteil werden kann. Doch ist er etwas, das man sich verdient haben muß. Was haben Sie und ich schon getan, daß wir das Privileg des heiligen Willens verdienen würden? Ein heiliger Wille ist eher Geschöpfen wie Gott, Christus oder den Heiligen zugedacht. Wir Sterblichen werden, wenn überhaupt, nur sehr selten mit einem heiligen Willen geboren. Wir können froh sein, wenn wir wenigstens einen reinen Willen haben. Zuerst muß man sich mit dem Stadium des reinen Willens auseinandersetzen und seine niedrigen Impulse durch große Anstrengung und Disziplin überwinden. Dann mag man mit dem heiligen Willen belohnt werden. Aber der heilige Wille ist eine Belohnung. Denken Sie daran!

Taoist: Ich verstehe genau, was Sie meinen, aber ich glaube es nicht.

Moralist: Natürlich nicht. Das ist Ihr ganzer Irrtum. Sie betrachten die Fähigkeit Gutes zu tun als etwas, das wie eine schöne Blume oder ein Baum von selbst wächst. Aber so ist es nicht. Wie viele andere wertvolle Dinge im Leben, braucht diese Fähigkeit zu ihrer Entwicklung viel Überlegung. Das verlangt Opfer und Disziplin.

Taoist: Das ist so ungefähr das Letzte auf der Welt, das ich glauben kann.

Moralist: Sie haben das Vorrecht zu glauben, was Ihnen gefällt. Nichtsdestoweniger sage ich die Wahrheit – so hart das auch klingen mag.

Taoist: Und ob es hart klingt! Es klingt nicht nur so, es ist hart! Ich bin froh, daß Sie das Wort »hart« eingebracht haben, denn ich glaube, es ist der Schlüssel für unsere ganze Unterredung. Ja, mein Hauptkritikpunkt an den Moralisten ist, daß sie soviel Härte zeigen. Genau das ist es! Die meisten Moralisten stimmen darin mit mir überein, daß ein menschlicher und freundlicher Umgang miteinander die wertvollste Sache überhaupt ist. Aber unsere Methoden sind so verschieden wie Tag und Nacht. Ich glaube, meine ganze ethische Philosophie läßt sich mit einem kurzen Satz umschreiben: »Freundlichkeit kann man den Menschen nicht mit Härte beibringen – und sei die Härte auch noch so sparsam dosiert.« Ich denke, das ist es, was ich Ihnen die ganze Zeit erklären möchte. Der Versuch, den Menschen Freundlichkeit durch Maßnahmen der Härte beizubringen, ist dasselbe wie der sprichwörtliche Krieg, der die Kriege abschaffen soll. Härte ermuntert Härte; sie ermuntert niemals zu Güte. Ich glaube, das ist die wesentliche Botschaft des Christentums. Mit Sicherheit ist es die wesentliche ethische Botschaft des Taoismus. Die Stelle über Paulus und das Christentum, die ich Ihnen vorgelesen habe, läßt sich in einem einzigen Satz von Laotse zusammenfassen. Konfuzius wegen seiner »Moralpredigten« scheltend sagte Latose: »Hör auf damit, Güte und Pflichtgefühl anzupreisen, und die Menschen werden einander lieben.« Das ist der Kern meiner Philosophie! Hört damit auf, Güte und Pflichtgefühl anzupreisen, und die Menschen werden einander tatsächlich wieder lieben.

Moralist (nach einer Pause): Mir war nicht klar, daß Sie ein derart strenger Taoist sind. Ich fürchte, nun habe ich keine Hoffnung mehr, Sie von der Notwendigkeit der ernsten und heroischen Tugenden des Lebens wie Pflichtgefühl, Disziplin und Opferbereitschaft zu überzeugen. Ich bin in der Tat ein Moralist, der ganz in der westlichen Tradition verhaftet und dessen Sichtweise höchst dualistisch ist. Aber der Dualismus ist eine Realität und nicht meine eigene Schöpfung, wie die Taoisten behaupten würden. Es gibt einen wirklichen Konflikt zwischen Pflicht und Neigung, der nicht einfach verschwindet, wenn man die Augen davor verschließt, sondern einer Lösung bedarf. Aber wie ich schon sagte, habe ich wenig Hoffnung, daß Sie das einsehen werden.

Es ist schon spät, und wir müssen bald auseinandergehen. Aber da ist noch eine Sache, die mir Bauchschmerzen macht und die ich gern aufgeklärt hätte. Ich kann den Umschwung Ihres Verhaltens im Verlauf unserer Unterredung nicht nachvollziehen. Sie begannen mit dieser ungeheuerlichen Behauptung: »Jeder hat das Recht, alles zu tun, was er will«, und im weiteren Verlauf der Diskussion sprachen Sie mehr und mehr von Tugenden wie Menschlichkeit, Freundlichkeit, Sympathie, Mitgefühl und Liebe. Obwohl ich alle Ihre Vorstellungen von spontaner Güte, begnadeter selbstloser Tugend usw. für kindisch und unrealistisch halte, erkenne ich doch, daß Ihre Motive bewundernswert sind. Wie ist es dann möglich, daß Sie all dies mit Ihrer ursprünglichen grauenhaften Behauptung vereinbaren können? Bitte seien Sie wirklich aufrichtig zu mir, und sagen Sie mir vollkommen wahrheitsgetreu, ob Sie wirklich glauben, daß jeder das Recht hat, alles zu tun, was er will, oder ob Sie mich damit nur provozieren wollten.

Taoist (lacht): In gewisser Hinsicht wollte ich Sie provozieren, aber in anderer Hinsicht habe ich es genau so gemeint. Mir war nicht klar, daß diese Behauptung Sie immer noch beunruhigt. Lassen Sie es mich so sagen: Wenn man diese Behauptung rein für sich nimmt, ohne jeden Zusammenhang, würde ich nicht sagen, daß ich sie für wahr hielte, noch ist es die Art von Behauptung, die ich für gewöhnlich aufstelle. Aber in bestimmten Zusammenhängen hat sie sehr wohl ihren Sinn. Ich würde die Behauptung »Jeder hat das Recht, alles zu tun, was er will« nur Leuten gegenüber aufstellen, bei denen ich das Gefühl habe, daß sie zuviel Wert auf die Moral legen. Und selbst dann äußere ich diese Behauptung nur, um ein Gegengewicht zu jenen, wie ich glaube, unglückseligen Tendenzen in die falsche Richtung zu schaffen. Dazu neige ich insbesondere gegenüber Moralisten, die nicht mit anderen, sondern mit sich selbst übermäßig hart ins Gericht gehen. Was ich Ihnen *wirklich* sagen will, ist: »Ich wünschte, Sie würden sich selbst mehr in Ruhe lassen, statt sich andauernd selber vor den Kopf zu stoßen; ich glaube, das würde Ihnen besser bekommen.« Das ist alles, was ich mit dem Satz »Jeder hat das Recht, alles zu tun, was er will« wirklich meine. Vielleicht könnte ich meine eigentliche Botschaft noch besser vermitteln, indem ich sage, daß jemand, der glaubt, das Recht zu haben, alles zu tun, was er will, vielleicht eher das tun will, was recht ist.

22
Ist Gott Taoist?

Sterblicher: Und darum, oh Gott, flehe ich dich an, wenn du nur ein ganz klein wenig Erbarmen mit diesem deinem leidenden Geschöpf hast, erlöse mich davon, einen freien Willen haben zu *müssen*!

Gott: Du weist mein größtes Geschenk an dich zurück?

Sterblicher: Wie kannst du etwas, das man mir aufgezwungen hat, ein Geschenk nennen? Ich habe einen freien Willen, aber ich habe ihn nicht selbst gewählt. Ich hatte keine andere Wahl, als einen freien Willen haben zu müssen. Ich muß einen freien Willen haben, ob ich will oder nicht!

Gott: Warum solltest du dir wünschen, keinen freien Willen zu haben?

Sterblicher: Weil Willensfreiheit moralische Verantwortung bedeutet, und moralische Verantwortung ist mehr als ich ertragen kann.

Gott: Warum findest du moralische Verantwortung so unerträglich?

Sterblicher: Warum? Offen gestanden kann ich dir das auch nicht näher erklären; alles, was ich weiß, ist, daß es so ist.

Gott: Also gut, wenn die Sache so liegt, dann nimm doch einmal an, ich erlöse dich von jeglicher moralischer Verantwortung, aber lasse dir dennoch deinen freien Willen. Wärst du damit zufrieden?

Sterblicher (nach einer Pause): Nein, ich fürchte nicht.

Gott: Aha, hab ich's mir doch gedacht! Moralische Verantwortung ist also nicht der einzige Aspekt der Willensfreiheit, gegen den du Einwände hast. Was am freien Willen macht dir sonst noch Kummer?

Sterblicher: Mit freiem Willen bin ich fähig zu sündigen, und ich möchte nicht sündigen!

Gott: Wenn du nicht sündigen willst, warum tust du es dann?

Sterblicher: Mein Gott, ich weiß nicht, warum ich sündige, aber ich tue es! Böse Versuchungen kreuzen meinen Weg, und so sehr ich mich auch bemühe, ich kann ihnen nicht widerstehen.

Gott: Wenn es wirklich wahr ist, daß du ihnen nicht widerstehen kannst, dann sündigst du nicht aus freiem Willen, und folglich (wenigstens meiner Meinung nach) sündigst du überhaupt nicht.

Sterblicher: Nein, nein! Ich werde einfach das Gefühl nicht los, daß ich es vermeiden könnte zu sündigen, wenn ich mich nur mehr darum bemühte. Nach meinem Verständnis ist der Wille unbegrenzt. Wenn man von ganzem Herzen gewillt ist, keine Sünden zu begehen, dann sündigt man auch nicht.

Gott: Nun gut, du mußt es wissen. Bemühst du dich denn, so gut du kannst, die Sünde zu vermeiden?

Sterblicher: Offen gesagt weiß ich es nicht. Zeitweise habe ich das Gefühl, daß ich mich bemühe, so gut ich kann, aber im nachhinein habe ich die Befürchtung, daß es nicht so war.

Gott: Mit anderen Worten weißt du nicht, ob du nun wirklich gesündigt hast oder nicht. Also ist sogar die Möglichkeit offen, daß du überhaupt nicht gesündigt hast.

Sterblicher: Natürlich ist diese Möglichkeit offen, aber es könnte eben auch sein, daß ich gesündigt habe, und diese Vorstellung macht mir solche Angst.

Gott: Warum jagt dir die Vorstellung, daß du gesündigt haben könntest, Angst ein?

Sterblicher: Ich weiß nicht warum. Zum einen stehst du in dem Ruf, uns nach dem Tode ziemlich grausame Strafen zuteil werden zu lassen.

Gott: Ach, das macht dir Kummer? Warum hast du das nicht gleich gesagt, sondern statt dessen mit diesem belanglosen Gerede von Willensfreiheit und Verantwortung angefangen? Warum hast du mich nicht einfach gebeten, dich für deine Sünden nicht zu bestrafen?

Sterblicher: Ich halte mich für realistisch genug, um einschätzen zu können, daß du eine derartige Bitte wohl kaum gewähren würdest.

Gott: Was du nicht sagst! *Du* verfügst also über eine realistische Einschätzung der Bitten, die ich gewähre, wie? Na gut, ich sage dir, was ich jetzt tun werde. Ich gebe dir eine ganz und gar einmalige Ausnahmegenehmigung, soviel zu sündigen, wie es dir beliebt, und ich gebe dir mein göttliches Ehrenwort, daß ich dich dafür niemals, auch nicht im geringsten, bestrafen werde. Einverstanden?

Sterblicher (mit großem Entsetzen): Nein, nein, tu das nicht!

Gott: Warum nicht? Hast du kein Vertrauen in mein göttliches Wort?

Sterblicher: Natürlich traue ich dir. Aber siehst du denn nicht ein, daß ich nicht sündigen will? Ich habe den tiefsten Abscheu vor der Sünde selbst, ganz abgesehen von irgendwelchen Strafen, die sie nach sich zieht.

Gott: In diesem Fall mache ich dir ein noch besseres Angebot. Ich beseitige deinen Abscheu vor der Sünde. Hier ist eine magische Pille. Du brauchst sie nur hinunterzuschlucken, und schon verlierst du jeglichen Abscheu vor der Sünde. Du wirst glücklich und fröhlich vor dich hin sündigen, keinerlei Bedauern oder Abscheu verspüren, und ich verspreche dir noch einmal, daß du weder durch mich, durch dich oder irgend etwas anderes jemals dafür bestraft werden wirst. Du wärst für alle Ewigkeit glücklich und zufrieden. Also, hier ist die Pille.

Sterblicher: Nein, nein!

Gott: Sei nicht unvernünftig! Ich räume dir sogar das letzte Hindernis, deinen Abscheu vor der Sünde, aus dem Weg.

Sterblicher: Ich werde sie trotzdem nicht nehmen.

Gott: Warum nicht?

Sterblicher: Ich glaube dir, daß die Pille meinen zukünftigen Abscheu vor der Sünde tatsächlich beseitigen würde, aber gegenwärtig ist mein Abscheu groß genug, um mich daran zu hindern, sie nehmen zu wollen.

Gott: Ich befehle dir, sie zu nehmen!

Sterblicher: Ich weigere mich.

Gott: Was, du weigerst dich aus freiem Willen heraus?

Sterblicher: Ja!

Gott: Das sieht glatt so aus, als ob dir dein freier Wille sehr gelegen käme, nicht wahr?

Sterblicher: Ich verstehe dich nicht.

Gott: Bist du jetzt nicht froh darüber, einen freien Willen zu haben, der dich ein so gräßliches Angebot ablehnen läßt? Wie würde es dir gefallen, wenn ich dich dazu zwingen würde, die Pille zu nehmen, ob du willst oder nicht?

Sterblicher: Nein, nein! Bitte nicht!

Gott: Natürlich nicht. Ich möchte dich nur auf einen entscheidenden Punkt aufmerksam machen. Also gut, laß es mich so sagen: Statt dich zur Einnahme der Pille zu zwingen, nehmen wir jetzt einmal an, daß ich dir deine ursprüngliche Bitte gewähre und dich von deinem freien Willen erlöse – aber unter der Bedingung, daß du in dem Augenblick, in dem deine Freiheit endet, keine andere Wahl mehr hast, als die Pille zu nehmen.

Sterblicher: Wenn ich keinen Willen mehr habe, wie soll ich dann die Wahl treffen können, die Pille zu nehmen?

Gott: Ich habe nicht gesagt, daß du eine Wahl triffst; ich habe nur gesagt, du wirst sie nehmen! Wir könnten sagen, daß du nach rein deterministischen Gesetzen handeln würdest, die so beschaffen sind, daß du sie tatsächlich nehmen würdest.

Sterblicher: Ich weigere mich trotzdem!

Gott: Also lehnst du mein Angebot ab, dir den freien Willen zu nehmen. Das sieht deiner ursprünglichen Bitte gar nicht mehr ähnlich, was?

Sterblicher: Jetzt verstehe ich, was du vorhast. Dein Argument ist genial, aber ich bin nicht sicher, ob es wirklich stimmig ist. Da sind ein paar Punkte, die wir noch einmal durchgehen müssen.

Gott: Selbstverständlich.

Sterblicher: Du hast da zwei Sachen gesagt, die mir miteinander in Widerspruch zu stehen scheinen. Zuerst hast du gesagt, daß man nicht sündigen kann, wenn man es nicht aus freiem Willen tut. Aber dann sagtest du, du würdest mir eine Pille geben, die mich von meinem freien Willen befreit, und dann könnte ich sündigen, soviel es mir beliebt. Wenn ich aber keinen freien Willen mehr hätte, dann könnte ich, deiner ersten Aussage zufolge, auch gar nicht mehr in der Lage sein zu sündigen!

Gott: Du vermischst zwei getrennte Teile unserer Unterhaltung miteinander. Ich habe nie gesagt, die Pille würde dich von deinem freien Willen befreien, sondern nur, daß sie dir deinen Abscheu vor der Sünde nimmt.

Sterblicher: Ich fürchte, ich bin etwas durcheinander.

Gott: Also gut, dann laß uns noch mal von vorne anfangen. Angenommen, ich bin damit einverstanden, dir deinen freien Willen zu nehmen, aber unter der Bedingung, daß du dann eine Vielzahl von Taten begehen wirst, die du jetzt als sündhaft betrachtest. Rein technisch gesehen wirst du dann kein Sünder sein, weil du diese Taten ja nicht freiwillig begehst. Und diese Taten bringen weder moralische Verantwortung mit sich, noch moralische Schuld, noch irgendeine Strafe oder dergleichen. Dennoch werden alle diese Handlungen von der Art sein, die du gegenwärtig als sündhaft betrachtest; sie werden alle jene Eigenschaft haben, die du gegenwärtig als abscheulich empfindest, aber dein Abscheu wird verschwinden; folglich wirst du *dann* gegenüber diesen Handlungen keinerlei Abscheu mehr empfinden.

Sterblicher: Nein, aber gegenwärtig habe ich diesen Abscheu jenen Handlungen gegenüber, und dieser gegenwärtige Abscheu reicht aus, um mich daran zu hindern, diesen Vorschlag anzunehmen.

Gott: Hm. Dann muß ich jetzt aber vollkommene Klarheit haben. Ich stelle fest, daß du nicht länger von mir verlangst, dir den freien Willen zu nehmen.

Sterblicher (widerstrebend): Nein, ich glaube nicht.

Gott: Gut, ich verspreche dir, es nicht zu tun. Aber mir ist immer noch nicht ganz klar, warum du deinen freien Willen nicht mehr los sein möchtest. Bitte erkläre mir das noch einmal.

Sterblicher: Weil du mir erklärt hast, daß ich ohne freien Willen sogar noch mehr Sünden begehen würde als vorher.

Gott: Aber ich habe dir doch schon erklärt, daß du ohne freien Willen gar nicht sündigen kannst!

Sterblicher: Wenn ich aber jetzt die Wahl treffe, meinen freien Willen los zu sein, werden all meine folgenden Missetaten zwar keine zukünftigen Sünden sein, aber Sünden jenes Moments der Gegenwart, in dem ich die Wahl treffe, keinen freien Willen mehr zu haben.

Gott: Das klingt, als wärst du schön in der Klemme, was?

Sterblicher: Und ob ich in der Klemme bin! Du hast mich in eine grauenhafte Zwickmühle gebracht! Was ich auch tue, es ist verkehrt. Wenn ich den freien Willen behalte, werde ich fortfahren zu sündigen, und wenn ich ihn (natürlich mit deiner Hilfe) preisgebe, werde ich, indem ich das tue, jetzt zum Sünder.

Gott: Aber aus demselben Grund bringst du mich in eine Zwickmühle. Ich bin gewillt, dir deinen freien Willen zu lassen oder zu nehmen, ganz nach deiner Wahl, aber keine der beiden Alternativen stellt dich zufrieden. Ich möchte dir gern helfen, aber anscheinend kann ich es nicht.

Sterblicher: Wie wahr!

Gott: Wenn es aber nicht mein Verschulden ist, warum grollst du mir dann immer noch?

Sterblicher: Vor allem weil du mich in ein derart schreckliches Dilemma gebracht hast!

Gott: Aber deinen eigenen Worten nach hätte ich nichts tun können, mit dem du zufrieden gewesen wärest.

Sterblicher: Du meinst, daß du jetzt nichts mehr tun kannst, womit ich zufrieden wäre, aber das heißt nicht, daß du früher nichts hättest tun können.

Gott: Warum? Was hätte ich tun können?

Sterblicher: Vor allem hättest du mir offensichtlich niemals einen freien Willen geben sollen. Jetzt, wo du ihn mir bereits gegeben hast, ist es zu spät – alles, was ich tue, ist von Übel. Du hättest ihn mir eben erst gar nicht geben dürfen!

Gott: Ach, das meinst du. Warum wäre es besser gewesen, ihn dir nicht zu geben?

Sterblicher: Weil ich dann niemals fähig gewesen wäre zu sündigen.

Gott: Gut, ich bin stets bereit, aus meinen Fehlern zu lernen.

Sterblicher: Was?

Gott: Ich weiß, das klingt fast schon wie Selbst-Blasphemie, nicht wahr? Es enthält sogar beinahe ein logisches Paradox. Einerseits hat man dir beigebracht, daß es für ein fühlendes Wesen moralisch falsch ist zu behaupten, ich wäre dazu imstande, Fehler zu begehen. Andererseits gibt es keine Handlung, zu der ich nicht das Recht hätte. Aber auch ich bin ein fühlendes Wesen. Habe ich nun das Recht zu behaupten, ich sei fehlbar oder nicht? Das ist hier die Frage.

Sterblicher: Das ist ein schlechter Scherz. Eine deiner Prämissen ist schlichtweg falsch. Man hat mir nicht beigebracht, daß es für ein fühlendes Wesen falsch sei, an deiner Allwissenheit zu zweifeln, sondern daß es für einen Sterblichen falsch ist, das zu tun. Da du aber nicht sterblich bist, bist du offensichtlich von dieser Regelung ausgenommen.

Gott: Gut, auf einer rein rationalen Ebene verstehst du, worum es geht. Trotzdem warst du anscheinend erschrokken, als ich sagte: »Ich bin stets bereit, aus meinen Fehlern zu lernen.«

Sterblicher: Natürlich war ich erschrocken. Nicht diese Selbst-Blasphemie (wie du es scherzhaft genannt hast) erschreckte mich, nicht die Tatsache, daß du nicht das Recht haben könntest, so etwas zu sagen, sondern die Tatsache, daß du es wirklich sagtest, denn mir hat man beigebracht, daß es eine festehende Tatsache sei, daß du keine Fehler machst. Deshalb war ich erstaunt, als du behauptetest, es sei dir möglich, Fehler zu begehen.

Gott: Ich habe nicht behauptet, es sei möglich. Alles, was ich gesagt habe, ist, *falls* ich Fehler mache, würde ich gerne aus ihnen lernen. Aber das sagt nichts darüber aus, ob das *falls* jemals eintreten kann oder wird.

Sterblicher: Laß uns auf diesem Punkt nicht länger herumhacken. Gestehst du nun, daß es ein Fehler war, mir Willensfreiheit zu geben?

Gott: Tja, ich würde vorschlagen, genau das näher zu untersuchen. Ich möchte mir dein gegenwärtiges Dilemma noch einmal verdeutlichen. Du willst keinen freien Willen haben, weil du mit freiem Willen sündigen kannst, und du aber nicht sündigen willst (obwohl ich das immer noch merkwürdig finde; irgendwie mußt du sündigen wollen, sonst tätest du's nicht). Wenn du andererseits damit einverstanden wärst, deinen freien Willen aufzugeben, wärst du schon jetzt verantwortlich für deine zukünftigen Handlungen. Ergo hätte ich dir von Anfang an keine Willensfreiheit geben sollen.

Sterblicher: Genau!

Gott: Ich weiß haargenau wie dir zumute ist. Viele Sterbliche, sogar einige Theologen, haben sich darüber beklagt, daß ich ungerecht gehandelt hätte, indem ich – und nicht sie – über ihre Willensfreiheit entschied, *ihnen* dann aber die Verantwortung für ihre Taten auferlegte. Anders gesagt haben sie das Gefühl, ich würde von ihnen erwarten, daß sie einen Vertrag erfüllen sollen, dem sie von Anfang an niemals zugestimmt haben.

Sterblicher: Genau!

Gott: Wie ich schon sagte, verstehe ich vollkommen, wie ihnen zumute ist. Und ich würdige den Gerechtigkeitssinn hinter dieser Klage. Aber die Klage kommt nur durch eine realitätsfremde Sichtweise auf die Dinge zustande, um die es in Wahrheit geht. Ich werde dich darüber erleuchten, welche Dinge dies sind, und ich glaube, das Ergebnis wird dich überraschen! Aber statt sie dir von oben herab zu verkünden, werde ich weiterhin die sokratische Methode anwenden.

Wenn ich wiederholen darf, bedauerst du, daß ich dir jemals Willensfreiheit gegeben habe. Ich behaupte, wenn du siehst, wie verzwickt die Sache in Wahrheit ist, wirst du es nicht länger bedauern. Um das zu beweisen, werde ich dir sagen, was ich gerade vorhabe. Ich bin im Begriff, ein neues Universum zu erschaffen – ein neues Raum-Zeit-Kontinuum. In diesem neuen Universum wird ein Sterblicher geboren werden, der dir sehr ähnlich ist – der Einfachheit halber könnten wir sagen, daß du wiedergeboren wirst. Nun kann ich diesem neuen Sterblichen Willensfreiheit geben oder nicht. Was möchtest du, daß ich tue?

Sterblicher (in großer Erleichterung): Oh bitte, erspare es ihm, einen freien Willen haben zu müssen.

Gott: Gut, ich werde tun, was du sagst. Aber du mußt dir darüber klar sein, daß dein neues *Ich* ohne freien Willen die schrecklichsten Untaten begehen wird.

Sterblicher: Aber es werden keine Sünden sein, weil es keine Willensfreiheit hat.

Gott: Ob du sie Sünden nennst oder nicht, es bleibt eine Tatsache, daß es insofern scheußliche Taten sein werden, als sie vielen fühlenden Wesen großes Leid verursachen.

Sterblicher (nach einer Pause): Mein Gott, ich bin schon wieder in der Klemme! Immer dasselbe Spiel! Wenn ich dir nun einen Freibrief ausstelle, dieses neue Geschöpf ohne freien Willen zu erschaffen, das trotzdem grauenhafte Taten begehen wird, ist es zwar wahr, daß es dann nicht sündigen wird, aber dafür bin wieder ich der Sünder, weil ich die Erlaubnis dazu gebe.

Gott: In diesem Fall mache ich dir ein noch besseres Angebot. Ich habe mich bereits entschieden, ob ich dein neues *Ich* mit oder ohne freien Willen erschaffe. Ich schreibe meine Entscheidung hier auf dieses Blatt Papier und werde sie dir erst später mitteilen. Aber meine Entscheidung ist nun erfolgt, und sie ist absolut unwiderrufbar. Es gibt nichts, wodurch du sie noch ändern könntest; dich trifft für diese Sache keinerlei Verantwortung. Was ich nun wissen möchte, ist: Wie, hoffst du, habe ich entschieden? Denk daran, die Verantwortung für die Entscheidung ruht ausschließlich auf meinen Schultern, nicht auf deinen. Du kannst mir also vollkommen aufrichtig und ohne Furcht sagen, wie du hoffst, daß meine Entscheidung ausgefallen ist.

Sterblicher (nach einer sehr langen Pause): Ich hoffe, du hast dich dazu entschieden, ihm einen freien Willen zu geben.

Gott: Höchst interessant! Ich habe dir das letzte Hindernis aus dem Weg geräumt. Wenn ich ihm keinen freien Willen gebe, wird sich deshalb niemand einer Sünde schuldig machen. Warum also hoffst du, daß ich ihm einen freien Willen geben werde?

Sterblicher: Weil es – ob nun Sünde oder nicht – der springende Punkt ist, daß er ohne Willensfreiheit (zumindest nach dem, was du gesagt hast) herumlaufen und anderen Menschen weh tun wird, und ich nicht will, daß man ihnen weh tut.

Gott (mit einem Seufzer unendlicher Erleichterung): Endlich! Endlich begreifst du, worum es wirklich geht!

Sterblicher: Und das wäre?

Gott: Daß die Sünde nicht das eigentliche Problem ist! Die entscheidende Sache ist, daß Menschen ebenso wie anderen fühlenden Lebewesen kein Leid geschieht.

Sterblicher: Das klingt utilitaristisch!

Gott: Ich bin Utilitarist.

Sterblicher: Bitte?

Gott: Bitte oder nicht – ich bin Utilitarist, nicht Unitarist, wie du wissen mußt, sondern Utilitarist.

Sterblicher: Ich kann es einfach nicht glauben!

Gott: Ja, ich weiß, deine religiöse Erziehung hat dich andere Dinge gelehrt. Wahrscheinlich hast du dir mich eher als Kantianer denn als Utilitarist vorgestellt, aber deine Erziehung war einfach im Irrtum.

Sterblicher: Du machst mich sprachlos.

Gott: Ich mache dich tatsächlich sprachlos? Das ist vielleicht gar nicht so schlecht, du neigst sowieso dazu, zuviel zu reden. Aber im Ernst, warum, glaubst du, habe ich dir von Anfang an einen freien Willen gegeben?

Sterblicher: Warum? Darüber habe ich noch nie ausführlich nachgedacht; ich habe nur Argumente dafür gesucht, warum du es nicht hättest tun sollen. Aber warum du es getan hast? Ich schätze, alles, was mir dazu einfällt, ist die religiöse Standardantwort: Ohne Willensfreiheit ist man nicht in der Lage, sich entweder Erlösung oder Verdammnis zu verdienen. Folglich könnten wir ohne freien Willen nie das Recht auf das ewige Leben gewinnen.

Gott: Höchst interessant! *Ich* habe das ewige Leben. Meinst du, ich hätte etwas getan, um es zu verdienen?

Sterblicher: Selbstverständlich nicht. Bei dir ist das etwas anderes. Du bist bereits so gut und vollkommen (angeblich wenigstens), daß du es nicht nötig hast, dir das ewige Leben zu verdienen.

Gott: Ja, wirklich? Das versetzt mich in eine ziemlich beneidenswerte Lage, nicht?

Sterblicher: Ich glaube, ich verstehe dich nicht.

Gott: Hier bin ich und erfreue mich ewiger Glückseligkeit, ohne daß ich dafür jemals hätte leiden, Opfer bringen oder bösen Versuchungen widerstehen und dergleichen mehr tun müssen. Ohne irgendeine Art von »Verdienst« genieße ich ein Dasein in ewiger Glückseligkeit. Im Gegensatz dazu müßt ihr armen Sterblichen schwitzen und schuften und die entsetzlichsten Gewissenskonflikte aushalten, und wozu das alles? Ihr wißt nicht einmal, ob ich wirklich existiere, ober ob es wirklich so etwas wie ein Leben nach dem Tode gibt, oder welche Rolle ihr darin spielt, falls es eins gibt. Gleichgültig, wie sehr ihr euch auch darum bemüht, mich dadurch zu besänftigen, daß ihr »gut« seid, könnt ihr trotzdem niemals wirklich sicher sein, ob euer »Bestes« für mich gut genug ist, und folglich seid ihr auch nicht wirklich sicher, ob euch die Erlösung zuteil wird. Stell dir nur vor: Ich *bin* bereits in einem Zustand, der dem der Erlösung entspricht – und mußte mich niemals dem unendlich kummervollen Prozeß aussetzen, sie mir zu verdienen. Beneidest du mich nicht manchmal darum?

Sterblicher: Aber dich zu beneiden ist Blasphemie!

Gott: Komm, stell dich nicht so an! Du sprichst jetzt nicht mit deinem Lehrer in der Sonntagsschule, du sprichst mit *mir.* Blasphemie oder nicht – die entscheidende Frage ist nicht, ob du das Recht hast, mich zu beneiden, sondern ob du es tust. Tust du's?

Sterblicher: Natürlich bin ich neidisch!

Gott: Gut! Bei deiner momentanen Weltanschauung mußt du sogar über alle Maßen neidisch auf mich sein. Aber ich glaube, bei einer etwas realistischeren Weltanschauung wäre das nicht länger nötig. Du hast also die Vorstellungen, die man dir eingetrichtert hat, tatsächlich geschluckt: daß dein irdisches Leben so etwas wie eine Bewährungsfrist ist, und daß der Zweck, dich mit einem freien Willen auszustatten, darin besteht, dich zu prüfen, um herauszufinden, ob du die Glückseligkeit des ewigen Lebens verdienst. Aber etwas verwirrt mich dabei; wenn du wirklich glaubst, daß ich so gut und voller Wohlwollen bin, wie man mir andichtet, warum sollte ich dann von den Leuten verlangen, daß sie sich Dinge wie Glück und das ewige Leben erst verdienen müssen? Warum sollte ich diese Dinge nicht einfach jedermann gewähren, ohne Rücksicht darauf, ob er es verdient oder nicht?

Sterblicher: Aber man hat mich gelehrt, daß dein moralisches Empfinden – dein Gerechtigkeitssinn – verlangt, Gutes mit Glück zu belohnen und Böses durch Leid zu bestrafen.

Gott: Dann hat man dir etwas Falsches beigebracht.

Sterblicher: Aber die theologische Literatur ist voll von solchen Vorstellungen. Nimm beispielsweise Jonathan Edwards *Sünder in der Hand eines zornigen Gottes*. Er beschreibt dich, wie du deine Feinde, verabscheuungswürdigen Skorpionen gleich, über den flammenden Abgrund der Hölle hältst, und sie nur kraft deiner Barmherzigkeit davor bewahrt werden, in das Schicksal hinabzustürzen, das sie verdienen.

Gott: Zum Glück habe ich mich den Tiraden von Mr. Jonathan Edwards bisher nicht aussetzen müssen. Es dürften nur sehr wenige Predigten gehalten worden sein, die ihre Hörer noch mehr in die Irre geführt haben. Allein schon der Titel *Sünder in der Hand eines zornigen Gottes* spricht Bände. Erstens bin ich niemals zornig. Zweitens denke ich nicht in Begriffen wie »Sünde«. Drittens habe ich keine Feinde.

Sterblicher: Meinst du damit, daß es keine Menschen gibt, die du haßt, oder daß es keine Menschen gibt, die dich hassen?

Gott: Ich meinte ersteres, obgleich das letztere zufällig ebenfalls wahr ist.

Sterblicher: Aber ich bitte dich, ich kenne Leute, die in aller Öffentlichkeit behaupteten, dich zu hassen. Gelegentlich habe auch *ich* dich gehaßt.

Gott: Du meinst, du hast dein Bild von mir gehaßt. Das ist nicht dasselbe wie mich zu hassen, wie ich wirklich bin.

Sterblicher: Willst du damit sagen, daß es zwar nicht falsch ist, eine unzutreffende Vorstellung von dir zu hassen, daß es aber falsch ist, dich zu hassen, wie du wirklich bist?

Gott: Nein, das will ich damit bestimmt nicht sagen; ich sage etwas viel Drastischeres! Was ich sagen will, hat mit richtig oder falsch absolut nichts zu tun. Was ich sagen will ist, daß jemand, der mich so kennt, wie ich wirklich bin, es einfach psychologisch unmöglich fände, mich zu hassen.

Sterblicher: Dann verrate mir mal, warum du, wo wir Sterblichen uns so irrige Bilder von deiner wirklichen Natur machen, uns darüber nicht erleuchtest? Warum führst du uns nicht auf den rechten Weg?

Gott: Was läßt dich glauben, daß ich das nicht tue?

Sterblicher: Ich meine, warum erscheinst du uns nicht in sinnlich wahrnehmbarer Weise und teilst uns einfach mit, daß wir im Irrtum sind?

Gott: Bist du wirklich so naiv zu glauben, ich sei ein Wesen von der Art, das deinen Sinnen *erscheinen* kann? Es wäre richtiger zu sagen, daß ich deine Sinne *bin.*

Sterblicher (erstaunt): Du bist meine Sinne?

Gott: Nicht ganz, ich bin mehr als das. Aber es kommt der Wahrheit näher als die Vorstellung, daß ich sinnlich wahrnehmbar wäre. Ich bin kein Objekt; wie du bin ich ein Subjekt, und ein Subjekt kann wahrnehmen, aber nicht wahrgenommen werden. Du kannst mich ebensowenig sehen wie du deine eigenen Gedanken sehen kannst. Du kannst einen Apfel sehen, aber das Ereignis, daß du einen Apfel siehst, ist selbst nichts Sichtbares. Und ich bin eher dem Vorgang des Sehens eines Apfels vergleichbar als dem Apfel selbst.

Sterblicher: Wenn ich dich nicht sehen kann, woher weiß ich dann, daß du existierst?

Gott: Gute Frage! Woher weißt du überhaupt, daß ich existiere?

Sterblicher: Na ja, ich rede mit dir, oder nicht?

Gott: Woher weißt du, daß du mit mir redest? Angenommen, du erzählst einem Psychiater: »Gestern habe ich mit Gott geredet.« Was, glaubst du, würde er sagen?

Sterblicher: Das kommt ganz auf den Psychiater an. Da

die meisten unter ihnen Atheisten sind, nehme ich an, daß die meisten mir sagen würden, ich hätte einfach mit mir selbst geredet.

Gott: Und sie hätten recht!

Sterblicher: Was? Willst du damit sagen, daß du gar nicht existierst?

Gott: Du hast ein ganz eigenartiges Talent, falsche Schlüsse zu ziehen. Nur weil du mit dir selbst redest, folgt daraus, daß *ich* nicht existiere?

Sterblicher: Wenn ich nur glaube, mit dir zu reden, in Wirklichkeit aber mit mir selbst spreche, in welchem Sinne existierst du dann?

Gott: Deine Frage basiert auf zwei Fehlschlüssen zuzüglich einer Verwechslung. Die Frage, ob du nun mit dir selbst redest oder nicht, und die Frage, ob ich existiere oder nicht, sind vollkommen unabhängig voneinander. Selbst wenn du jetzt nicht mit mir reden würdest (was du offensichtlich tust), würde das immer noch nicht bedeuten, daß ich nicht existiere.

Sterblicher: Aber ja, selbstverständlich! Also hätte ich statt zu sagen »wenn ich mit mir selbst rede, existierst du nicht«, lieber sagen sollen: »Wenn ich mit mir selbst rede, rede ich offensichtlich nicht mir dir.«

Gott: Das ist tatsächlich eine ganz andere Aussage, aber ebenso falsch.

Sterblicher: Ich bitte dich, wenn ich nur mit mir selbst rede, wie kann ich dann gleichzeitig mit dir reden?

Gott: Dein Gebrauch des Wörtchens »nur« ist vollkommen irreführend. Es lassen sich mehrere logische Möglichkeiten denken, unter denen die Tatsache, daß du mit dir selbst redest, nicht ausschließt, daß du auch mit mir redest.

Sterblicher: Nenne mir nur eine davon!

Gott: Offensichtlich besteht eine Möglichkeit darin, daß du und ich identisch sind.

Sterblicher: Was für ein blasphemischer Gedanke – wenigstens, wenn *ich* ihn geäußert hätte!

Gott: In einigen Religionen schon; in anderen ist das die reine, schlichte, unmittelbar wahrgenommene Wahrheit.

Sterblicher: Der einzige Ausweg aus dem Dilemma besteht also darin zu glauben, daß du und ich identisch sind?

Gott: Ganz und gar nicht! Das ist nur ein Ausweg. Es gibt viele andere. Zum Beispiel könnte es sein, daß du ein Teil von mir bist, was bedeuten würde, daß du mit jenem Teil von mir redest, der eben du ist. Oder ich könnte ein Teil von dir sein, was bedeuten würde, daß du mit jenem Teil von dir redest, der eben ich bin. Oder noch einmal anders, könnten du und ich uns teilweise überschneiden, was bedeuten würde, daß du mit unserem Schnittpunkt sprichst, also sowohl mit dir als auch mit mir redest. Die einzige Bedingung, unter der die Tatsache, daß du zu dir selbst redest, auszuschließen scheint, daß du mit mir sprichst, wäre, wenn du und ich vollkommen voneinander getrennt wären – und selbst dann wäre es denkbar, daß du zu uns beiden sprichst.

Sterblicher: Also behauptest du, daß du existierst.

Gott: Ganz und gar nicht. Du ziehst schon wieder falsche Schlußfolgerungen! Die Frage meiner Existenz haben wir noch gar nicht berührt. Alles, was ich gesagt habe, war, daß man aus der Tatsache, daß du Selbstgespräche führst, unmöglich folgern kann, daß ich nicht existiere, von der schwächeren Schlußfolgerung, daß du dann nicht mit mir sprichst, ganz zu schweigen.

Sterblicher: Na gut, das räume ich ein. Was ich nun aber wirklich wissen will ist, *ob* du existierst.

Gott: Was für eine seltsame Frage!

Sterblicher: Warum? Die Menschen stellen sich diese Frage seit Tausenden von Jahren.

Gott: Das weiß ich! Die Frage selbst ist nicht seltsam; was ich meine ist, daß es höchst seltsam ist, daß man *mir* diese Frage stellt.

Sterblicher: Warum?

Gott: Weil ich derjenige bin, dessen Existenz du bezweifelst. Ich verstehe deine Beunruhigung vollkommen. Du hast Angst, daß deine gegenwärtige Erfahrung meiner Person eine bloße Halluzination sein könnte. Aber ist es dir möglich, von einem Wesen verläßliche Auskünfte über seine Existenz zu erwarten, wenn du dasselbe Wesen der Nicht-Existenz verdächtigst?

Sterblicher: Du willst mir also nicht sagen, ob du existierst oder nicht?

Gott: Ich will überhaupt nichts! Ich möchte dir nur aufzeigen, daß es keiner Antwort, die ich dir geben könnte, möglich ist, dich zufriedenzustellen. Also gut, angenommen, ich sage: »Nein, ich existiere nicht.« Was würde das schon beweisen? Rein gar nichts! Oder wenn ich sage: »Ja, ich existiere.« Würde dich das überzeugen? Natürlich nicht!

Sterblicher: Aber wenn du mir nicht verraten kannst, ob du existierst oder nicht, wer kann es dann?

Gott: Das ist etwas, was dir niemand verraten kann. Es ist etwas, das du nur selbst herausfinden kannst.

Sterblicher: Wie stelle ich es an, das selbst herauszufinden?

Gott: Das kann dir auch niemand verraten. Das ist noch so eine Sache, die du selbst herausfinden mußt.

Sterblicher: Du hast also keine Möglichkeit, mir zu helfen?

Gott: Das habe ich nicht gesagt. Ich sagte, daß es keine Möglichkeit gibt, es dir zu verraten. Aber das heißt nicht, daß es keine Möglichkeit gäbe, dir zu helfen.

Sterblicher: Auf welche Weise kannst du mir dann helfen?

Gott: Ich schlage vor, das überläßt du mir. Wir sind von unserem eigentlichen Thema abgekommen, und ich würde gerne zu der Frage zurückkehren, was du glaubst, daß ich bezwecken wollte, indem ich dir einen freien Willen gab. Dein erster Gedanke, ich hätte dir den freien Willen gegeben, um dich dadurch einer Prüfung zu unterziehen, ob du die Erlösung verdienst oder nicht, mag für viele Moralisten verlockend klingen, aber mir kommt er ganz entsetzlich vor. Kannst du dir keinen netteren Grund – keinen menschlicheren Grund – vorstellen, warum ich dir Willensfreiheit hätte geben sollen?

Sterblicher: Nun ja, ich habe diese Frage einmal einem orthodoxen Rabbi gestellt. Er sagte mir, daß es uns, so wie wir gebaut sind, einfach nicht möglich ist, uns der Erlösung zu erfreuen, wenn wir nicht das Gefühl haben, sie uns verdient zu haben. Und um sie uns zu verdienen, brauchen wir natürlich Willensfreiheit.

Gott: Diese Erklärung ist tatsächlich viel netter als die vorige, aber immer noch weit von der Wirklichkeit entfernt. Dem orthodoxen Judentum zufolge habe ich Engel geschaffen, die keinen freien Willen besitzen. Mein Anblick gibt den Engeln Stärke, und meine Güte nimmt sie so vollkommen gefangen, daß sie niemals auch nur der kleinsten Versuchung zum Bösen ausgesetzt sind. Sie haben in dieser Angelegenheit wirklich keine Wahl. Dennoch sind sie glücklich bis in alle Ewigkeit, obwohl sie es sich nicht verdient haben. Wenn also die Erklärung deines Rabbis zuträfe, warum habe ich dann nicht einfach lauter Engel geschaffen, anstelle der Sterblichen?

Sterblicher: Ich gebe mich geschlagen. Warum nicht?

Gott: Einfach deshalb, weil die Erklärung nicht zutrifft. Erstens habe ich solche Patentengel niemals erschaffen. Alle fühlenden Wesen erreichen zu guter Letzt einen Zustand, den man »engelhaft« nennen könnte. Aber genauso, wie die menschliche Art sich in einem bestimmten Stadium der biologischen Evolution befindet, sind Engel einfach das Endprodukt eines Vorgangs, den man kosmische Evolution nennen könnte. Der einzige Unterschied zwischen dem sogenannten *Heiligen* und dem sogenannten *Sünder* besteht darin, daß der erstere bei weitem älter als der letztere ist. Leider braucht man zahllose Lebenszyklen, bis man das vielleicht wichtigste Faktum im Universum erkannt hat – das Böse ist einfach schmerzhaft. Alle Argumente der Moralapostel – all die vermeintlichen Begründungen dafür, daß die Menschen keine bösen Taten begehen *sollten* – verblassen einfach zur Bedeutungslosigkeit im Lichte der einen grundlegenden Wahrheit, daß *Bösesein Leiden bedeutet.*

Nun, mein Freund, bin ich kein Moralist. Ich bin ganz und gar Utilitarist. Daß man mich in die Rolle eines Moralisten gedrängt hat, ist eine der großen Tragödien der Menschheit. Meine Rolle im Lauf der Dinge (wenn man diese irreführende Formulierung verwenden will) besteht weder im Bestrafen noch im Belohnen, sondern darin, den Prozeß zu unterstützen, durch den alle fühlenden Wesen letztlich den Zustand der Vollkommenheit erreichen.

Sterblicher: Warum sagtest du, die Formulierung sei irreführend?

Gott: Was ich sagte, war in zweierlei Hinsicht irreführend. Erstens einmal ist es ungenau, von meiner Rolle im Lauf der Dinge zu sprechen. Ich *bin* der Lauf der Dinge. Zweitens ist es ebenso irreführend, davon zu sprechen, daß ich den Prozeß unterstütze, durch den fühlende Wesen die Erleuchtung erlangen. Ich *bin* der Prozeß. Die alten Taoisten waren der Sache ganz nahe, als sie von mir (den sie »Tao« nannten) sagten, daß ich nichts tue, aber alles durch mich getan wird. In etwas modernerer Terminologie: Ich bin nicht die Ursache des kosmischen Prozesses, ich bin der kosmische Prozeß selbst. Ich glaube, die zutreffendste und fruchtbarste Definition, die der Mensch über mich aufstellen kann – wenigstens in seinem gegenwärtigen Entwicklungsstadium – lautet, daß ich eben der Prozeß der Erleuchtung bin. Jene, die auch dem Teufel einen Platz einräumen möchten (auch wenn ich wünschte, sie würden darauf verzichten), könnten ihn analog dazu als die leider unvermeidliche zeitliche Dauer definieren, die der Prozeß benötigt. So gesehen ist der Teufel notwendig; der Prozeß braucht unheimlich lange Zeit, und daran kann ich auch nicht das geringste ändern. Aber ich versichere dir, wenn man den Prozeß dereinst besser verstanden haben wird, wird die schmerzlich lange Zeit nicht mehr als ein wesentliches Hindernis oder etwas Böses betrachtet werden. Sie wird gerade als das Wesen des Prozesses selbst erkannt werden. Ich weiß, daß das für dich, der du noch im endlichen Meer des Leidens weilst, kein vollständiger Trost sein kann, aber das Erstaunliche daran ist, daß sobald du diese Grundhaltung einmal eingenommen hast, dein endliches Leid beginnen wird, weniger zu werden – bis es zu guter Letzt vollkommen verschwindet.

Sterblicher: Das hat man mir schon früher erzählt, und ich neige dazu, es zu glauben. Aber angenommen, es gelingt mir, die Dinge durch dein ewiges Auge zu sehen; ich werde dann glücklich sein, aber habe ich nicht auch eine Verpflichtung gegenüber meinen Mitmenschen?

Gott (lacht): Du erinnerst mich an die Mahayana-Buddhisten. Jeder von ihnen sagt: »Ich werde nicht eher ins Nirwana eingehen, als bis ich sehe, daß alle anderen fühlenden Wesen es ebenfalls tun.« So wartet jeder darauf, daß der andere den ersten Schritt tut. Kein Wunder, daß sie so lange brauchen! Der Hinayana-Buddhist irrt in anderer Hinsicht. Er glaubt, daß keiner dem anderen auch nur im geringsten dabei behilflich sein kann, die Erlösung zu erlangen; jeder müsse es ganz für sich allein versuchen. Und so strebt jeder nur nach seiner eigenen Erlösung. Aber gerade diese unbeteiligte Haltung macht die Erlösung unmöglich. Die Wahrheit besteht darin, daß Erlösung zum Teil ein individueller und zum Teil ein sozialer Prozeß ist. Aber es ist ein schwerwiegender Fehler – wie so viele Mahayana-Buddhisten – daran zu glauben, daß einen das Erlangen der Erleuchtung sozusagen seines Auftrags entledigt, anderen zu helfen. Die beste Methode, anderen zu helfen, ist, das Licht zunächst einmal selbst zu erblicken.

Sterblicher: An deiner Art, dich selbst zu beschreiben, finde ich eine Sache etwas verwirrend. Du beschreibst dich wesentlich als *Prozeß*. Das wirft ein so unpersönliches Licht auf dich. Dabei brauchen so viele Menschen einen persönlichen Gott.

Gott: Und weil sie einen brauchen, folgt daraus, daß ich einer bin?

Sterblicher: Natürlich nicht. Aber um annehmbar zu sein, muß eine Religion die Bedürfnisse der Sterblichen befriedigen.

Gott: Das ist mir bewußt. Aber die sogenannte »Personalität« eines Wesens kommt ihm eher in den Augen des Betrachters zu als in Wirklichkeit. Die Kontroversen, die sich um die Frage ranken, ob ich ein persönliches oder ein unpersönliches Wesen sei, sind ziemlich albern, weil keine Seite recht oder unrecht hat. Von einem Standpunkt aus gesehen bin ich Person, von einem anderen aus nicht. Mit dem Menschen ist es dasselbe. Ein Geschöpf von einem anderen Planeten mag ihn als etwas ganz Unpersönliches, als eine bloße Ansammlung von Elementarteilchen ansehen, die streng vorgegebenen physikalischen Gesetzen gehorchen. Es mag für die Persönlichkeit eines Menschen ebensowenig Gefühl haben wie der erwachsene Durchschnittsmensch für eine Ameise. Trotzdem verfügt eine Ameise für ein Wesen wie mich, der ich sie wirklich kenne, über ebensoviel individuelle Persönlichkeit wie ein Mensch. Die unpersönliche Betrachtungsweise ist ebenso zutreffend oder unzutreffend wie die persönliche, aber allgemein gilt, je besser du etwas kennenlernst, desto persönlicher erscheint es dir. Um diesen Punkt zu verdeutlichen: Siehst du mich als persönliches oder als unpersönliches Wesen an?

Sterblicher: Schließlich rede ich mit dir, oder?

Gott: Genau! Von diesem Gesichtspunkt aus ließe sich deine Einstellung mir gegenüber als eine persönliche bezeichnen. Und dennoch kann man mich unter einem anderen – nicht weniger gültigen – Gesichtspunkt auch als etwas Unpersönliches betrachten.

Sterblicher: Aber wenn du in Wirklichkeit etwas so Abstraktes wie ein Prozeß bist, verstehe ich nicht, in welchem Sinn ich mit einem bloßen »Prozeß« reden kann.

Gott: Deine Verwendung des Wortes »bloß« gefällt mir. Du könntest ebensogut sagen, daß du in einem »bloßen Universum« lebst. Außerdem, warum muß immer alles, was man tut, Sinn haben? Hat es Sinn, mit einem Baum zu sprechen?

Sterblicher: Natürlich nicht!

Gott: Und trotzdem tun viele Kinder und Primitive nichts anderes!

Sterblicher: Aber ich bin weder ein Kind noch ein Primitiver.

Gott: Das ist mir leider bewußt.

Sterblicher: Wieso leider?

Gott: Weil viele Kinder und Primitive noch eine ursprüngliche Form der Intuition besitzen, die deinesgleichen abhanden gekommen ist. Wenn ich ehrlich bin, glaube ich, daß es dir nur guttun würde, hin und wieder mit einem Baum zu sprechen. Es wäre sogar noch besser, als mit mir zu sprechen. Aber anscheinend verlieren wir immer wieder den Faden. Zum Abschluß würde ich gern mit dir zusammen versuchen, zu einem Verständnis davon zu kommen, warum ich dir einen freien Willen gegeben habe.

Sterblicher: Ich habe die ganze Zeit weiter darüber nachgedacht.

Gott: Soll das heißen, unsere Unterhaltung ist an dir vorübergegangen?

Sterblicher: Natürlich nicht. Aber auf einer anderen Ebene habe ich darüber die ganze Zeit nachgedacht.

Gott: Und zu welchem Schluß bist du gekommen?

Sterblicher: Du sagst also, der Grund sei nicht zu prüfen, ob wir es wert sind. Und du hast bestritten, der Grund dafür sei, daß wir das Gefühl bräuchten, uns die Dinge verdient zu haben, um sie genießen zu können. Und du behauptest Utilitarist zu sein. Vor allem schienst du so überaus erfreut, als mir mit einem Schlage klar wurde, daß nicht die Sünde selbst etwas Schlechtes ist, sondern nur das Leid, das sie verursacht.

Gott: Aber ja doch! Was, um alles in der Welt, sollte sonst an der Sünde das Schlechte sein?

Sterblicher: In Ordnung, du weißt das, und ich weiß es jetzt auch. Aber mein ganzes Leben lang stand ich unglücklicherweise unter dem Einfluß jener Moralisten, die die Sünde an sich für etwas Schlechtes hielten. Wenn ich nun aber versuche, alle Einzelteile zusammenzusetzen, kommt es mir so vor, daß der einzige Grund, uns einen freien Willen zu verleihen, deiner Ansicht nach darin besteht, daß Menschen mit einem freien Willen weniger dazu neigen, sich und anderen Leid zuzufügen, als wenn sie keinen freien Willen hätten.

Gott: Bravo! Das ist bei weitem die beste Begründung, die du mir bisher gegeben hast. Ich kann dir versichern, daß, hätte ich die Wahl gehabt, dir Willensfreiheit zu verleihen, genau das der Grund für meine Entscheidung gewesen wäre.

Sterblicher: Was? Willst du damit sagen, daß du gar nicht die Wahl hattest, uns einen freien Willen zu geben?

Gott: Mein lieber Freund, ich hatte ebensowenig die Wahl, dir einen freien Willen zu verleihen, wie ich die Wahl hatte, ein gleichseitiges Dreieck auch gleichwinklig zu erschaffen. Ich hatte zwar zunächst die Wahl, ob ich ein gleichseitiges Dreieck erschaffen wollte oder nicht, aber als ich mich dazu entschieden hatte, es zu erschaffen, hatte ich keine andere Wahl, als es mit drei gleichen Winkeln zu versehen.

Sterblicher: Ich dachte, du kannst alles tun!

Gott: Nur Dinge, die logisch möglich sind. Wie schon der heilige Thomas sagte: »Es ist eine Sünde, die Tatsache, daß Gott nicht das Unmögliche tun kann, als Beschränkung seiner Macht anzusehen.« Dem stimme ich zu, wenn ich auch, statt das Wort *Sünde* zu gebrauchen, lieber den Ausdruck *Irrtum* verwenden würde.

Sterblicher: Wie dem auch sei, bin ich immer noch verwirrt durch deine Andeutung, daß du gar keine andere Wahl hattest, als mir einen freien Willen zu geben.

Gott: Dann ist es höchste Zeit, dich darüber aufzuklären, daß unsere ganze Diskussion – von Anfang an – auf einem ungeheuren Trugschluß beruht hat! Wir haben unser Gespräch auf einer rein moralischen Ebene geführt – ursprünglich beklagtest du dich darüber, daß ich dir einen freien Willen verliehen hätte, und warfst die umfangreiche Frage auf, ob ich das hätte tun sollen. Es ist dir nie auch nur in den Sinn gekommen, daß ich in dieser Angelegenheit absolut keine andere Wahl hatte.

Sterblicher: Ich tappe immer noch im dunkeln.

Gott: Absolut! Weil du nicht in der Lage bist, die Sache anders als mit den Augen eines Moralisten zu sehen. Die viel grundsätzlicheren *metaphysischen* Aspekte dieser Frage hast du niemals in Betracht gezogen.

Sterblicher: Ich verstehe immer noch nicht, worauf du hinauswillst.

Gott: Bevor du mich batest, dir deinen freien Willen zu nehmen, hättest du mich da nicht zuerst einmal fragen sollen, ob du überhaupt tatsächlich einen freien Willen hast?

Sterblicher: Das habe ich einfach vorausgesetzt.

Gott: Aber warum solltest du?

Sterblicher: Ich weiß nicht. Habe ich einen freien Willen?

Gott: Ja.

Sterblicher: Warum hast du dann gesagt, ich hätte es nicht voraussetzen dürfen?

Gott: Weil du es nicht hättest tun sollen. Nur weil sich etwas zufällig als wahr erweist, folgt daraus nicht, daß man es hätte voraussetzen dürfen.

Sterblicher: Wie dem auch sei, finde ich es beruhigend zu wissen, daß meine natürliche Intuition bezüglich meines freien Willens richtig war. Manchmal hatte ich Angst, daß die Deterministen recht haben könnten.

Gott: Das haben sie.

Sterblicher: Moment mal, habe ich jetzt einen freien Willen oder nicht?

Gott: Ich habe dir bereits gesagt, daß du einen hast. Aber das heißt nicht, daß die Deterministen im Unrecht wären.

Sterblicher: Aber dann sind meine Handlungen durch die Naturgesetze determiniert, oder nicht?

Gott: Das Wort *determiniert* führt hier auf spitzfindige, aber wirksame Weise in die Irre und hat sehr viel zu jenen verwirrenden Kontroversen über Willensfreiheit contra Determinismus beigetragen. Deine Handlungen erfolgen sicherlich in Übereinstimmung mit den Naturgesetzen, aber zu sagen, sie seien von den Naturgesetzen *determiniert,* führt zu einer vollkommen irreführenden psychologischen Vorstellung, die unterstellt, daß dein Wille irgendwie mit den Naturgesetzen in Konflikt stehen könnte, und daß letztere in irgendeiner Weise mächtiger wären als du und deine Handlungen »determinieren« könnten, unabhängig davon, ob du das willst oder nicht. Aber es ist deinem Willen einfach nicht möglich, jemals mit den Naturgesetzen in Konflikt zu geraten. Du und die Naturgesetze sind in Wirklichkeit ein und dasselbe.

Sterblicher: Was soll das heißen, daß ich mit der Natur nicht in Konflikt geraten könnte? Angenommen, ich stellte mich dickköpfig und ich wäre *entschieden*, mich nicht den Naturgesetzen zu unterwerfen. Was könnte mich davon abhalten? Wenn ich nur dickköpfig genug wäre, könntest nicht einmal du mich davon abhalten!

Gott: Du hast vollkommen recht! *Ich* könnte dich sicherlich nicht davon abhalten. Nichts könnte dich davon abhalten. Aber es besteht auch gar keine Notwendigkeit, dich davon abzuhalten, weil du gar nicht erst dazu kämst anzufangen. Wie Goethe es in seinen Worten über die Natur so wunderschön ausgedrückt hat: »Man gehorcht ihren Gesetzen, auch wenn man ihnen widerstrebt; man wirkt *mit* ihr, auch wenn man *gegen* sie wirken will.« Siehst du nicht, daß die sogenannten »Naturgesetze« nichts anderes sind als eine Beschreibung dessen, wie du und andere Wesen *tatsächlich* handeln? Sie sind nur eine Beschreibung dessen, was du tust, keine Vorschrift, die dir sagt, was du tun sollst, keine Macht oder Kraft, die deine Handlungen erzwingt oder vorherbestimmt. Um gültig zu sein, muß ein Naturgesetz dem Rechnung tragen, wie du tatsächlich handelst oder, wenn du so willst, dich entschließt zu handeln.

Sterblicher: Du behauptest also wirklich, daß ich nicht entschieden sein könnte, dem Naturgesetz zuwiderzuhandeln?

Gott: Es ist bemerkenswert, daß du jetzt zweimal die Formulierung »ich bin entschieden« anstelle von »ich habe mich entschieden« gebraucht hast. Diese Gleichsetzung ist allgemein üblich. Die Feststellung »ich bin entschieden, das und das zu tun« wird oft synonym mit »ich habe beschlossen, das und das zu tun« gebraucht. Diese psychologisch höchst aufschlußreiche Gleichsetzung sollte uns darauf aufmerksam machen, daß Determinismus und freier Entschluß viel näher beieinanderliegen, als es zunächst den Anschein hat. Natürlich könntest du ebensogut die Meinung vertreten, die Auffassung vom freien Willen besage, daß *du* es bist, der die Entscheidungen über seine Handlungen fällt, wohingegen die deterministische Auffassung zu besagen scheine, daß über dein Handeln offensichtlich von irgendeiner äußeren Instanz entschieden werde. Aber dieses Durcheinander wird in der Hauptsache durch deine Zweiteilung der Realität in dein »Ich« und das »Nicht-Ich« verursacht. Wenn du aber der Realität einmal ins Auge siehst, wo hörst dann du auf, und wo beginnt das übrige Universum? Wenn du dein sogenanntes »Ich« und die sogenannte »Natur« erst einmal als ein kontinuierliches Ganzes begreifen kannst, dann wird dich die Frage, ob du es bist, der über die Natur bestimmt, oder die Natur über dich, nie wieder belästigen. Auf diese Weise wird sich das Durcheinander von Willensfreiheit contra Determinismus in Luft auflösen. Wenn ich dafür ein etwas schiefes Gleichnis bemühen darf, dann stell dir doch einmal zwei Körper vor, die sich durch die Anziehung der Schwerkraft aufeinander zubewegen. Wenn er beseelt ist, wird sich jeder der Körper fragen, ob er oder der andere die »Kraft« ausübt. In einer Hinsicht sind es beide zusammen, in einer anderen keiner von beiden. Es wäre wohl am besten zu sagen, daß ihre Lage zueinander der entscheidende Punkt ist.

Sterblicher: Du hast vor einer Weile gesagt, daß unsere ganze Diskussion auf einem ungeheuren Trugschluß beruhe. Du hast mir immer noch nicht verraten, worin dieser Trugschluß besteht.

Gott: Natürlich in der Vorstellung, daß es mir möglich gewesen wäre, dich ohne freien Willen zu erschaffen. Du hast dich so verhalten, als ob dies eine reale Möglichkeit gewesen wäre, und dich gefragt, warum ich eine andere Wahl getroffen habe. Es ist dir nie in den Sinn gekommen, daß ein fühlendes Wesen ohne Willensfreiheit ebenso undenkbar ist wie ein physikalisches Objekt, das über keinerlei Anziehungskraft verfügt. (Nebenbei bemerkt trägt die Analogie zwischen einem physikalischen Objekt, das über die Anziehungskraft der Gravitation verfügt, und einem fühlenden Wesen, das über einen freien Willen verfügt, weiter als du denkst!) Kannst du dir, wenn du aufrichtig bist, ein mit Bewußtsein begabtes Wesen ohne freien Willen auch nur vorstellen? Wie, um alles in der Welt, sollte das wohl aussehen? Ich glaube, vor allem eine Sache hat dich in deinem Leben so in die Irre gehen lassen: daß man dir erzählt hat, ich hätte den Menschen das *Geschenk* des freien Willens gemacht. Als ob ich zuerst den Menschen geschaffen und ihn dann, im nachhinein, mit dem zusätzlichen Vermögen der Willensfreiheit ausgestattet hätte. Womöglich denkst du noch, ich hätte eine Art »Pinsel«, mit dem ich einigen Geschöpfen den Anstrich des freien Willens verpasse und anderen nicht. Nein, Willensfreiheit ist kein »Zusatz«; sie ist ein fester Bestandteil des eigentlichen Wesens des Bewußtseins. Ein mit Bewußtsein begabtes Wesen ohne freien Willen ist einfach ein metaphysisches Unding.

Sterblicher: Warum hast du dann während unserer Diskussion über das, was ich für ein moralisches Problem hielt, die ganze Zeit mit mir Katz und Maus gespielt, wenn doch, wie du sagst, meine eigentliche Verwirrung metaphysischer Natur war?

Gott: Weil ich dachte, daß es für dich eine gute Kur wäre, dein System ein wenig von dem Moralin, das sich darin angestaut hat, zu entgiften. Der Großteil deiner metaphysischen Verwirrung ging auf das Konto moralischer Schuldzuschreibungen, also mußte ich mich um letztere zuerst kümmern.

Und nun müssen wir scheiden – jedenfalls bis du mich wieder einmal brauchst. Ich glaube, unser heutiges Beisammensein wird dich noch eine ganze Weile über Wasser halten. Aber denk an das, was ich über die Bäume gesagt habe. Natürlich kannst du auch ohne Worte zu ihnen sprechen, wenn dir das komisch vorkommt. Aber es gibt so viel, was du von ihnen lernen kannst, wie auch von den Steinen und Flüssen und anderen Naturerscheinungen. Nichts hilft einem besser, all diese morbiden Gedanken an »Sünde«, »Willensfreiheit« und »moralische Verantwortung« zu zerstreuen, als die Orientierung an der Natur. In einem bestimmten Stadium der Geschichte hatten diese Begriffe tatsächlich ihre Berechtigung. Ich beziehe mich auf jene Zeiten, in denen Tyrannen unumschränkte Macht besaßen, und wohl nichts als die Furcht vor der Hölle sie im Zaum halten konnte. Aber die Menschheit ist seitdem erwachsen geworden, und diese grausame Denkweise ist nicht länger vonnöten.

Vielleicht hilft es dir, dich daran zu erinnern, was ich

einst durch die Schriften des großen Zen-Dichters Seng-Ts'an sagte:

Willst du die reine Wahrheit erfahren,
Dann sorge dich nicht um Recht und Unrecht.
Der Gegensatz zwischen Recht und Unrecht
Ist die Krankheit des Geistes.[1]

Ich kann an deinem Gesicht ablesen, daß dich diese Worte gleichzeitig trösten und erschrecken. Wovor fürchtest du dich? Daß du ein Unrecht begehen könntest, wenn dein Geist die Unterscheidung zwischen Recht und Unrecht aufgibt? Was macht dich so sicher, daß Selbstgerechtigkeit in bezug auf Recht und Unrecht nicht eher zu bösen als zu guten Taten führt? Bist du aufrichtig der Meinung, daß sogenannte amoralische Menschen, wenn es auf die Praxis und nicht auf die Theorie ankommt, weniger ethisch handeln als Moralisten? Selbstverständlich nicht! Sogar die meisten Moralisten erkennen die ethische Überlegenheit der Handlungen derer an, die in der Theorie eine amoralische Position beziehen. Sie scheinen völlig davon überrascht zu sein, daß diese Leute sich auch ohne ethische *Prinzipien* ganz anständig benehmen! Es scheint ihnen aber niemals in den Sinn zu kommen, daß es genau an besagtem Mangel an moralischen Prinzipien liegen könnte, daß sich ihr gutes Verhalten so frei entfaltet. Ist der Gedanke, der in den Worten »Der Gegensatz zwischen Recht und Unrecht ist die Krankheit des Geistes« Ausdruck findet, so verschieden von der Geschichte des Gartens Eden und vom Sündenfall des Menschen, nachdem Adam vom Baum der Erkenntnis gegessen hat? Diese Erkenntnis bezog sich, wenn ich dich daran erinnern darf, auf ethische Prinzipien, nicht auf ethisches Empfinden – das hatte Adam bereits. In dieser Geschichte ist viel Wahrheit enthalten, obwohl ich Adam niemals verboten hatte, von dem Apfel zu essen, ich hatte ihm lediglich geraten, es bleiben zu lassen. Ich sagte ihm, daß es ihm nicht bekommen würde. Wenn dieser verdammte Trottel nur auf mich gehört hätte, wäre uns eine Menge Unfug erspart geblieben! Aber nein, er glaubte ja, alles besser zu wissen! Ich wünschte, die Theologen würden endlich begreifen, daß ich Adam und seine Nachkommen nicht für diese Tat bestrafe, sondern daß der fragliche Apfel von sich aus giftig ist und seine Nachwirkungen unglücklicherweise zahllose Generationen lang anhalten.

Und nun muß ich wirklich gehen. Ich hoffe inständig, daß unsere Unterhaltung deine krankhaften ethischen Bedenken etwas zerstreuen und durch eine natürlichere Orientierung ersetzen wird. Erinnere dich auch jener wunderbaren Worte, die ich einst durch den Mund Laotses äußerte, um Konfuzius für seine Moralpredigten zu schelten:

All dies Gerede über Güte und Tugend, diese ständigen Nadelstiche reizen und ärgern den Hörer ... so betrachtest du am besten, wie es kommt, daß Himmel und Erde ihren ewigen Lauf beibehalten, daß Sonne und Mond ihr Licht bewahren und die Sterne ihre dichtgedrängte Bahn, daß die Vögel ihrem Zuge und die Tiere ihrer Herde folgen, und daß Bäume und Büsche ihren Standort behalten. Dann wirst auch du lernen, deine Schritte von der Inneren Kraft lenken zu lassen und dem Gange der Natur zu folgen; und bald wirst du einen Punkt erreichen, wo du es nicht mehr nötig hast, herumzuwandern und mühselig Güte und Pflichtgefühl anzupreisen ... Der Schwan braucht nicht täglich baden, um weiß zu bleiben;[2]

Sterblicher: Du scheinst sehr von östlicher Philosophie angetan zu sein!

Gott: Oh, keineswegs. Einige meiner schönsten Gedanken durften auf deinem amerikanischen Heimatboden gedeihen. Beispielsweise habe ich meine Auffassung von »Pflicht« niemals beredsamer zur Sprache gebracht als durch diesen Gedanken Walt Whitmans:

Ich gebe keine Pflichten auf,
Wo andere Pflichten aufgeben, gebe ich lebendige Impulse.

23
Das Tao ist gut, aber ohne Moral

Willst du die reine Wahrheit erfahren,
Dann denk nicht mehr an Recht und Unrecht.
Der Gegensatz zwischen Recht und Unrecht
Ist die Krankheit des Geistes.[1]

Es ist höchst aufschlußreich, wie unterschiedlich die Leute auf obige Zeilen reagieren. Einige erklären sie für schön, wunderbar, zutiefst weise und äußerst hilfreich. Andere erklären, sie seien schrecklich, böse, psychopathisch und äußerst destruktiv. Als ich sie einem meiner Freunde vorlas, sagte er: »Das könnte Marquis de Sade geschrieben haben.« Er hat recht! Marquis de Sade könnte es geschrieben haben. Laotse könnte es ebenfalls geschrieben haben. Aber wie höchst verschieden wären ihre Absichten!

Das Gerede vom »Transzendieren der Moral« erregt unter manchen Gemütern große Furcht und bei anderen große Hoffnung und Gelassenheit. Ein Freund bemerkte einmal weise: »Die Moral läßt sich, wenn man so sagen kann, von oben und von unten her transzendieren. Das sind zwei ganz verschiedene Dinge. Laotse transzendiert sie offensichtlich von oben her; de Sade von unten.«

Das ist der springende Punkt! Wenn de Sade davon spräche, »die Unterscheidung zwischen Recht und Unrecht abzuschaffen«, würde ich mit den Moralisten darin übereinstimmen (was sonst nicht meine Art ist), daß er dies in erster Linie täte, um die Schuldgefühle seiner sadistischen Handlungen wegen zu lindern, von denen er mit Sicherheit in seinem Herzen weiß, daß sie »unrecht« sind. Das würde so aussehen, daß de Sade Grausamkeit und Leiden einen positiven Wert zumißt und sich folglich insofern gegen die Moral wendet, als seine Handlungen mit ihr in Konflikt geraten und ihm auf diesem Wege Leid zugefügt wird. Bei den Taoisten sieht es dagegen so aus, daß sie die Moral selbst – d. h. die »ethischen Prinzipien« – als eine Hauptursache des Leidens empfinden, weil sie lediglich jene natürliche Güte in uns schwächt, die sich spontan verwirklichen könnte, wenn sie nicht durch ethische Prinzipien daran gehindert würde, oder moralische Gesetze sie nicht ständig erzwingen wollten. (In dieser Hinsicht ist der Taoismus dem Christentum des Paulus eng benachbart.) Tatsächlich rügte Laotse eines Tages »die große Konfusion«, die Konfuzius (oder sollte ich sagen »Konfusius«?) durch seine Moralpredigten an die Menschheit heraufbeschworen habe. Er sagte: »Hör auf damit, Güte und Pflichtgefühl anzupreisen, und die Menschen werden einander lieben.«

Es ist bemerkenswert, daß Laotse davon sprach, daß die Menschen »einander lieben werden«. In dieser Hinsicht ist er mit Jesus vergleichbar und bestimmt nicht mit dem Marquis de Sade! Deshalb sagte ich, daß Laotse und de Sade, wenn sie »die Moral transzendieren«, das praktisch aus den genau entgegengesetzten Gründen tun.

Es dürfte wohl ein himmelweiter Unterschied sein, ob man die Moral transzendiert oder ablehnt und verwirft. Die Moral zu verwerfen heißt immer noch, sich in gewisser Hinsicht an sie zu binden. Ein Mensch, der von jeder Moral wahrhaft unabhängig ist (was bei Marquis de Sade mit Sicherheit nicht der Fall war), hat es nicht nötig, sie zu verwerfen; er ist schlicht frei und führt ein heiteres Leben. Einige Leute mögen befürchten, daß sein Leben auch zeimlich düster verlaufen könnte; das ist einer der Schlüssel zur Erkenntnis des Unterschieds zwischen taoistischem Gedankengut und den Ansichten einiger westlicher Denker, die ebenso wie manche Denker des Ostens, namentlich die chinesischen Legalisten oder Realisten, die menschliche Natur als von Grund auf böse betrachten und darum glauben, daß die Menschen nur Böses täten, wenn man ihnen nicht durch außerordentlich scharfe Gesetze Einhalt geböte. Das taoistische Ideal besteht nun weniger darin, daß wir moralisch handeln *sollten* (was natürlich selbst eine Art Moral darstellt), sondern eher darin, frei und unabhängig zu sein und nicht von moralischen »Prinzipien« gegängelt zu werden – um dadurch, wenn man so sagen kann, zu jener Zeit des Gartens Eden zurückzukehren, bevor wir vom Baum der Erkenntnis von Gut und Böse gegessen hatten. Ich denke, dieses Ideal findet man vielleicht am besten ausgedrückt in der folgenden wunderbaren Übersetzung einer Passage von Tschuangtse durch Thomas Merton, die den Titel trägt: »Als das Leben noch ungeteilt und ungebrochen war, gab es keine Geschichte«.[2] Aber lassen Sie mich zuerst noch eine Bemerkung zu Laotse, Tschuangtse, Konfuzius, Mengtse und den vielen anderen machen, die immer wieder über jene »gute alte Zeit« geschrieben haben, in der die Menschen »von Natur aus tugendhaft« waren. Ich glaube nicht daran, daß irgendwelche Beweise dafür existieren, daß es jene »gute alte Zeit« jemals gegeben hat, aber das ist auch gar nicht der Punkt. Das Entscheidende an der folgenden Passage ist nicht die Verklärung der Vergangenheit, sondern jene Lebensart, auf deren Wert uns der Taoist hinweist und von der wir nur hoffen können, daß sie eines fernen Tages die Oberhand gewinnen wird.

Zu der Zeit, als das Leben noch ungeteilt und ungebrochen war, achtete man nicht auf verdiente Männer, und das Genie wurde nicht gefeiert. Herrscher waren einfach die höchsten Äste am Baum, und die Menschen waren wie die Tiere des Waldes. Sie waren ehrlich und rechtschaffen, ohne sich bewußt zu sein, daß sie »ihre Pflicht taten«. Sie liebten einander, aber sie wußten nicht, daß dies »Nächstenliebe« war. Sie betrogen niemanden, doch fühlten sie sich nicht als »Ehrenmänner«. Sie waren zuverlässig, aber das Wort »Vertrauen« kannten sie nicht. Sie lebten ungezwungen miteinander, gaben und nahmen und wußten nicht, daß man das großzügig nennt. Aus diesem Grund hat man ihre Taten nicht aufgeschrieben. Sie machten nicht Geschichte.

Teil 3

Das Tao ist Leichtigkeit

道是從容的

24
Gartenarbeit

In einem bestimmten Stadium der Entwicklung – während der Zeit, als er sich in das Ideal einer »Gemeinschaft mit der Natur« verliebte – empfand Emerson, daß er selbst zu einem unmittelbaren »Teil der Natur« werden und eigentlich mehr Gartenarbeit tun müsse. Also ging er in den Garten, um sich an die Arbeit zu machen. Das dauerte einen halben Tag! Er kam zu dem Schluß, daß er das Schreiben der Gärtnerei vorzog.

Viele haben ähnliche Erfahrungen gemacht. Als Nathaniel Hawthorne »vom Ideal befallen« wurde, machte er sich auf zur Brook Farm. Anfangs war er von seinem neuen »grundgesunden, einfachen Leben« geradezu entzückt, aber schon bald erkannte er, daß ihm so keine Kraft zum Schreiben mehr übrigbleiben würde, und wie die Monate so vorübergingen, verlor die ganze Erfahrung nach und nach ihren Reiz. (Außerdem war er, glaube ich, nicht gerade sehr glücklich darüber, Margarite Fullers Kuh melken zu müssen!) Also ging er nach ein paar Monaten fort, um sich wieder dem normalen Leben zuzuwenden (Gott sei Dank!).

Ich habe bisher nicht ausprobiert, ob ich in Landwirtschaft oder Gärtnerei eine glückliche Hand hätte. Ich weiß schon vorher, daß es mir nicht zusagen würde. Ich halte den *Gedanken* an Gartenarbeit für sehr schön, poetisch, spirituell und von religiöser Bedeutung erfüllt, und ich empfinde große Zuneigung, Respekt und geistige Verwandtschaft mit jenen Menschen, die es lieben, einen Garten zu bestellen. Aber wenn es jemals soweit kommen sollte, daß ich irgendeine Form von Gartenarbeit *tatsächlich* ausführen müßte, würde ich mich wie ein verschüchtertes Kaninchen schleunigst auf und davon machen!

Wenn ich dagegen aufgrund ungünstiger wirtschaftlicher Bedingungen dazu gezwungen wäre, Feld- und Gartenarbeit zu leisten, wäre das natürlich etwas ganz anderes. In diesem Fall würde ich vermuten, daß ich wohl am besten beraten wäre, wenn ich versuchte, mich mit Gartenarbeiten anzufreunden. Womöglich würde ich mir zunächst selbst vormachen, daß ich Gartenarbeit gern hätte; ich würde mir ständig ihren »poetischen und spirituellen« Wert vor Augen halten, und – wer weiß – nach einiger Zeit vielleicht tatsächlich feststellen, daß ich sie gern tue. Aber das kommt mir ein bißchen so vor, als ob ich an mir selbst eine Gehirnwäsche durchführen würde, und deshalb reagiere ich auf diese Vorstellung eher mit Abscheu. Was wäre schlimmer: der unangenehme Zustand, eine verhaßte Arbeit auszuhalten, oder sich selbst so »dressieren« zu müssen, daß man sie gern tut?

Jemand hat einmal einen Vergleich zwischen Zen und Freiheit aufgestellt, der besagt, daß Freiheit darin besteht, das zu tun, was einem beliebt; Zen aber darin zu lieben, was man tut. Dieser Vergleich kommt mir sehr scharfsinnig vor! Vom Standpunkt des Zen aus wäre ich vermutlich besser dran, wenn ich mir beibrächte, das, was ich tue, gern zu tun. Aber dieser Gedanke hat etwas Unangenehmes, und davon abgesehen wirft er seltsame logische Schwierigkeiten auf:

Zen lehrt uns nicht nur, das, was wir tun, gern zu tun,

sondern auch uns selbst so anzunehmen, wie wir sind, und nicht zu versuchen, etwas zu sein, das wir nicht sind. Nehmen wir nun cinmal an, daß ich ctwas tun muß, was ich nur sehr ungern tue. Wie soll ich mich verhalten? Wenn ich mich selbst so annehmen will, wie ich bin, muß ich auch die Tatsache annehmen können, daß ich, *so wie ich bin,* manches einfach nicht gern tue. Wenn ich andererseits versuche, meinen Zustand soweit zu verändern, bis ich das, was ich tue, auch gern tue, dann nehme ich mich eben nicht so an, wie ich bin, sondern versuche anders zu sein, als ich bin. Dieses Dilemma drängt sich mir auf (vielleicht atmet es ein wenig den Geist des Talmud). Ich nehme an, wenn ich einen Zen-Meister mit einem derart »dualistischen« Dilemma konfrontieren würde, gäbe er mir wahrscheinlich einen Schlag mit dem Stock – und wahrscheinlich würde ich ihn auch verdienen.

25
Über Hunde

Ich empfinde eine große Zuneigung zu Hunden – unter anderem weil ich ein Hundeliebhaber bin.*

In seinem Essay über den Hund schreibt John Burroughs, das herausragende Merkmal eines Hundes sei nicht seine Intelligenz, sondern seine Fähigkeit zu lieben. Ich neige dazu zu glauben, daß Burroughs die Intelligenz eines Hundes unterschätzt, aber es freut mich, daß er erkennt, wie liebevoll Hunde eigentlich sind.

Ich frage mich, ob es wohl ein chinesisches Sprichwort über den folgenden Sachverhalt gibt:

Der Hund und der Weise sind ununterscheidbar.

Wenden wir uns Japan zu. Ich liebe das folgende Haiku von Issa:

Besuch der Gräber;
Es weist der alte Hund uns
Den richtigen Weg.

R. H. Blyth kommentiert dieses Gedicht:

* Sollte ein spitzfindiger Leser gegen diese Behauptung den Einwand erheben, sie sei lediglich eine Tautologie, dann möge er doch wenigstens anerkennen, daß sie keinerlei Widerspruch enthält.

Es ist etwas an diesem unbewußten Wissen des alten Hundes, das uns zutiefst rührt. Als Folge davon empfinden wir die Oberflächlichkeit unseres eigenen Verständnisses der Bedeutung von Leben und Tod.[1]

Eine weitere höchst bemerkenswerte Eigenschaft von Hunden – und das gleiche würde ich wahrscheinlich auch von anderen Tieren sagen, wenn ich sie besser kennen würde – besteht in ihrer Fähigkeit, Dinge ganz unmittelbar so zu sehen, wie sie sind, ohne daß ihnen hinderliche Begriffe die Sicht verdunkelten. Diese Befindlichkeit ist auch als »Satori« bekannt. Wenn ich irgendwelche Lebewesen kenne, die den Zustand des Satori erreicht haben, sind es offensichtlich meine Hunde. Mein Gott, sie scheinen von morgens bis abends geradezu im Tao zu schwimmen!

Ob sie nun schlafen, herumtollen, Kaninchen jagen, fressen oder mit Menschen und ihresgleichen freundschaftlich umgehen, sie sind immer ganz sie selbst. Im dunklen Wald sind sie von tiefer Ehrfurcht ergriffen – ein Zustand, den ich als eine Art »wunderbar gelöster Hochspannung« bezeichnen würde.*

Es gibt ein berühmtes Koan: »Hat ein Hund Buddha-Natur?« Darauf sind allerhand eigenartige Antworten gegeben worden, eine davon lautet »Mu«. Ich vermute, die typische Antwort eines westlichen Philosophen wäre: »Das hängt ganz davon ab, wie Sie die Buddha-Natur definieren.« Ich fürchte, in dieser Hinsicht bin ich kein echter

* Wenn ich in diesem Punkt übermäßig romantisch erscheine, läßt sich das vielleicht durch die Tatsache entschuldigen, daß ich Hundeliebhaber bin.

westlicher Philosoph, denn wenn man mir diese Frage stellte, würde ich spontan und von ganzem Herzen ausrufen: »Aber natürlich!« Vielleicht würde ich auch antworten: »Selbstverständlich! Was für eine Frage!«

Zu diesem Koan gibt es eine nette kleine Geschichte. Ein Mönch fragte einmal einen Zen-Meister: »Hat ein Hund Buddha-Natur?«

Er entgegnete: »Ja.«

Dann fragte der Mönch: »Hast du die Buddha-Natur?«

Er entgegnete: »Nein.«

Dann sagte der Mönch: »Aber ich dachte, daß jeder Mensch die Buddha-Natur hat!« Der Meister entgegnete: »Ja, aber ich bin nicht jeder Mensch.«

Bleiben wir bei der Frage: Hat ein Hund Buddha-Natur? Issa schrieb dazu das folgende tiefgründige Haiku:[2]

Das Hundejunge,
Das nicht weiß, daß schon Herbst ist,
Muß ein Buddha sein.

Blyth schreibt dazu:

Noch mehr als der bereits ausgewachsene Hund ist das Hundejunge in der Lage, jeden Tag und jeden Augenblick so zu nehmen, wie er kommt. Es schaut nicht
Vor und zurück und sehnt sich
Nach dem, was nicht ist.

Wenn es warm ist, badet es in der Sonne; wenn es regnet, winselt es, um ins Haus gelassen zu werden. Es gibt nichts zwischen der Sonne und dem jungen Hund, dem Regen und dem Winseln.[3]

Eine der schönsten Bemerkungen über Hunde, die ich je gelesen habe, ist die folgende von Suzuki:

Beobachten wir einmal einen Hund und sehen ihm dabei zu, wie er sein Fressen verschlingt. Wenn er hungrig ist und etwas Eßbares wittert, geht er geradewegs darauf zu und frißt es augenblicklich. Das ist für ihn gar keine Frage. Das Futter war wahrscheinlich für jemand anderen bestimmt, aber das interessiert ihn wenig. Er hält es für selbstverständlich, daß ihn die Tatsache, daß er Hunger hat, zu allem berechtigt, was seiner Meinung nach die momentane Notlage beheben kann. Wenn nichts mehr da ist, geht er einfach. Er sagt nicht etwa »danke«! Er hat sich sein ihm von Natur aus zustehendes Recht genommen, nicht mehr und nicht weniger, und es gibt nichts, worum er sich noch sorgen müßte – weder um sich selbst noch um seine Umwelt. Er ist vollkommen. Für ein Wesen wie ihn ist die Vorstellung von Sünde unnötig und sowohl intellektuell als auch moralisch oder spirituell betrachtet ein großer Fehler. Er lebt unmittelbar in Gott. Vielleicht erklärt er, wie man es von Buddha berichtet: »Ich bin auf dieser Welt allein der einzig Ehrenwerte.« In Wahrheit hat er derartig »ich-betonte« Behauptungen gar nicht nötig. Es ist ihm genug, wenn er einfach bellen und vor jenen Menschen davonlaufen darf, die sich ihrer Sünden allzu bewußt sind und diesem »unschuldigen« Geschöpf Leid zufügen wollen, das doch gerade erst aus dem Garten Eden gekommen ist.[4]

26
Es kommt auf die Behandlung an

Bei Tschangtse gibt es eine wundervolle Passage, worin er (nach den Worten Lin Yutangs) den Gedanken der Erhaltung der ursprünglichen Menschennatur diskutiert, indem er den der Natur durch die Konfuzianer zugefügten Schaden mit dem einem Pferd durch einen berühmten Pferdebändiger zugefügten Schaden vergleicht.

Pferde haben Hufe, um sie über Eis und Schnee zu tragen, und Haare, um sie vor Wind und Kälte zu schützen. Sie nähren sich von Gras, trinken Wasser, werfen die Schweife auf und galoppieren. Das ist die wahre Natur des Pferdes. Sie brauchen keine Zeremonienhallen und Ställe.

Eines Tages erschien Polo (ein berühmter Rossebändiger) und sagte: »Ich verstehe mich auf die Behandlung von Pferden.« Dann sengte und schor er ihnen die Haare und beschnitt und brannte ihnen die Hufe. Er legte ihnen Halfter um die Hälse und Fesseln um die Beine und numerierte sie nach ihren Ställen. Das Ergebnis war, daß je zwei oder drei unter zehn starben. Dann machte er sie hungrig und durstig, ließ sie traben und galoppieren und lehrte sie, in geschlossenen Gruppen zu laufen, mit dem ganzen Elend eines bequasteten Zügels vorne und der Furcht vor der Knotenpeitsche hinten, bis mehr als die Hälfte tot waren.

Der Töpfer spricht: »Ich verstehe mich auf die Behandlung von Ton. Wenn ich ihn rund will, verwende ich Zirkel, wenn ich ihn eckig will, einen Winkel.« Der Zimmermann spricht: »Ich verstehe mich auf die Behandlung von Holz. Wenn ich es gebogen haben will, benutze ich einen Bogen, wenn gerade, ein Lineal.« Aber mit welchem Recht dürfen wir annehmen, daß die Natur des Tones und des Holzes diese Verwendung von Zirkeln und Winkeln, Bögen und Linealen verlangt? Dennoch rühmt jedes Zeitalter den Polo für seine Geschicklichkeit in der Pferdedressur und Töpfer und Zimmerleute für ihre Fertigkeit in der Behandlung von Ton und Holz. Die, welche die Angelegenheiten des Reiches lenken (regieren), begehen den gleichen Fehler.

Ich meine, daß einer, der das Reich zu regieren versteht, das nicht tun sollte. Denn die Menschen haben gewisse natürliche Instinkte – zu weben, sich zu kleiden, die Felder zu bebauen und sich zu nähren. Das ist ihr gemeinsamer Charakter, an dem alle teilhaben. Solche Instinkte können »Himmelsinstinkte« genannt werden. So hatten in den Tagen, da die Natur noch vollkommen war, die Menschen ruhige Bewegungen und heiteres Aussehen. Damals führten keine Pfade über die Berge, keine Boote und Brücken über das Wasser. Alle Dinge wurden, jedes in seiner naturgegebenen Gegend, erzeugt, Vögel und Tiere mehrten sich, Bäume und Sträucher gediehen. So kam es, daß Vögel und Säugetiere sich an der Hand führen ließen und man den Baum besteigen und in das Elsternnest gucken konnte. Denn in den Tagen der vollkommenen Natur lebte der Mensch mit Vögeln und Tieren beisammen, und es gab keinen Artunterschied. Wer kannte einen Unterschied zwischen Volk und Edelmann? Da alle gleicherweise ohne Wissen waren, konnte ihr Charakter nicht in die Irre gehen. Da alle gleichermaßen ohne Begierden waren, waren sie im Zustand natürlicher Unversehrheit. In diesem Zustand natürlicher Unversehrtheit verloren die Menschen ihre (ursprüngliche) Natur nicht.[1]

Ich habe diese Passage Vincent, einem meiner jugendlichen Verwandten, vorgelesen. Er hatte sie ebenso gern wie ich. Einige Tage später mußte einer meiner Hunde zum Tierarzt gebracht werden. Es war ein wunderschöner Frühlingstag, und wir ließen den Hund auf der mit Gras bewachsenen Terrasse vor der Praxis herumlaufen. Als der Hund die Praxis erblickte, in der er früher schon einmal gewesen war, begann er zu zittern wie Espenlaub. Mehrere andere Hunde waren ebenfalls dorthin gebracht worden, und alle zitterten sie wie Espenlaub. Vincent warf einen Blick in Richtung Arztpraxis, blickte mich an und sagte: »Ich verstehe, er weiß, wie man Hunde behandelt.«

27
Über Egoismus

Dem Prinzip einer »allumfassenden Liebe« des chinesischen Philosophen Mo Ti stellte der frühe Taoist Yang Chu das Prinzip »jeder ist sich selbst der Nächste« entgegen. Er stand in dem Ruf gesagt zu haben: »Ich würde nicht ein einziges Haar meines Kopfes opfern, und wenn ich dadurch die gesamte Menschheit retten könnte!« Das muß man sich vorstellen! Nicht ein *einziges* Haar, um die *gesamte* Menschheit zu retten!

Ich finde diese Aussage absolut wundervoll! Ich kann Ihnen gar nicht sagen, mit welcher Freude, Befriedigung und außerordentlichen Erleichterung ich sie gelesen habe. Als ich dieses Gefühl einmal einem Freund gegenüber äußerte, fragte er in aufrichtigem Erstaunen: »Warum? Glaubst du, daß die Welt besser dran wäre, wenn wir uns alle eher eigennützig als uneigennützig verhielten?« Das glaube ich natürlich nicht. Natürlich ziehe ich universale Liebe dem totalen Egoismus vor. Wer, der noch bei klarem Verstand ist, würde das nicht? Aber warum liebe ich die Aussage von Yang Chu so sehr? Klingt nach einem ganz schönen Widerspruch, nicht wahr? Doch es ist keiner. Lassen Sie mich das erklären.

Erst einmal ist es ein riesengroßer Unterschied, ob man eine Behauptung liebt, oder ob man sie für wahr hält. Ich liebe Yang Chus wunderbar ehrliche Gefühlsäußerung (im Gegensatz zu den üblichen heuchlerischen Moralpredigten über Uneigennützigkeit). Aber ich halte seine Aussage weder für wahr, noch glaube ich, daß Yang Chu das tatsächlich getan hat. Diese Ansicht will ich so begründen: Wenn jemand sagt, daß er sein Leben nicht opfern würde, um andere zu retten, würde ich dazu neigen zu glauben, daß er es tatsächlich so gemeint hat. Wenn er aber sagt, er würde sich dafür nicht einmal ein Haar krümmen lassen, klingt das nicht sehr überzeugend. Die Sache ist die, daß der Verlust eines Haares nicht einmal schmerzhaft ist und auch in sonstiger Hinsicht absolut kein Opfer darstellt. (Wäre es nicht amüsant, wenn jemand sagte: »Um der Menschheit willen bin ich bereit, ein Haar zu opfern, aber nicht mehr!«) Es ist interessanter anzunehmen, daß Yang Chu absichtlich zu diesem Extrem gegriffen hat. Ich denke nicht, daß Yang Chu sich buchstäblich darum sorgte, ein Haar zu verlieren. Er griff zu diesem Extrem, um ein *Prinzip* deutlich zu machen. Doch glaube ich, daß dieses Prinzip aus seiner Aussage nicht direkt abzulesen ist, sondern nur indirekt. Es ist sogar möglich, daß er sich dessen selbst gar nicht bewußt war, aber ich erachte dieses Prinzip für außerordentlich wichtig.

Was ist das für ein Prinzip? Besteht es tatsächlich darin, daß man egoistisch sein *sollte*? Wenn ich darüber nachdenke, kommt mir das ebenso lächerlich vor wie der Gedanke, daß man kein Egoist sein sollte. Ich glaube, in Wirklichkeit protestierte er gegen die Vorstellung, daß wir auf die Frage des Egoismus moralische Kriterien anwenden sollten.

Wenn es tatsächlich zum Ernstfall käme, gäbe es absolut keinen Beweis, daß Yang Chu egoistischer als – sagen wir – Mo Ti handeln würde. Darüber hinaus glaube ich, daß Yang Chus Aussage unter dem konkreten Gesichtspunkt, was uns dabei hilft, unsere natürliche Uneigennützigkeit freizusetzen, dieser Welt mehr Gutes tun wird als der entgegengesetzte Kurs, universale Liebe zu predigen.

Lassen Sie mich nun zum zentralen Punkt kommen und Ihnen meine Interpretation dessen verraten, was Yang Chu eigentlich gemeint hat (obwohl es, wenn er es in dieser Weise gesagt hätte, wohl kaum so wirkungsvoll gewesen wäre wie in der offensichtlich brutalen Form, in der er es ausdrückte). Die Sache ist die: Wenn ich das Gefühl hätte, anderen behilflich sein zu können, würde ich wohl tatsächlich um einiges mehr opfern als nur ein Haar meines Kopfs. Ich würde es dann aus eigenem Antrieb tun, ohne daß andere mir sagen müßten, daß ich es tun *sollte*. Wenn ich aber nicht das Gefühl habe, anderen behilflich sein zu können, wird auch noch so viel Vernunft oder Moral, oder daß man mir sagt, was ich zu tun hätte, nicht ausreichen, um meine Hilfsbereitschaft irgendwie zu vergrößern, sondern die Wirkung hervorrufen, daß ich nicht einmal ein einziges Haar opfern möchte. Anders gesagt hat es absolut keinen Zweck, einem Menschen zu sagen, was er tun *sollte*. Wenn er es sowieso tun will, ist es überflüssig (oder sogar schädlich), wenn nicht, ist es sinnlos. Ich glaube, das ist es, was Yang Chu wirklich sagen wollte. Seine Aussage klingt eher nach einer schlichten Unabhängigkeitserklärung als einem ethischen Plädoyer zugunsten des Egoismus.

Über Yang Chus Aussage läßt sich noch einiges mehr sagen. Da gibt es jene, die glauben, daß Egoismus der natürliche Zustand des Menschen sei, und daß soziale Einflüsse wie Religion oder Erziehung einen Menschen »trainieren«, bis er das höherwertige Stadium der Uneigennützigkeit erreicht. Aber es gibt auch andere, die genau das Gegenteil glauben und sagen würden, daß unsere Natur von Geburt aus ebenso selbstlos wie egoistisch ist (wenn nicht sogar mehr), und daß gerade der Versuch, jemandem Selbstlosigkeit anzuerziehen, ein Prozeß ist, der nur dazu führt, diese Fähigkeit verkümmern zu lassen oder sie am Wachsen zu hindern, was sie von Natur aus tun würde, wenn man sie in Ruhe ließe. Es scheint so, als ob dies ebenfalls ein Teil von Yang Chus Botschaft wäre (auch wenn sie gar nicht so klingen mag), der von späteren Taoisten deutlicher ausgeführt wurde und sie Sätze sagen ließ wie »Hört auf damit, Dinge wie Güte und Pflichtgefühl anzupreisen, und die Menschen werden einander wieder lieben«.

Nachtrag. Kardinal Newman hat irgendwo gesagt:

Die Kirche hält daran fest, daß es besser sei, wenn Sonne und Mond von den Himmeln herabstürzten, wenn die Erde aus der Bahn geriete und all die zahlreichen Millionen, die auf ihr leben, in schlimmsten Qualen des Hungers stürben, soweit das irdische Jammertal reicht, bevor auch nur eine Seele, ich will nicht sagen, verloren wäre, sondern nur eine einzige läßliche Sünde beginge, eine vorsätzliche Unwahrheit spräche, selbst wenn diese niemanden verletzte, oder auch nur einen armseligen Groschen ohne Entschuldigung stehlen würde.

Fichte soll irgendwo gesagt haben, er würde sein Wort nicht einmal dann brechen, wenn er dadurch die Menschheit retten könnte.

Für mich kommen diese beiden Aussagen der von Yang Chu bemerkenswert nahe. Natürlich würden viele Moralisten die beiden Fälle vollkommen anders beurteilen; den ersten Fall (Newman und Fichte) als törichte Übertreibung eines moralischen Prinzips und den zweiten (Yang Chu) überhaupt nicht als moralisches Prinzip, was ich für einen Irrtum halte. Ich würde sagen, daß Yang Chus Prinzip ein moralisches *ist,* wenn auch ein ungewöhnliches, das den meisten moralischen Grundwerten zufolge tatsächlich unmoralisch wäre. Die Tatsache, daß Yang Chu eine Schule gründete und andere seine Auffassung lehrte, erhärtet mein Argument. Warum sollte ein reiner Egoist wollen, daß andere ein derartiges Prinzip befolgen?

Es kommt mir gerade in den Sinn, daß man einen Unterschied wie den zwischen Moralität und moralischem Fanatismus auch zwischen Egoismus und dem machen sollte, was man zutreffend wohl *egoistischen Fanatismus* nennen müßte. Den Widerwillen vor der Lüge könnte man ein moralisches Prinzip nennen, aber die Sache so wie Newman oder Fichte auf die Spitze zu treiben, würde mit Sicherheit selbst von den meisten Moralisten als Fanatismus bezeichnet werden. Dementsprechend würde der gewöhnliche Durchschnittsegoist wohl kaum einen Satz wie den von Yang Chu äußern; einen solchen Satz sollte man sicherlich als egoistischen Fanatismus bezeichnen. Aber was mir an Yang Chus Satz am meisten ins Auge sticht – und ebenso bei den beiden anderen Aussagen – ist, daß sie anscheinend mit soviel moralischem Nachdruck geäußert werden.

28
Egoismus und Altruismus

Ich würde einigen Leuten – insbesondere Geistlichen – gern folgende Frage stellen: »Wie denken Sie über Altruismus? Besteht Altruismus für Sie darin, die eigene Glückseligkeit um anderer Menschen willen aufzuopfern oder darin, die eigene Glückseligkeit durch das Glück anderer zu gewinnen?« Diese Frage provoziert anscheinend jedesmal die seltsamsten Reaktionen! Die, denen ich sie bisher gestellt habe, schienen für gewöhnlich beunruhigt und verblüfft. Ihre Antworten waren nicht gerade klar; einige haben offen zugegeben: »Hm, darüber habe ich noch nie nachgedacht.« Ich frage mich, was Moses und Jesus darauf antworten würden. Falls ich jemals in den Himmel kommen sollte, habe ich mir fest vorgenommen, sie danach zu fragen. Oder wäre eine derartige Frage im Himmel eine Art Antiklimax?

Die folgende Geschichte ist damit eng verwandt: Eine Mutter schimpfte einmal mit ihrem kleinen Sohn, weil er zu »egoistisch« sei. Der Junge – der sehr gescheit war – wendete sich plötzlich seiner Mutter zu und sagte: »Mutter, eins würde ich gern wissen: Wer hat etwas davon, wenn ich nicht egoistisch bin?« Die Mutter war vollkommen perplex, und alles, was sie antworten konnte, war: »Du solltest wirklich Wissenschaftler werden.«

Die Frage ist alles andere als dumm! Wer hat etwas davon, wenn ich nicht egoistisch bin? Die anderen Menschen? Wenn ich doch aber egoistisch bin, warum um alles in der Welt sollte ich mich dann um das Wohlergehen anderer kümmern? Wenn ich andererseits nicht egoistisch bin und mich um das Wohlergehen anderer kümmere, dann brauche ich nicht erst selbstlos zu werden, da ich es bereits bin. Anders herum gesagt kann mich, wenn mir danach ist, egoistisch zu handeln, kein Argument erreichen, das sich für Selbstlosigkeit ausspricht. Einige Leute mögen dies für eine übermäßige Vereinfachung halten. Daran ist etwas Wahres. Die Tatsache, daß eine Person teilweise egoistisch und teilweise selbstlos sein kann, kompliziert die Lage; deshalb versucht der Moralist, den selbstlosen Anteil des Individuums anzusprechen, um den egoistischen Anteil besiegen – und über ihn triumphieren – zu können. Ein derartiger Moralist hat mir einmal gesagt: »Es ist offensichtlich nicht möglich, jemanden durch den Appell an seine rein egoistische Seite zu selbstlosem Handeln zu bringen. Das einzige, was man tun kann, besteht darin, daß man an die edlere Seite seiner Natur appelliert, um seine andere, eher niedrige – fast noch tierische – Seite zu besiegen, die nur sein egoistisches Vergnügen im Auge hat.«

Ich halte diese Bemerkung für eine nahezu perfekte Inhaltsangabe jenes Aspekts westlicher Ethik – genauer gesagt viktorianischer Ethik –, der sich sowohl vom Taoismus als auch vom Buddhismus grundlegend unterscheidet. Er unterstellt – oder postuliert vielmehr – eine notwendige Zweiteilung des Menschen in das »Edle« und das »Niedrige«, die miteinander ständig im Kampf liegen, und daß wir uns natürlich für das »Edle« zu entscheiden hätten. Das Ganze läuft darauf hinaus, daß wir unseren Egoismus um der höheren Sache des Altruismus willen

»opfern« sollten. Das Wunderbare an der buddhistischen und ebenso der taoistischen Ethik ist nun, daß sie diesen ganzen alptraumhaften Dualismus transzendieren. Eine vollendete Darstellung dieses Punkts ist die folgende Passage aus Holmes' Buch *Das Bekenntnis des Buddha*, in der der Autor den vermeintlichen Egoismus des Buddhismus diskutiert.

An diesem Punkt scheiden sich die Geister der westlichen Kritiker des Buddhismus. Einige, darunter Dr. Rhys Davids, Dr. Paul Carus und andere Feinde des Ego, behaupten, Buddha sei in seinen Lehren ein Ultra-Stoiker gewesen, insofern er die Menschen darum bat, das Rechte nur um des Rechten willen zu tun, wobei der einzige Lohn, den der Handelnde erwarten dürfe, der inwendige Friede jener Dämmerstunde sei, die dem letztendlichen Verlöschen seines Lebens vorangeht. Andere, darunter die Kritiker, die den Buddhismus zugunsten angeblicher Interessen des Christentums abzuwerten versuchen, behaupten, Buddha sei ein egoistischer Hedonist gewesen, der den Menschen dazu gebracht habe, nur an sich selbst und sein eigenes Wohlbefinden zu denken, und dessen Begriff von Glück so wenig Idealismus oder inneres Streben umfasse, daß er sich kaum über das Niveau erhebe, der Menschheit eine frühe Fluchtmöglichkeit aus Sorge und Leiden bereitzustellen. Die Antwort an jene, die Buddha als Ultra-Stoiker betrachten, lautet aufgrund rein historischer Gegebenheiten, daß er den Menschen, als er sie bat, den Pfad einzuschlagen, nicht in Aussicht stellte, das Rechte um des Rechten willen zu tun (wahrscheinlich hätte er diesen Worten gar keine Bedeutung beigemessen), sondern die Erlösung vom Leiden zu erlangen – vom Leiden derer, die sich im Strudel des Wiedergeborenwerdens abmühen – und so die Glückseligkeit zu erreichen – die Glückseligkeit derer, die nicht mehr auf die Erde zurückkehren werden.

Indem ich diese Antwort gebe, mag es so aussehen, als würde ich jene Kritiker rechtfertigen, die Buddhas Lebensentwurf als egoistisch brandmarken wollen. Aber nein; Buddhas Lebensentwurf ist ebensoweit davon entfernt egoistisch wie stoisch zu sein. Es ist das Wort Selbst, *das uns in die Irre führt. Mit der bedenklichen Ausnahme des Wortes* Natur *gibt es kein anderes Wort, das uns so viele Fallstricke bereithält. Wenn wir danach fragen, ob ein bestimmter Lebensentwurf egoistisch ist oder nicht, wird unsere Antwort ausschließlich von der Reichweite jenes Selbst abhängen, für das der fragliche Entwurf Vorkehrungen trifft. Vom Selbst abzulassen ist unmöglich; aber es kann wohl möglich sein, das Selbst auszuweiten, bis es seine Individualität verliert und vollkommen selbstlos wird. Schon lange bevor man diesen idealen Punkt erreicht hat, lange bevor das Individuum eins geworden ist mit dem universalen Selbst, wird das Wort »egoistisch« seine herkömmliche Bedeutung verloren haben.*[1]

29
Bin ich egozentrisch?

Ich liebe die folgenden Verse des Dichters Tachibama Akemi (1812–68) aus einem Gedicht mit dem Titel »Einsame Freuden« (nach der Übersetzung von Donald Keene):

Es ist eine Freude,
Wenn ich etwas Papier ausbreite,
Einen Pinsel zur Hand nehme
Und viel kunstvoller schreibe,
Als ich es erwartet hätte.

Es ist eine Freude,
Wenn, nach hundert Tagen
Des Worte Verrenkens
Ohne Erfolg, plötzlich
Ein hübsches Gedicht herauskommt.

Es ist eine Freude,
Wenn ich ohne Hilfe zu erhalten
Die Bedeutung eines Werkes,
Das als sehr schwierig gilt,
Verstehen kann.

Es ist eine Freude,
Wenn, ein ganz besonderer Leckerbissen,
Es bei uns Fisch zum Essen gibt,

Und meine Kinder vor Vergnügen
»Mjam, mjam!« rufen und ihn hinunterschlingen.

Es ist eine Freude,
Wenn ich in einem Buch,
Das ich zufällig durchlese,
Auf einen Charakter treffe,
Der genauso ist wie ich.[1]

Es ist der letzte Vers, auf den es mir in diesem Kapitel besonders ankommt (die anderen zitiere ich nur, weil ich sie so gern habe).

Wie Sie sehen, treffe ich ebenfalls gern auf einen Charakter, der mir gleicht, und wenn ich dabei auf einen Charakter treffe, der es liebt auf Charaktere zu treffen, die ihm gleichen, treffe ich eben auf einen Charakter, der genauso ist wie ich. Anders gesagt folgt aus der Tatsache, daß ich gern auf Charaktere treffe, die mir gleichen, die Begleiterscheinung, daß ich es liebe, jemanden zu treffen, der sagt: »Ich treffe liebend gern einen Charakter, der genauso ist wie ich.« Als eine zweite Begleiterscheinung würde daraus folgen, daß ich liebend gern jemanden treffe, der sagt: »Ich treffe liebend gern jemanden, der sagt: ›Ich treffe liebend gern einen Charakter, der genauso ist wie ich.‹« Ich könnte eine Begleiterscheinung 3er, 4er, ... n-ter Ordnung angeben und anhand eines offensichtlichen mathematischen Induktionsarguments beweisen, was ich aber lieber dem Leser überlassen möchte.

Zuerst möchte ich nun ein wenig von meiner eigenen sogenannten »Egozentrizität« sprechen und dann von anderen »egozentrischen« Menschen.

Einmal habe ich aus einer fröhlichen Laune meines Gemüts heraus das folgende kleine Gedicht mit dem Titel »Egozentriker« verfaßt:

Die meisten Menschen hassen Egozentriker,
Weil sie durch diese an sich selbst erinnert werden.
Ich liebe Egozentriker,
Denn sie erinnern mich an mich.

Ein andermal schrieb ich ein weiteres Gedicht, und mein erster Gedanke war, es »Lob und Preis meiner selbst« zu nennen. Doch dieser Titel (so erfreulich egozentrisch er auch ist) verbirgt einen tieferen und beinahe tragischen Sinn, der in dem Gedicht enthalten ist, und darum ändere ich den Titel von nun an um in: »Ich bin ohne Ich«.

Die meisten Menschen,
Denen man vorwirft egozentrisch zu sein,
Finden bloß gerissenere Methoden,
Dies vor anderen zu verbergen.
Nach einer Weile
Halten sie sogar sich selbst zum Narren.
Dann ziehen sie ihr geheimes egozentrisches Vergnügen
Daraus sich vorzustellen, ohne Ich zu sein.

Nun ist das bei mir etwas ganz anderes!
Ich bin wahrhaft ohne Ich.
Wie ein Waisenkind, ausgesetzt im Nirgendwo.
Genau in meinem Jubelruf »ich bin ohne Ich«
Verliere ich mein Ich.
Mein Ich bleibt,
Doch gehört es mir nicht mehr.

Ich bin genauso überrascht wie Sie, daß dieses Gedicht so traurig endet. Ursprünglich hatte ich vor, voller Freude und Überschwang zu sein, jubilierend und frohlockend und beinahe schon aufmüpfig egozentrisch; ich ließ mich gehen, und was ist passiert! Seinen egozentrischen Höhepunkt erreicht das Gedicht selbstverständlich mit der Zeile »Nun ist das bei mir etwas ganz anderes!« – die nahelegt, ich sei etwas Besseres als Sie, da Sie bloß glauben, Ihr Ich verloren zu haben, während ich es *wirklich* verloren habe. Aber dann stellt sich heraus, daß der Verlust meines Ichs für mich eher ein trauriges als ein freudiges Ereignis ist. Ist das nicht komisch? Lieber Leser, sagen Sie mir doch, ob ich Ihnen leid tue, weil ich mein Ich verloren habe? Nein? Wie kommt das? Sie würden mir leid tun, wenn Sie Ihres verlören, wie kommt es dann, daß ich Ihnen nicht leid tue, wenn ich meins verloren habe? Vielleicht sind einige unter Ihnen religiös oder mystisch orientiert und werden deshalb sagen, daß ich lediglich mein individuelles Ich verloren hätte, oder mein individuelles Selbst, daß man aber sein individuelles Selbst »sterben« lassen muß, bevor man als ein größeres – universales – Selbst geboren wird. Nun ist mir der Begriff eines »universalen Ich« weder unsympathisch, noch bestreite ich seine Bedeutung, aber ich habe das Gefühl, daß es noch einen angenehmeren – einen *gesünderen* – Weg geben sollte, um dahin zu kommen, als sein individuelles Ich »sterben« zu lassen. Vielleicht hat man bis jetzt noch keinen derartigen Weg gefunden, aber das heißt nicht, daß man auch weiterhin keinen finden wird. Und wenn es dazu kommt (wobei ich optimistisch genug bin, darauf zu hoffen), wird man damit schließlich auch die perfekte Synthese zwischen östlicher und westlicher Philosophie gefunden haben.

Eine Zeile meines Gedichts – »Wie ein Waisenkind, ausgesetzt im Nirgendwo« – ist im Geiste einem von Laotses Versen eng verwandt:

Brecht mit der Klugheit, und es wird keine Angst
 mehr geben.
Die Leute sind alle so fröhlich, als feierten sie ein Fest
Oder stiegen im Frühling auf einen Turm.
Ich allein bin ruhig und gebe keine Zeichen,
Wie ein Säugling, der noch nicht lächeln kann;
Verloren, als hätte ich kein Heim, wohin ich gehen könnte.
Die anderen haben alle mehr als genug,
Nur ich allein scheine auf der Suche zu sein.
Womöglich ist mein Geist der eines Narren,
So unwissend ist er!
Den anderen ist alles klar,
Ich allein scheine dumpf.
Die anderen sind scharfsinnig,
Ich allein scheine stumpf.
Ich bin duldsam wie das Dunkel;
Lasse mich treiben, nichts zieht mich an.
Die Leute haben alle etwas zu tun,
Ich allein scheine ungeschickt und plump.
Ich allein bin anders als die anderen,
Ich suche meine Nahrung unmittelbar
Bei der Mutter Tao.[2]

Das sind einige meiner Lieblingsverse aus dem *Tao Te King*. Zu meinem Leidwesen betrachten viele Menschen sie als zu egozentrisch. Jemand, dem ich sie vorlas, machte die boshafte Bemerkung, diese Art zu denken sei typisch für Menschen, die die Pose eines Unterlegenen einnehmen, sich aber in Wirklichkeit höchst überlegen fühlen.

Meine Reaktion auf das Gedicht war eine ganz andere. Es erscheint mir eher als die Reaktion eines Menschen, der inmitten einer Depression versucht sich zu trösten. Es ist verblüffend, wie verschieden die Leute auf obige Verse reagieren. Eine sehr interessante Reaktion möchte ich im folgenden beschreiben.

Ich las jene Verse jemandem vor, und zwar las ich sie geradezu jubilierend (was ich meistens tue) und schüttelte mich dabei vor Lachen. Mein Zuhörer blieb ganz ernst, solange ich vorlas, und danach sagte er: »Warum hast du beim Vorlesen so gelacht? Was ist daran so komisch? Ich kann sehen, daß es ein tiefgründiger Text ist, aber ich sehe ihn nicht als komisch an.« Ich antwortete: »Ich habe ihn nie als tiefgründig angesehen, aber ich habe ihn immer für außerordentlich komisch gehalten.« Er blieb eine Weile nachdenklich und sagte dann: »Die Philosophie dieser Verse widerspricht einfach allem, woran ich glaube. Wenn sie wahr ist, war ich mein ganzes Leben lang auf dem Holzweg.«

Lassen Sie mich meine eigene Reaktion auf Laotses Verse noch etwas weiter ausführen. Wenn man mich fragen würde, warum ich sie – wenigstens zum Teil – für komisch halte, käme ich bei der Antwort in Verlegenheit. Vielleicht ist mein Lachen eher triumphierend als belustigt, da ich in diesen Versen eine Philosophie finde, die dem, was ich glaube, sehr nahe kommt, und dem, was die Gesellschaft mir versucht hat beizubringen, sehr fern liegt. Anders ausgedrückt kann es sein, daß es ein Lachen aus Freude darüber ist, einen Einfluß am Werk zu sehen, der jenen Einflüssen, die mir am meisten verhaßt sind, vollkommen entgegengesetzt ist. Ich bin sicher, daß an diesem Punkt viele Leser der Meinung sein werden, was ich sage, sei nicht besonders eindrucksvoll, und daß sie mich zudem als kindisch empfinden werden. Wer weiß, vielleicht haben sie recht!

Um dieses Kapitel mit einer noch ausgelasseneren Bemerkung zu Ende zu bringen, möchte ich Ihnen noch von Tschuangtses Selbsteinschätzung berichten. Wenn Sie der Meinung sind, Walt Whitman sei egozentrisch gewesen, weil er einen Gesang über sich selbst verfaßt habe, dann geben Sie jetzt mal gut acht!

Still und formlos, wechselhaft und unbeständig, bald tot, bald lebend, dem Himmel wie der Erde gleich, mit dem Geistigen und der Vernunft sich regend; wohin verschwindend? Plötzlich dort? Alle Dinge sind, was sie sind, keines anziehender als das andere: Das waren einige Wesenszüge am Tao der Alten. Als Tschuangtse von ihnen hörte, war er erfreut. In seltsamen und vagen Äußerungen, in wilder und ausschweifender Sprache, in unbestimmten Begriffen schwelgte er in seinen eigenen Gedanken, ohne irgend etwas zu bevorzugen oder besonders erscheinen zu lassen. Er betrachtete die Welt als untergegangen und unwissend, so daß man von ihr nicht ersthaft sprechen könne. So legte er seine Gedanken in das unbestimmte Gefäß der Worte, um sie anderen um der Autorität willen zu beschreiben und um der Vielfalt willen mit Geschichten zu illustrieren. Im Geist des Himmels und der Erde kam und ging er allein, war aber ohne Empfindung des Stolzes auf seine Überlegenheit allen Dingen gegenüber. Er verdammte weder Recht noch Unrecht und war so in der Lage, mit den gewöhnlichen Menschen auszukommen. Obwohl seine Schriften solche von großer Klugheit sind, widersetzen sie sich den Dingen nicht und sind deshalb harmlos. Seine Sätze, wenn auch voller Unberechenbarkeiten, sind trotzdem voller Anmut und Humor. Der Reichtum seiner Gedanken ist unerschöpflich.

Droben streift er mit dem Schöpfer umher. Herunten macht er jene zu Freunden, die ohne Anfang oder Ende zwischen Leben und Tod stehen. Angesichts der grundlegenden Dinge war er groß und verständig, tiefgründig und frei. Angesichts des Wesentlichen könnte man sagen, er war den höheren Dingen in Harmonie verbunden. Wie dem auch sei, in seiner Reaktion auf wechselnde Umstände und seiner Interpretation der Dinge war seine Vernunft unerschöpflich und hatte unter seinen Vorgängern nicht ihresgleichen. Unbestimmbar und dunkel ist er keiner, der sich ganz ausschöpfen läßt![3]

Das ist eine meiner liebsten Stellen aus der gesamten Weltliteratur. Immer wenn ich sie lese, treffe ich nicht nur auf einen Charakter, der genauso ist wie ich, sondern auf einen, der genauso ist, wie ich gern wäre.

30
Egozentrik und kosmisches Bewußtsein

Ich war schon immer vollkommen verwirrt von der riesengroßen Anzahl der Vorurteile über egozentrisches Verhalten. Warum diese Vorurteile? Vielleicht weil man uns beigebracht hat, daß man nicht egozentrisch sein sollte, und wir deshalb jene beneiden, die keine derartigen Hemmungen haben? Natürlich ist egozentrisch nicht gleich egozentrisch! Ich bin wie jeder andere auch beunruhigt über jene lieblose und verdrießliche Art von Egozentrik, die man gelegentlich antrifft. Aber das ist etwas ganz anderes als die sogenannte »Egozentrik« in der obigen Passage des Tschuangtse (siehe das vorliegende Kapitel), die der prachtvollen, spontanen Egozentrik eines unverdorbenen Kindes ähnelt.

Ich denke, man sollte eine scharfe Grenze zwischen egozentrischem Verhalten im Sinne von »Selbstliebe« und im Sinne von Selbstgefälligkeit ziehen. Selbstgefällige Menschen habe ich immer schon gehaßt, wohingegen ich Menschen liebe, die sich selbst lieben. Selbstgefällige Menschen sind für gewöhnlich herrisch und neigen dazu, auf anderen herumzutrampeln, so daß es kein Wunder ist, wenn sie niemand ausstehen kann. Aber jemand, der vollkommen egozentrisch ist, wird in der Regel damit zufrieden sein, sein eigenes Loblied zu singen, und es nicht nötig finden, andere herabzusetzen. Jemand sagte mir einmal: »Ich glaube, selbstgefällige Menschen brauchen andere

Leute, schon allein damit ihnen ihr Ich besser gefallen kann als das der anderen, während ein Egozentriker andere Leute einfach nicht nötig hat.« Ich stimme der ersten Hälfte dieser Aussage zu, habe aber bezüglich der zweiten Hälfte meine Zweifel. Ich würde sagen, daß der wahre Egozentriker (im besten Sinn dieses Wortes) andere Leute um sich braucht. Nehmen Sie zum Beispiel mich; wen soll ich denn beeindrucken, wenn niemand da ist?

Ebenso verwirrt war ich schon immer über die Scham und die Schuldgefühle vieler Menschen wegen ihres eigenen egozentrischen Verhaltens. Warum haben Menschen diese Gefühle? Die aufschlußreichste Information, die mir in dieser Sache je untergekommen ist, stammt aus einem Abschnitt in Dr. Richard Buckes großartigem Buch *Die Erfahrung des kosmischen Bewußtseins*. Im neunten Kapitel zitiert er mehrere Sonette von Shakespeare und untersucht sie vom Standpunkt eines kosmischen Bewußtseins aus. Das folgende Sonett und seine Analyse sind besonders bezeichnend:

Sonett LXII
Der Eigenliebe Schuld hat Aug und Seele
Und jede Faser meines Seins durchtränkt;
Kein Mittel gibt es wider diese Fehle,
Die in mein tiefstes Herz sich eingesenkt.
Kein Antlitz deucht so hold mir wie das meine,
Kein Wuchs so echt, kein Wert so ohne Frage;
Ich sehe mein Verdienst in solchem Scheine,
Daß ich in allem alles überrage.
Doch zeigt der Spiegel mir mein wahres Wesen,
Zermalmt, zerschunden von des Alters Zahn,
Muß ich die Eigenliebe anders lesen:

Sich so zu lieben wäre sündger Wahn.
  Du bist mein Selbst, von dem ich sing und sage,
  Verjüngt vom Blütenschimmer meiner Tage.

Buckes Kommentar:

In diesem Sonett tritt der Zwiespalt in der Person des Schreibenden besonders deutlich hervor – was zweifelsohne mit Absicht geschieht. Wenn er beim Selbst seines kosmischen Bewußtseins verweilt, verliert er sich wie schon zuvor in Selbstbewunderung. Wenn er sich dagegen seinem physischen und ichbewußten Selbst zuwendet, neigt er zu Selbstverachtung. Er ist über alle Maßen egozentrisch und ist es gleichzeitig nicht. Diejenigen, die den Menschen Walt Whitman gekannt haben, wissen, daß derselbe scheinbare Widerspruch auf derselben Grundlage bemerkenswerterweise auch in ihm existierte. Whitmans Bewunderung für den Whitman des kosmischen Bewußtseins und seine Werke (die »Grashalme«) war dieselbe, die sich auch in diesem Sonett abbildet, wohingegen er von dem gewöhnlichen egozentrischen Verhalten eines selbstbewußten Individuums vollkommen frei war. Es ist anzunehmen, daß die obigen Bemerkungen auch in bezug auf Paulus, Mohammed oder Balzac gelten würden. Nach eingehender Untersuchung scheinen die Dinge so zu stehen: Das Selbst des kosmischen Bewußtseins erscheint unter Berücksichtigung aller Gesichtspunkte einzigartig und göttlich. Von seinem Standpunkt aus erscheinen der Körper und das ichbewußte Selbst als ebenso göttlich. Aber vom Standpunkt des gewöhnlichen Selbstbewußtseins aus scheinen das ichbewußte Selbst und der Körper – im Vergleich mit dem Selbst des kosmischen Bewußtseins – unwesentlich und sogar, wie wir im Falle Paulus sahen, verachtenswert zu sein.[1]

31
Vertrauen in die eigene Natur

Ich möchte zu Beginn zwei Gedichte von Po Chü-I zitieren (nach der englischen Übersetzung von Arthur Waley):

1. Scherzrede an meine Neffen und Nichten
(835 n. Chr.)
Die Welt betrügt Menschen, die nicht zu lesen verstehen –
Ich habe zum Glück Zeichen und Pinsel beherrscht.
Die Welt betrügt Menschen, die niemals ein Amt versehen –
Ich habe hohe Würden erreicht.
Oft leiden die Alten der Krankheit Plagen,
Ich hatte bisher nur wenig zu klagen.
Oft sind die Alten durch vielerlei Fesseln gebunden;
Ich habe Befreiung von aller Familienverpflichtung gefunden.
Nicht trüben Wechselfälle mir die Seelenruhe,
Nicht schaden Amtsgeschäfte mehr der Leibeskraft.
So haben Körper und Geist in zehn langen Jahren
Bereits eines Einsiedlers Frieden erfahren.
Wenn nun die letzten Jahre langsam vorüberschlürfen,
Werde ich weniger Dinge nur noch bedürfen:
Einer einzigen Decke, um mich im Winter zu wärmen,
Eines einzigen Mahles, um mich am Tage zu nähren.
Es macht nichts, daß mein Haus recht winzig –
Man kann nur in einem Raume schlafen!
Es macht nichts, daß der Rosse so wenig –

Man kann auf zweien zugleich nicht reiten!
Unter den Sterblichen wird es schwerlich
Mehr als sieben von zehn so wohl sein wie mir.
Unter hundert Menschen, blickst du auch um dich,
Wirst du keinen zufriedener finden als mich.
In anderer Leute Geschäften versagen nicht einmal die Toren,
Doch in der eigenen Sache ist meist der Weise verloren.
So offene Worte darf ich an andere Menschen nicht richten –
Darum unterbreite ich sie meinen lieben Neffen und Nichten!

2. Rückblick
(833 n. Chr.)

In einer müßigen Stunde dachte ich früherer Zeiten,
Und meine alten Freunde schienen im Raume zu sein.
Da begann ich zu grübeln, »Wo weilen sie jetzt?«
Wie welke Blätter wehten sie fort zu den Unterirdischen Quellen.
Han Yü pflegte Schwefelpillen zu nehmen,
Doch eine einzige Krankheit brachte ihn schnurstracks ins Grab.
Yüan Chên schmolz sich Herbstkristalle,
Doch ehe er alt war, schwand seine Kraft.
Meister Tu besaß ein Zinnoberrezept
Und enthielt sich dauernd des Fleisches.
Herzog Ts'ui vertraute der Wirkung von Drogen
Und trug auch im Winter sein Sommergewand.
Doch sei es durch Krankheit, sei es durch plötzlichen Tod,
Sie gingen alle dahin in mittleren Jahren.

Nur ich, der ich niemals Diät gehalten,
Habe ein hohes Alter erreicht. –

Ich, der ich in jungen Jahren
Jedem Gelüst und jeder Begierde erlegen,
Dessen Gaumen nur scharfe Speisen gekitzelt,
Und der ich von Blei und Merkur nichts gewußt!
Hatte ich Hunger, so schlang ich dampfendes Essen,
Hatte ich Durst, so trank ich am eisigen Strom.
Mit Versen betrog ich die Geister der fünf Eingeweide,
Mit Wein durchspülte ich die drei lebenswichtigen Stellen.
Indem ich täglich die Schäden behoben,
Hab ich bis heute fast in Gesundheit gelebt.
Keine der Zahnreihen zeigt eine Lücke;
Glieder wie Rumpf dienen mir immer noch treu.
Obwohl ich mein siebtes Jahrzehnt schon begonnen,
Eß ich mich voll und schlafe ich fest.
Solange es geht, trink ich meinen Becher voll Wein,
Und alles andere stell ich dem Himmel anheim.[1]

Ich mag diese beiden Gedichte sehr (wie alle Gedichte, die ich in diesem Buch zitiere). Keines von beiden ist sonderlich schön oder inspirierend, noch verlockt das eine oder andere zu »mystischen Einsichten« (im Gegensatz zu den meisten der übrigen Gedichte, die in diesem Band zitiert werden). Vor allem liebe ich die gesunde Lebensphilosophie, die aus diesen Gedichten spricht – oder besser gesagt die Philosophie einer »guten und bewußten Lebensführung«. Besonders die Philosophie des zweiten Gedichts kommt meiner eigenen Auffassung so bemerkenswert nahe, daß ich das Glück, über sie gestolpert zu sein, kaum fassen kann. Ich habe mein ganzes Leben lang immer genau das gegessen, wonach mir gerade der Sinn stand, statt mich an eine wissenschaftlich und medizinisch begründete Diät zu halten, und hatte nie irgendwelche gesundheitlichen Probleme. Natürlich bin ich erst Mitte fünfzig und kann deshalb noch nicht – wie Po Chü-I – als ein lebendiges Beispiel dafür gelten, daß ein derartiger Lebenswandel wünschenswert und erstrebenswert ist. Aber ich bin immer wieder froh, wenn ich auf jemand Älteren treffe, der dafür stehen kann. Ob es damit nun zum Schlechteren oder zum Besseren bestellt sein mag – es ist jedenfalls die Art und Weise, wie ich stets gelebt habe. Selbst als Kind war ich mir instinktiv sicher, daß der eigene Appetit und Geschmack der beste Ratgeber ist. Ich erinnere mich daran, daß mir einmal von jemandem gesagt wurde, ich solle zum Essen nicht soviel Wasser trinken (eine Theorie, die vor fünfundvierzig Jahren recht populär war). Ich antwortete: »Aber ich trinke gern Wasser zum Essen.« Der andere entgegnete: »Aber das *solltest* du nicht; es schadet deiner Gesundheit!« Ich fragte: »Warum?« Er sagte: »Weil die Ärzte herausgefunden haben, daß Wasser den Speichel verdünnt, und wir dann unsere Nahrung nicht mehr anständig verdauen können.« Ich dachte mehrere Tage darüber nach, entschied mich dann aber, auch weiterhin zu den Mahlzeiten Wasser zu trinken. Ich sagte mir: »Irgend etwas an dieser Theorie stimmt nicht! Offensichtlich verdaue ich meine Nahrung momentan ganz ausgezeichnet – im Gegenteil, gerade wenn ich zum Essen kein Wasser trinke, scheint alles so trocken zu sein, daß es mir im Hals steckenbleibt und nur sehr schwer verdaulich ist. Folglich kann irgend etwas an diesen medizinischen Theorien nicht stimmen. Was das sein könnte, weiß ich nicht, aber irgend etwas ist mit Sicherheit falsch!« Und so schenkte ich meiner eigenen Intuition mehr Vertrauen als den Theorien der Medizin. Das war mein Glück! Spätere medizinische Forschungen konnten nachweisen, daß der Speichel vor allem aus Enzymen besteht, und Enzyme funktionieren bei Verdünnung ebensogut wie bei Konzentration. Das einzige, worauf es ankommt, ist die absolute Anzahl der vorhandenen Enzyme. Deshalb wirkt sich eine Verdünnung des Speichels durch Wasser nicht im mindesten auf seine verdauungsfördernde Funktion aus. Also war die medizinische Lehrmeinung seinerzeit im Irrtum, und meine Intuition hatte recht.

Derartige Probleme sind mir in meinem Leben immer wieder untergekommen! Ich habe von so vielen Ernährungs- und Gesundheitsmarotten gehört, wie man sich nur vorstellen kann! Sehr viele Menschen fürchten sich direkt zu Tode, wenn sie einmal das essen, was sie wirklich mögen! Eine Bekannte hat mir versichert, es sei erwiesen, daß Schokalade giftig sei und Zucker das Gehirn schädige (der Himmel weiß, wo sie das wieder aufgeschnappt hat)! Ein anderer Bekannter – ein angesehener Ökonom und Soziologe – hat mir einmal erzählt, wir sollten kein über Holzkohle gegrilltes Fleisch essen, weil es inzwischen erwiesen sei, daß über Kohle gegrilltes Fleisch krebserregend sei. Als Beweis führte er an, daß Mäuse, deren Haut man mit Teer aus Kohle eingerieben habe, an Krebs erkrankt seien. Das überrascht mich nicht, aber es läßt wohl kaum den Schluß zu, daß ein bißchen Holzkohle in meinem Magen (die nicht in die Magenschleimhaut *eingerieben* wird, sondern einfach nur dort ist) Krebs verursachen wird. Ein weniger extremes, aber weitaus verbreiteteres Beispiel für eine derartige Ernährungsphobie ist der Glaube, tiefgekühlte Lebensmittel seien ungesund und schwer verdaulich. Das Verblüffende dabei ist, daß viele Menschen daran glauben, die niemals auch nur die geringsten Schwierigkeiten mit der Verdauung tiefgekühlter Lebensmittel hatten, als sie sich noch »trauten«, sie zu sich zu nehmen. Weiß nicht jeder selbst am besten, und ohne daß man es ihm sagen müßte, welche Lebensmittel er gut und welche er nur schlecht verdauen kann?

Auch die in den letzten Jahren aufgekommenen beträchtlichen Befürchtungen in bezug auf Cholesterin müssen hier erwähnt werden. Ich ignoriere diese – und andere medizinische Moden – einfach! Ich nehme so viel oder so wenig Fett zu mir, wie es mein Organismus von mir verlangt. Und was tun die anderen? Ich kenne einen vollkommen gesunden und rosigen britischen Mathematiker, dessen Frau beschloß, er solle sich einer cholesterinarmen Diät unterziehen. Zumindest war er vollkommen gesund und rosig, bevor er mit dieser Diät begann. Ungefähr ein Jahr danach begegnete ich ihm wieder, und er war ein anderer Mensch geworden! Er sah völlig ausgezehrt und elend aus.

Ein weiterer Fall: Ein Mediziner, den ich vor etwa fünfzehn Jahren sprach, diskutierte damals mit mir über das Problem Cholesterin. Er sagte: »Wenn Sie, so wie ich, in einem Kinderkrankenhaus arbeiten würden und den lebendigen Beweis ständig vor Augen hätten, hätten Sie nicht den leisesten Zweifel daran, daß Fette so gefährlich sind, wie wir sagen. Sie sollten dem Urteil von uns Ärzten, die mit Sicherheit besser über Medizin Bescheid wissen als Sie, wirklich mehr Vertrauen schenken.« Er verschrieb sich, seiner Frau und seinem Kind eine strenge Diät. Ein paar Monate später traf ich seine Frau, die mir erzählte, daß sie und ihr Mann beide sehr krank geworden und im Krankenhaus gewesen seien. Die Ärzte hätten ihnen gesagt, sie hätten sich ernsthaft der Gefahr des Verhungerns ausgesetzt und müßten zu einer normalen Ernährungsweise zurückkehren. Durch diese Art von Vorfällen wird meine eigene intuitive Überzeugung, ich will zwar nicht sagen »verursacht«, aber doch darin bestärkt, daß der beste Ratgeber in diesen Angelegenheiten der eigene Geschmack und das eigene Gefühl sind. Ich will nicht darauf bestehen, daß Geschmack und Gefühl hierbei einen unfehlbaren Ratgeber darstellen; ich glaube, meine Natur kann sich manchmal auch irren. Aber ich weiß auch, daß Ärzte sich oft irren, und wenn ich mir die beiden ansehe, habe ich zufällig mehr Vertrauen in die Natur.

Mehrere Jahre nach dem obigen Zwischenfall traf ich einen britischen Mediziner, der mir mitteilte, daß sein Forschungsteam zu der definitiven Schlußfolgerung gelangt sei, die Aufnahme von Fett sei nicht Ursache der Cholesterinablagerungen; es scheine sogar nur eine sehr geringe Korrelation zwischen der Menge der verzehrten Fette und der Menge, die sich im Körper ablagere, zu bestehen. Tatsächlich habe man sogar den Verdacht, daß die genau entgegengesetzte Korrelation bestehe – Menschen, die *mehr* Fett zu sich nähmen, hätten weniger Probleme mit Cholesterin. Der entscheidende Punkt bestehe darin, daß der Verzehr von Cholesterin eine Sache sei, seine Ablagerung in den Arterien aber eine ganz andere! Der »Übeltäter«, den das britische Forschungsteam in Verdacht hatte, war nicht Fett, sondern Zucker! Es vermutete, daß eher der übermäßige Verzehr von Zucker als von Fett eine Hauptursache für Probleme mit Cholesterin sei. Soweit ich weiß, ist inzwischen auch die Zucker-Theorie aus der Mode gekommen, und wie ich gehört habe, glaubt man neuerdings, daß mangelnde Bewegung an allem schuld sei. Ich muß zugeben, daß letztere Theorie, wenn sie denn wahr sein sollte, mich am wenigsten überraschen würde (sie hat schon rein intuitiv einige Wahrheit für sich). Jedoch ist meines Wissens nach kürzlich eine medizinische Theorie aufgetaucht, die starke Zweifel daran hegt, ob Bewegung – insbesondere in fortgeschrittenem Alter – so allgemein gesundheitsfördernd ist, wie man bisher geglaubt hat.

Bevor ich das Thema Cholesterin verlasse, möchte ich noch von einem Forscher an der Rockefeller University berichten, der mir erzählte, in gesunden Arterien gebe es keine Cholesterinablagerungen! Das hieße, daß eine Person mit gesunden Arterien niemals Cholesterinprobleme hätte; Cholesterin sei nicht in der Lage, eine Schädigung der Arterien zu verursachen, sondern würde lediglich den Zustand bereits schadhafter Arterien verschlechtern. Deshalb macht es mich betroffen, wenn eine große Anzahl von Menschen mit absolut intakten Arterien sich so nützliche und notwendige Dinge wie Fett und Zucker vorenthält, weil sie sich wegen eines Problems Sorgen macht, das sie nicht einmal betrifft.

Soweit ich weiß, machen sich sowohl Mediziner als auch Laien in Europa viel weniger Sorgen über ihre Ernährung als in Amerika. Ich freue mich, das zu hören. Eine Freundin von mir war kürzlich zu Besuch bei ihrer Schwester – einer einflußreichen Ärztin, die sich in Prag um die öffentliche Gesundheit bemüht. Meine Freundin war erstaunt, wie wenig Gedanken sich die Leute dort über ihre Ernährung machten. Sie erschrak, als ihre Schwester ihr eine üppige Mahlzeit vorsetzte, aber ihre Schwester lachte und sagte: »Ach, komm schon. Du kannst doch essen, was du willst, es wird dir nicht schaden!« Ich frage mich, warum Amerikaner einfach nicht davon loskommen können. Vielleicht ein unbewußtes puritanisches Überbleibsel, das jedem »Vergnügen« mißtraut und sich davor fürchtet, daß einem die Dinge, die man gern hat, nicht guttun. Um auf das Gedicht von Po Chü-I zurückzukommen, habe ich hier etwas umständlich versucht hervorzuheben, daß meine eigene Intuition – seit meiner Kindheit – diesen Versen schon immer entsprochen hat, und daß ich aufgrund meiner Lebenserfahrung dazu neige, ihnen zuzustimmen. Im nachhinein entdeckte ich – abermals zu meiner großen Freude –, daß der Dichter Robert Browning ebenfalls außerordentliches Vertrauen in die eigene Natur setzte – wenigstens in bezug auf seine Ernährung. Die folgende Stelle stammt aus William Lyon Phelps Buch *Robert Browning*:[2]

Brownings Leben war gesund, komfortabel und glücklich. Mit Ausnahme gelegentlicher Kopfschmerzen in jungen Jahren, kannte er weder Übelkeit noch körperliche Beschwerden. Sein Sohn sagte, er habe ihn bis zu seiner letztendlichen Krankheit niemals tagsüber im Bett liegen sehen. Er hatte eine wahrhaft wunderbare Verdauung; es war seine feste Überzeugung, daß man nur essen sollte, was einem wirklich Genuß bereitet, und daß der Appetit ein untrügliches Zeichen für die Bekömmlichkeit einer Nahrung sei.

Das ist so ziemlich alles, was ich in dieser Angelegenheit zu sagen habe – mit einer Ausnahme: Die Auffassung, die ich hier verteidigen möchte, lautet offensichtlich, daß die eigene Natur – und die eigenen Wünsche – meistens der vertrauenswürdigste Ratgeber sind, um herauszubekommen, was einem guttut. Die Ängste, die diese Auffassung bei Andersgesinnten hervorruft, sind bemerkenswert. Es ist aber noch bemerkenswerter, daß solche Leute, wenn sie etwas über jene Menschen hören und erfahren, die ihr ganzes Leben lang genau das aßen und tranken, wonach ihnen gerade der Sinn stand, und sich dennoch stets bester Gesundheit erfreuten, dann unaufhörlich sagen: »Selbstverständlich! Diese Leute müssen alle von außergewöhnlich guter Konstitution gewesen sein.« Darauf antworte ich: Warum müssen sie unbedingt eine so außergewöhnlich gute Konstitution besessen haben? Könnte es nicht auch andersherum sein, daß der Grund für ihre gute Konstitution darin bestand, daß sie aßen und tranken, worauf sie gerade Lust hatten?

32
Wie man den Dingen ihren Lauf läßt

Es gibt eine ethische Philosophie, die sich wie folgt charakterisieren ließe: »Den Dingen ihren Lauf lassen, ohne einzugreifen, ohne der Natur den eigenen Willen aufzuerlegen, die Dinge von selbst geschehen lassen, ohne zu versuchen, die Welt zu verändern oder zu ›verbessern‹; statt dessen die Dinge einfach so akzeptieren, wie sie kommen.« Ich glaube, eine derartige Philosophie nennt man »Quietismus«. Von dieser Beruhigungsphilosophie sind viele sogenannte »Aktivisten« stark irritiert, die diese Einstellung für die schlimmstmögliche überhaupt halten und sie für das meiste Unheil in der Welt verantwortlich machen. Sie würden sagen, den Dingen ihren Lauf zu lassen, sei das Letzte, was man tun dürfe; wenn wir das täten, wären die Konsequenzen schrecklich. Auf *uns* käme es an, wenn wir das Schlimmste auf Erden verhindern wollten! Ich kann mir nicht vorstellen, daß sich jemand von einer anderen Philosophie so stark irritieren läßt wie vom Quietismus. Tatsächlich werden viele Leute behaupten, Quietismus sei die perfekte Philosophie für ein »vollkommen selbstsüchtiges Individuum, das alles hat, was es braucht, und dem alle anderen egal sind«!

Im Gegensatz zu den Aktivisten weist der Quietist seelenruhig (oder manchmal auch sehr aktiv) darauf hin, das Dumme am Aktivismus sei, daß durch Menschen, die auszögen, um die Welt zu »verbessern« – selbst durch jene mit den besten Absichten (zumindest auf der ihnen bewußten Ebene) –, die Sache für gewöhnlich noch »verfahrener« werde und sie die Dinge noch schlimmer machen würden, als sie sowieso schon sind. Der Quietist erinnert uns zum Beispiel daran, daß Revolutionen oftmals schlimmere Tyranneien errichten als stürzen.

Es ist hier nicht meine Aufgabe, in der Kontroverse zwischen Quietismus und Aktivismus Stellung zu beziehen. Ich gebe zu, daß meine natürliche Neigung mich eher den Quietisten zugesellt – ich vertraue eher ihnen als den Aktivisten. Aber ich glaube nicht daran, daß die meisten Anstrengungen zur Verbesserung der Welt eher »hinderlich« als hilfreich sind. Einige sind hinderlich, und andere sind hilfreich, und mir liegen nicht genug statistische Daten vor, um entscheiden zu können, was überwiegt. Aber meine Sympathie gehört, wie ich schon sagte, eher den Quietisten. Wenn aber ein Quietist sich zum *Fürsprecher* des Quietismus macht und einem Aktivisten sagt, er *solle* weniger aktiv sein, kommt mir das ebenso lächerlich vor wie ein Aktivist, der einem Quietisten sagt, er *solle* aktiver werden. Das bringt uns zum zentralen Punkt.

Bei eingehenderer Untersuchung kommt mir die ganze Kontroverse zwischen Quietisten und Aktivisten albern dualistisch vor. Ich stehe natürlich auf dem Standpunkt, daß ein Mensch eher ein Teil der Natur (oder des Universums, des Kosmos oder was Sie wollen) ist, als daß er von ihr getrennt wäre. Dann nehmen Sie einmal an, ich hätte in mir das brennende Verlangen, die Welt zu verändern. Wenn ich dieses Verlangen nicht aktiv und entschieden unterdrücke, werde ich ausziehen und die Dinge ändern. Sind mein Wunsch nach Veränderung und meine darausfolgenden Handlungen nicht ein Teil des Laufs der Dinge?

Wenn ich andererseits meinen Wunsch nach Veränderung unterdrücke und die Dinge folglich nicht ändere, ist dann nicht diese Unterdrückung – und mein konsequentes Nichthandeln – ebenfalls Teil des Laufs der Dinge? Wie, um alles in der Welt, könnte ich verhindern, daß die Dinge ihren Lauf nehmen, wenn alles, was *ich* tue, Teil des Laufs der Dinge ist?

Worauf ich hinauswill ist, daß es unmöglich ist, dem Lauf der Dinge nicht zu folgen, denn welchen Lauf die Dinge auch nehmen, sie nehmen eben diesen und keinen anderen. Und welchen Lauf sie auch nehmen, es wird der ihnen angemessene »Weg« sein.

Folglich sind die Aussagen des Quietismus, rein logisch betrachtet, inhaltsleer. Trotzdem liebe ich diese Aussagen. Letztlich repräsentieren Quietismus und Aktivismus weniger zwei unterschiedliche philosophische Standpunkte als Unterschiede des persönlichen Temperaments. In Wirklichkeit bin ich von meinem Temperament her Quietist und nicht aus philosophischer Überzeugung. Ich will eher leben und leben lassen und mich nicht unbedingt in die Angelegenheiten der übrigen Welt einmischen. Ich will mich nicht fanatisch auf eine Doktrin der Nichteinmischung festlegen; aber normalerweise habe ich einfach kein Verlangen mich einzumischen. Was die Aktivisten angeht, die so gern überall mitmachen und mitmischen und sich nirgendwo heraushalten, will ich mich in ihre Angelegenheiten ebensowenig einmischen – auch hier lasse ich den Dingen lieber ihren Lauf.

33
Wenn man es zu nichts bringen will

Es war einmal ein Hippie. Seine Lebensphilosophie bestand vor allem darin, daß man es *nicht* zu etwas bringen dürfe. Genau gesagt glaubte er, die drei größten Übel, die einem Menschen widerfahren könnten, seien: (1) das Erlangen von Ruhm; (2) das Erreichen von Wohlstand; (3) das Erlangen von Prestige. Seine Eltern waren überaus bürgerlich (seiner Meinung nach wenigstens) und hielten immer daran fest, daß er es zu etwas bringen sollte. Jahrelang baten, drängten, bedrohten, überredeten sie ihn und taten alles, was in ihrer Macht stand, um ihm diese »kindische« Vorstellung auszureden, es zu nichts bringen zu wollen. Sie sagten: »Es wäre außerordentlich tragisch, wenn du, wo du doch so begabt bist und es zu etwas bringen könntest, dein Leben wegwirfst und es zu gar nichts bringst.« Aber nein, der Hippie war genauso dickköpfig und unnachgiebig wie seine Eltern; er weigerte sich einfach, es zu etwas zu bringen. Nicht daß er faul oder untätig gewesen wäre; er hatte ein außergewöhnlich tatendurstiges und vielseitiges Wesen. Es stimmt, daß er die Schule nicht ausstehen konnte und schon sehr bald zum Aussteiger wurde, aber seine ganze Freizeit verbrachte er in öffentlichen Bibliotheken. Er war ein begeisterter Leser und lernte eifrig, und sein Wissensdurst war so groß wie der Durst einer Weide nach Wasser. Wenn man ihn aber fragte: »Was hast du mit deinem ganzen Wissen vor? Welchen praktischen Nutzen willst du daraus ziehen? Kannst du es damit zu irgend etwas bringen?« antwortete er: »Ich habe euch schon tausendmal gesagt, daß ich für dieses Wissen keinerlei praktische Verwendung habe; ich habe nicht vor, es zu etwas zu bringen. Eigentlich habe ich vor, es *nicht* zu etwas zu bringen!«

Sie sind sich natürlich darüber im klaren, daß es weder Trägheit noch Unfähigkeit war, was unseren Helden daran hinderte, es zu etwas zu bringen. Bei ihm drehte sich alles um die rein ideologische – oder prinzipielle – Überzeugung, daß es falsch sei, es zu etwas zu bringen. Bei einem besonders leidenschaftlichen Gefühlsausbruch seinen Eltern gegenüber sagte er: »Zum Teufel damit! Ich würde mich lieber zehntausendmillionenmal kreuzigen lassen und jedesmal die unaussprechlichsten Todesqualen ausstehen, als es zu etwas *bringen* zu müssen!« Diese Äußerung versetzte die Eltern in Aufruhr, und sie beschlossen, den Jungen zum Psychiater zu schicken. Ich brauche wohl gar nicht erst zu sagen, daß *sie* sich für einen Psychiater entschieden, der ein seniler, komischer alter Kauz war und absolut kein Einfühlungsvermögen in die Natur des Jungen besaß. Der Junge zeigte sich, obwohl er dem Psychiater äußerlich mit Respekt begegnete, vollkommen unkooperativ und irritierte ihn unentwegt durch sein überlegenes, zurückhaltendes und fast höhnisches Schweigen. Nach ein paar Monaten schlug der Psychiater hilflos die Hände über dem Kopf zusammen und teilte den Eltern mit, daß er zwar ziemlich sicher sei, die Verfassung des Jungen korrekt diagnostiziert zu haben, es aber nur sehr wenig gebe, was er zu seiner Genesung tun könne. »Und wie lautet die Diagnose?« waren die Eltern begierig zu erfahren. »Also«, antwortete der Psychiater weise, »ich glaube, das eigentliche Problem des Jungen besteht darin, daß er es nicht zu etwas bringen will.«

Die Beziehungen unseres Helden zu anderen Hippies sind von nicht unerheblichem Interesse. Er war einer von ihnen und dennoch irgendwie anders. Seine Hippiefreunde waren eher aus ihrer natürlichen Neigung heraus Hippies geworden und nicht aufgrund ideologischer Prinzipien. Für sie war es so offensichtlich, daß niemand, der noch bei klarem Verstande war, auch nur davon träumen würde, es zu etwas bringen zu müssen, daß es ihnen gar nicht erst in den Sinn kam, es könnte auch anders sein. Sie hatten keine prophetischen oder messianischen Ambitionen, anderen ihr Evangelium zu predigen. Sie waren vollkommen damit zufrieden, es selbst nicht zu etwas bringen zu müssen; es wäre unnötig gewesen, auch andere davon zu überzeugen, daß sie es nicht zu etwas bringen müßten. Aber bei unserem Freund war das etwas anderes! Er war nicht damit zufrieden, es nicht zu etwas bringen zu müssen; die anderen bedurften ebenfalls der Erlösung, und er sah es als seine Mission an, die Welt davon zu erlösen, es zu etwas bringen zu müssen. Eigentlich hatte er nicht viel dagegen einzuwenden, daß die Welt als Ganzes es zu etwas bringen könnte, aber er fand die Vorstellung fürchterlich, daß ein Individuum es zu etwas bringen sollte.

Seine Freunde waren von eher sanfter Natur, im großen und ganzen aber ziemlich apathisch. Ferner nahmen sie Drogen, was er nie tat. Er hatte das Gefühl, die Einnahme von Drogen würde sich störend auf seine Kräfte auswirken, die er doch so dringend benötigte, um immer bessere Argumente zu finden und der Welt zu beweisen, daß es falsch sei, es zu etwas zu bringen. Ferner verspürte er, anders als seine Freunde, eine enorme Lebenslust. Ständig sagte er: »Das Leben ist wunderbar! Wenn ich nicht am Leben wäre, hätte ich nicht die einmalige Gelegenheit, den Beweis zu liefern, daß man es nicht zu etwas bringen muß.« Tatsächlich gab es seiner Auffassung nach zwei und nur zwei große Ziele im Leben: (1) es nicht zu etwas zu bringen; (2) zu beweisen, daß man es nicht zu etwas bringen muß.

Unter seinen Hippiefreunden galt er natürlich als *das* Sprachrohr der Hippie-Philosophie. Man hielt ihn für einen großen Propheten. Er reiste viel und schwang zahlreiche Reden, warum die Menschen es nicht zu etwas bringen müßten. Und diese Reden waren wahre rhetorische Meisterstücke. Nach und nach begann die Nachbarschaft in ihm eine gefährliche Kraft zu sehen – in gewisser Hinsicht sogar noch gefährlicher als die Drogenhändler. Er bekehrte zahlreiche Highschoolstudenten zu seiner Lebensweise – Studenten, die ohne ihn auf dem besten Wege gewesen wären, es zu etwas zu bringen. Einer nach dem anderen brach die Schule ab und folgte ihm in die öffentliche Bibliothek. Alle fingen sie intensiv zu studieren an, aber ohne jede *praktische* Absicht. Nach einer Weile wurde seine Gefolgschaft zu umfangreich für die Bibliothek, und er begann die Veranstaltungen in seinem prächtigen und geräumigen Zuhause abzuhalten (seine Eltern besaßen ein derartiges Heim, weil sie es zu etwas gebracht hatten!). Dort gründete er einen berühmten literarischen Club, dessen Arbeiten auch heute noch wohlbekannt sind.

Seine Ideen verbreiteten sich immer mehr und immer weiter. Eines Tages standen die Verleger vor seiner Tür und sagten: »Junger Mann, Sie haben da einige sehr interessante Ideen! Sie sollten sie systematisch als Buch zusammenfassen.« Das schien unserem Hippie ein ausgezeichneter Gedanke zu sein. Er dachte: »Wenn ich so viele Menschen mit nichts als Reden beeinflussen konnte, wie viele werde ich dann wohl mit einer Veröffentlichung erreichen?« Und nach einigen Monaten anstrengender Arbeit beendete er sein allseits bekanntes Meisterwerk *Warum man es nicht zu etwas bringen sollte*. Die Verleger waren begeistert und prophezeiten ihm einen großen Verkaufserfolg. Und sie wurden nicht enttäuscht; die Nachricht über die Neuerscheinung verbreitete sich wie ein Lauffeuer! Nicht nur alle Hippies der ganzen Welt beschafften sich ein Exemplar, sondern auch alle Eltern, die fürchteten, ihre Kinder könnten ebenfalls zu Hippies werden. Und schließlich waren die in dem Buch vorgebrachten Argumente so geschickt ausgeklügelt und überzeugend, daß die Eltern ihrer nur dann ganz Herr werden konnten, wenn sie ihren Kindern Gegenargumente lieferten. Auf alle Fälle wurde der Junge in wenigen Wochen zu einem Multi-Multimillionär.

Doch dann traf den Jungen eines Tages der geballte Schrecken der ganzen Situation wie ein Blitz aus heiterem Himmel. »Mein Gott!« rief er aus. »Mein Gott! Was ist nur geschehen? *Ich*, von allen Leuten ausgerechnet *ich*, *ich* habe es plötzlich zu etwas gebracht! Genau gesagt habe ich (1) großen Ruhm erworben; (2) außerordentlichen Wohlstand und (3) außerordentliches Prestige. Ich habe mein ganzes Leben verraten! Oh, du lieber Gott, was kann ich tun? Was kann ich jetzt bloß tun?«

An dieser Stelle, lieber Leser, würde ich nun gern wissen, was *ich* tun kann, um diese Geschichte zu einem Ende zu bringen. Soll ich unseren Helden Selbstmord begehen lassen? Nein, das wäre zu traurig. Was kann ich dann tun?

Braucht diese Geschichte überhaupt noch ein Ende? Vielleicht lassen mich die nachsichtigeren Leser unter Ihnen mit ein paar abschließenden Bemerkungen davonkommen.

Erst einmal ist zu sagen, daß diese Geschichte kaum eine bestimmt Moral vertreten möchte. Sie soll eher dazu dienen, einen philosophischen Standpunkt zu illustrieren, obgleich es mir schwerfällt zu sagen, worin dieser Standpunkt besteht. Kurz gesagt haben wir hier den Fall eines Menschen, der es dank seiner Abneigung gegen die Idee, es zu etwas bringen zu müssen, zu etwas gebracht hat. Ist das vielleicht ein Hinweis auf Hegels dialektischen Prozeß? Oder ist es ein Hinweis auf die taoistische Vorstellung des »Handelns durch Nichthandeln« oder des »Gelingens ohne Streben«? Natürlich läßt sich dagegen einwenden, daß das unfair ist. Schließlich erstrebte der Hippie auf seine Weise durchaus etwas, oder hat er, als er sein Buch schrieb, etwa nicht hart gearbeitet? Darauf würde ich antworten, daß mir dieser Vorwurf unfair vorkommt. Ich votiere im Zweifel eher für den Angeklagten und behaupte, daß der Hippie beim Schreiben seines Buches nicht nach Ruhm, Wohlstand oder Prestige strebte, sondern den aufrichtigen Versuch machte, seine eigene Philosophie angemessen auszudrücken.

Noch eine letzte Bemerkung zur Geschichte – die vielleicht als Ende dienen könnte. Eine Sache, die unserem Hippie besonders zu schaffen machte, war der Gedanke, seine Hippiefreunde würden ihn nicht länger gern haben – sie könnten den Eindruck haben, er hätte ihre Sache schlichtweg verraten. Hiermit war er vollkommen im Irrtum. Sie liebten ihn jetzt um so mehr und waren über seinen Erfolg hocherfreut. Alle sagten sie: »Wie schön! Wie wunderbar! Seht mal an! Einer von *uns* hat es zu etwas gebracht!« Als einer seiner Hippiefreunde ihm diese Gefühle vermitteln wollte, war er entsetzt. Er sagte: »Wie kannst du mir nur zu meinem Erfolg gratulieren? Wie kannst du deine ganze Lebensphilosophie einfach so verraten?« Sein Freund antwortete weise: »Ich habe meine Lebensphilosophie nicht verraten, eher habe ich sie geändert. Deine Erfahrung hat mir – und wie ich glaube auch den übrigen von uns – bewußtgemacht, daß wir eigentlich nicht dagegen sind, daß es jemand zu etwas bringt, sondern daß es jemand unbedingt zu etwas bringen will.«

34
Die Mühe lohnt sich nicht

Mein ganzes Leben lang war mir die Vorstellung, mir »Mühe geben zu müssen«, zutiefst zuwider. Ich kann diese Vorstellung heute ebensowenig leiden wie als Kind. Ich weiß nicht, warum ich sie nicht leiden kann; es ist einfach so.

Es ist durchaus möglich, daß ich im Leben mehr erreicht hätte, wenn ich mir »Mühe gegeben hätte« (wer weiß, vielleicht hätte ich es sogar zu etwas gebracht). Wie ich schon sagte, wäre es *möglich*, aber ich habe keine Ahnung, ob es wahr ist. Wenn es wahr wäre, würde es mich in ein schreckliches Dilemma bringen! Auf der einen Seite macht es einfach Spaß, es zu etwas zu bringen (einerlei was andere – mich eingeschlossen – dagegen sagen mögen). Auf der anderen Seite ist es etwas Schreckliches, wenn man sich Mühe geben muß. Wenigstens geht es mir so; wenn es bei Ihnen anders ist, betrifft Sie das Dilemma, das ich hier diskutiere, nicht. Das Problem besteht also darin, wie man es zu etwas bringt, ohne sich Mühe geben zu müssen.

Es gibt zwei Wege, die uns aus diesem Dilemma herausführen können. Man kann ihm entkommen, indem man sagt: »Was *mich* betrifft, habe ich nichts dagegen, mir Mühe zu geben! Ich bin weder faul noch schwächlich und fürchte mich nicht davor, wenn ich ein bißchen arbeiten muß. Eigentlich mag ich diese dekadente, saft-

und kraftlose Vorstellung eines Lohns ohne Mühe überhaupt nicht. Meiner Meinung nach *sollte* das Leben uns einige Mühen abverlangen! Was ist daran falsch, wenn man sich ein wenig Mühe geben muß? Nein, ich habe überhaupt nichts dagegen, Mühen auf mich zu nehmen – natürlich unter der Bedingung, daß ich es dabei zu etwas bringe.«

Tja, das ist ein Ausweg aus dem Dilemma. Vor einer Person, die diese Haltung einnimmt, kann ich nur den Hut ziehen und ihr viel Glück wünschen.

Aber es gibt noch einen anderen Ausweg. Man könnte sagen: »Aber wer will es schon zu etwas bringen? Was soll das ganze egozentrische Gerede davon, es zu etwas zu bringen? Wir sollten uns eher mit unseren Pflichten gegenüber Gott und den Mitmenschen befassen, anstatt uns in die sündige Sorge um unser persönliches Weiterkommen zu verstricken. Zum Glück stehe *ich* über diesem Wunsch, es zu etwas bringen zu wollen. Deshalb existiert dieses Dilemma für mich nicht.«

Tja, vor einer Person, die *diese* Haltung einnimmt, ziehe ich ebenfalls meinen Hut und wünsche ihr viel Glück.

Aber mich interessiert in erster Linie ein dritter Typ – der Typ Mensch, der es verdammt noch mal zu etwas bringen will, aber ebenso stark jegliche damit verbundene Mühe scheut. Ist er ein hoffnungsloser Fall? Gibt es für ihn keinen Ausweg aus dem Dilemma? Viele Leute werden ihm sagen: »Jawohl, Ihr Fall ist hoffnungslos! Ihr Fall ist sogar doppelt hoffnungslos, weil Sie gleich zwei Sünden – zwei Dummheiten – auf einmal begehen! Erstens ist es Ihrer unwürdig, es zu etwas bringen zu wollen. Wahrhaft große Menschen sind bescheiden – persönliche Größe ist das Letzte, was sie sich wünschen.* Deshalb könnte Ihr Wunsch, es zu etwas zu bringen, genau das sein, was Sie daran hindert. Ihre zweite Sünde besteht in Ihrer Weigerung, irgendwelche Mühen auf sich zu nehmen. Wie können Sie erwarten, irgend etwas erreichen zu können, ohne sich dabei Mühe zu geben? Glauben Sie im Ernst, Ihr Talent allein würde ausreichen, um Sie durchs Leben zu bringen? Nein! Wer sich um sein Talent nicht bemüht, sollte sich schämen, es so zu vergeuden! Hat Edison nicht gesagt: ›Genie, das sind ein Prozent Inspiration und neunundneunzig Prozent Transpiration‹? Sie wollen also keine Mühen auf sich nehmen? Alles, was Sie vom Leben wollen, ist unmittelbare Befriedigung! Aber wenn man es zu etwas bringen will, darf man nicht immer auf unmittelbare Befriedigung hoffen! Ihre zweite Sünde besteht in Ihrer dickköpfigen Weigerung, sich um etwas zu bemühen. Folglich werden Sie gleich zweimal daran gehindert, es zu etwas zu bringen. Zum einen ist es überhaupt falsch, es zu etwas bringen zu wollen, aber wenn Sie schon darauf bestehen, sollten Sie sich dafür wenigstens ein bißchen Mühe geben! Disziplin, mein Junge, Disziplin!«

Ich behaupte nicht bloß zum Spaß, daß einige Leute so reden würden. Natürlich ist meine Darstellung mehr als übertrieben und auch etwas altmodisch, aber im Prinzip denken viele Menschen noch immer so. Wenigstens hat man mit mir so geredet, was eine der unerfreulicheren Seiten meines Daseins war.

Kommen wir auf das Problem des dritten Typs zurück, der es zu etwas bringen möchte, dem aber – ebenso wie dem Autor – die Vorstellung, sich dafür Mühe geben zu

* Guter Gott, welch ein Irrtum!

müssen, zuwider ist. Ist er wirklich ein hoffnungsloser Fall? Selbstverständlich nicht! Werfen Sie doch mal einen Blick in die Geschichte ! Und wenn wir schon dabei sind, wollen wir gleich einen Blick auf einige von des Autors Lieblingscharakteren werfen – die taoistischen Philosophen.

Nehmen wir Laotse und Tschuangtse als Beispiel. Sie haben es mit Sicherheit zu etwas gebracht. Mein Gott, durch mehrere Zeitalter hindurch mit Begeisterung gelesen zu werden – zweitausendfünfhundert Jahre lang! Wenn man es damit nicht zu etwas gebracht hat, womit dann? Jawohl, sie haben es ganz schön weit gebracht! In mancher Weise gleichen sie dem Hippie aus der vorangegangenen Geschichte. Sie philosophierten über das Nichtstun, Anspruchslosigkeit, die Nichtigkeit des Strebens nach Ruhm und des Wunsches, es zu etwas zu bringen, und sie machen sich selbst einen nicht unbedeutenden Namen in diesen Dingen. Ihr Erfolg freut mich mehr, als jeder andere Erfolg, von dem ich weiß. Das ist Taoismus in Reinkultur! Gerade ihr Erfolg ist der beste Beweis für ihre Philosophie.

Die wesentliche Frage ist nun: Haben sie sich dabei *Mühe* gegeben? Das ist ein sehr umstrittener und höchst delikater Punkt. Wenn wir die Antwort tatsächlich richtig verstehen wollen, müssen wir zum Herzen des Tao vordringen. Eines der wichtigsten taoistischen Prinzipien ist das *Wu-Wei* – die Lehre vom »Handeln durch das Nichthandeln«. Haben sie uns diese Philosophie nur gepredigt, oder tatsächlich danach gelebt? Sie müssen sie auch gelebt haben, sonst hätten sie sie nicht so beschreiben können, wie sie es taten.

Aber was ist Wu-Wei? Leider kann ihm keine mir bekannte Definition oder rationale Erklärung gerecht werden. Die einzige Methode, mit der sich ein Gespür für diesen Begriff erwerben läßt, besteht darin, zahlreiche Einzelfälle zu sammeln, in denen er benutzt wird.* Wenn die Übersetzung von »Wu-Wei« als »Handeln durch Nichthandeln« zu bedeutungsleer und widersprüchlich erscheint, mag die Übersetzung »Handeln ohne Mühe« besser und vielleicht auch für unser jetziges Thema von mehr Belang sein. Einigen wir uns also darauf, daß mit »Wu-Wei« ein Handeln ohne Mühe gemeint ist.

Ein taoistischer Ausspruch lautet: »Das Tao tut nichts. Aber dadurch werden alle Dinge getan.« Dieser Geist kommt dem Gedanken eines Handelns ohne Mühe sehr nahe. Wenn überhaupt, handelt das Tao »mühelos«. Haben nun die taoistischen Weisen, insofern sie sich mit dem Tao in Einklang befanden, nicht ebenfalls mühelos gehandelt? Mußten sie sich wirklich »Mühe geben«, um das zu schreiben, was sie schrieben, oder schöpften sie nicht vielmehr aus der Kraft des Tao? Dem Tao schrieb Laotse die folgenden Eigenschaften zu:

Wenn du Ausschau nach ihm hältst, kannst du es nicht sehen,
Wenn du nach ihm horchst, kannst du es nicht hören,
Aber wenn du es gebrauchst, ist es unerschöpflich.

Ist ihr Erfolg also nicht dem Gebrauch der unerschöpflichen Kraft des Tao zu verdanken? Kamen sich die Taoisten als die Urheber und Erfinder ihrer Worte und Gedanken vor, oder fühlten sie sich von diesen Worten

* Das erinnert mich an die von Wittgenstein abgeleitete Maxime »Schau nicht auf die Bedeutung; schau auf den Gebrauch!«

und Gedanken durchdrungen? Fühlten sie sich als Initiatoren oder als Medien? Kamen sie sich beim Schreiben aktiv oder passiv vor, oder keins von beiden? Das heißt, haben sie sie wirklich selbst verfaßt, oder schienen ihre Schriften eine Art Eigenleben zu haben, das sie hin und her trieb wie Wolken, die auf dem Winde reiten?

Sehen wir uns die folgende wunderschöne Stelle in Prosa an, die Su Tung-po, ein Dichter aus der nördlichen Sung-Dynastie, über seine eigenen Schriften verfaßt hat:

Meine Schriften sind wie die Wasser einer nimmer versiegenden Quelle, die das ganze Land überschwemmt. In der Ebene wogen und branden sie, mit Leichtigkeit legt ihr Fluß tausend Li an einem einzigen Tag zurück. Und wenn sie auf Hügel und Felsen treffen oder auf Kurven und Biegungen, nehmen sie die Form ihrer Umgebung an, obgleich ich nicht weiß, wie sie das machen. Alles, was ich weiß, ist, daß sie immer dahin kommen und dort bleiben, wo sie sein sollen, das ist alles. Was darüber hinausgeht, verstehe nicht einmal ich selbst.[1]

Ein bezeichnender Zug dieser Passage liegt darin, daß die Schriften des Autors eher von selbst kommen und gehen, als daß sie von *ihm* hervorgebracht würden. Das ist ein weiteres Bild für Wu-Wei. An anderer Stelle sagt Su: »Gedichte strömen hervor wie überlaufendes Wasser.« Und weiter:

Ein neues Gedicht gleicht dem Geschoß einer Armbrust;
Einmal aus der Hand, ist es nicht einen Moment mehr
zu halten.[2]

Die beiden nächsten Gedichte, die ich zitiere, mag ich sehr gern, sie sind aber für dieses Kapitel nicht wirklich von

Belang, so daß ich mich dafür entschuldigen möchte. Das erste ist nur ein Teil eines Gedichts von Tao Yuan-Ming (viertes Jahrhundert) und stammt aus einem Zyklus von insgesamt zwanzig Gedichten, der den Titel *Wein trinken* trägt:

Tausend Jahre lang war der Weg verloren;
Die Menschen gönnen ihren Herzen nichts.
Sie haben Wein, doch wollen sie nicht trinken;
Sie denken an nichts anderes als weltlichen Ruhm.[3]

Das folgende Gedicht von Su Tung-Pu basiert auf dem obigen und verwendet dieselben Reimworte. Es handelt von Tao Yuan-Ming:

Der Weg ist verloren, und die Menschen verloren sich
selbst;
Die Worte, die nun gesprochen werden, kommen nicht
von Herzen,
Die feinen Herren südlich des Yangtse
Inmitten ihrer Trunkenheit suchten noch nach Ruhm.
Einzig Yuan-Ming war rein und wahrhaftig,
Er lebte sein Leben redend und lachend.
Er war wie ein Bambus im Wind,
Schwankend sich neigend, mit all seinen zitternden
Blättern,
Manche nach unten, manche nach oben gewendet, jedes
von andrer Gestalt –
Wenn er seinen Wein trank, schrieben sich die Gedichte
von selbst.[4]

An dieser Stelle werden viele Leser Einspruch erheben und sagen: »Natürlich braucht das Werk eines Künstlers, wenn er es erst zur Meisterschaft gebracht hat, keine Mühe mehr! Wahre Meisterschaft besteht gerade in der Tatsache, daß uns sein Werk so ›mühelos‹ erscheint. Den Schriften eines guten Schriftstellers sieht man die Mühe nicht an. Ebenso kann ein guter Jongleur mühelos jonglieren. Ein guter Fahrer fährt mühelos Auto. Das Spiel eines Musikvirtuosen erfolgt tatsächlich mühelos; wenn er sich darum bemühen müßte, wäre er kein Virtuose. Aber was Sie dabei ganz außer acht lassen, ist der enorme Aufwand von Energie, Arbeit, Disziplin und Mühe, den das Erlernen dieser Fertigkeiten verschlingt! Das eigentlich Mühsame kommt eher beim Erlernen dieser Fertigkeiten ins Spiel als bei ihrer Ausübung. Deshalb führt all das schöne Gerede über dieses chinesische ›Wu-Wei‹ bloß in die Irre. Es hat nur das Endergebnis im Auge und ignoriert vollkommen den Lernprozeß mit all seinen beschwerlichen kleinen Schritten!«

Darauf möchte ich entgegnen, daß ich das nicht vergessen habe. Aber ich glaube es einfach nicht! Ich glaube sehr wohl, daß das Lernen uns oft einige Mühe macht, aber es kommt mir darauf an, daß es das nicht immer tut, und – was noch wichtiger ist – daß das in vielen Fällen nicht wirklich so sein müßte. Anders gesagt behaupte ich, daß sich Wu-Wei – ein Handeln ohne Mühe – gerade auch *auf den Lernprozeß selbst* anwenden läßt! Jawohl, darin besteht die Grundthese dieses Kapitels.

Betrachten wir die chinesischen Landschaftsmaler. Es brauchte ungefähr zwanzig oder dreißig Jahre, um ein echter Meister der Landschaftsmalerei zu werden. Shen Tsung-ch'ien schreibt darüber in seinem Essay »Die Kunst der Malerei«:

Chao Meng-fu sagt: »Ein Kind, noch kaum entwöhnt, fängt morgens an zu malen, und abends prahlt es dann mit seiner Kunst.« Ein solcher Mensch riecht wirklich noch nach Muttermilch. Im allgemeinen benötigt ein Maler zehn Jahre, um sich mit den künstlerischen Grundlagen vertraut zu machen, weitere zehn Jahre, um die allgemeine Ausbildung abzuschließen, und noch einmal zehn Jahre, um in der Lage zu sein, seinen eigenen Stil zu entwickeln. Der aufgeschlossene Schüler ist zu sehr damit beschäftigt, seine Mängel auszugleichen, um an plötzliche Popularität zu denken. Der Lohn wird sich zweifellos mit der Reife der künstlerischen Technik einstellen. Folglich sage ich: Man vermeide rasche Popularität, um ein höheres Ziel zu ereichen.[5]

Soso, dreißig Jahre! Hört sich nach ziemlich viel Mühe an, oder? Aber ist dem wirklich so? Oder geht da jemand mit Liebe zur Sache? Und kann man noch von echter Mühe sprechen, wenn jemand mit Liebe zur Sache geht?

Ich halte das für die entscheidende Frage! Leider kenne ich keine objektive wissenschaftliche Methode, mit der sich das feststellen ließe. Ich will nicht behaupten, daß es keine derartige Methode gäbe – oder sich für die Zukunft finden ließe –, aber ich kenne keine, die objektiv wäre. Die einzige Antwort, die ich auf diese Frage geben kann, basiert auf meinen persönlichen Erfahrungen. Ich habe wiederholt beobachtet, daß ich bei der Beschäftigung mit einer Sache, die mir lieb ist – egal wie viele Jahre ich zu ihrem Studium brauche –, niemals das Gefühl habe, daß sie mir Mühe macht, wohingegen ich beim Erlernen einer Sache, die mir *zuwider* war (was ich manchmal tun mußte, um einfältigen und nutzlosen schulischen Anforderungen zu genügen), tatsächlich die grausamsten und absolut überflüssigsten Mühen auf mich zu nehmen hatte. Die Dinge, die mir lieb waren, lernte ich gut und ohne bewußte Mühe, wohingegen ich von den Dingen, die mir zuwider waren, trotz aller Mühe nur sehr wenig behalten habe.

Die Frage, ob qualvolle Mühe wirklich notwendig ist, wenn man eine Sache beherrschen will, ist immer noch sehr umstritten. Da gibt es Leute wie mich, die sagen: »Wenn Sie wirklich mit Liebe an eine Sache herangehen können, wird es Ihnen keine Mühe bereiten, sie zu erlernen.« Andere sagen: »Pa! Das klingt gut, ist aber nur Wunschdenken!« Wer hat nun recht? Oder gibt es eine dritte Möglichkeit? Ich glaube die folgende Passage ist eine sehr schöne Zusammenfassung dieser Situation:[6]

Im Dialog des P'ang Yün *und den* Aufzeichnungen über Monddeutung *sehen wir, daß P'ang Yün und seine Frau einen Sohn und eine Tochter hatten, und daß die ganze Familie dem Ch'an (Zen) zugetan war. Eines Tages machte P'ang Yün, als er in Ruhe im Tempel saß, die folgende Bemerkung:*

»Wie schwer das ist!
Wie schwer das ist!
Meine Bemühungen gleichen dem Trocknen der Fasern
von tausend Pfund Flachs,
Die man an einen Baum in die Sonne gehängt hat!«

Doch seine Frau antwortete:

»Mein Weg ist wirklich leicht!
Ich fand die Lehren der Patriarchen
Genau auf den Wipfeln der blühenden Pflanzen!«

Als ihre Tochter des Wortwechsels gewahr wurde, sang sie:

»Mein Tun ist weder schwer noch leicht.
Ich esse, wenn ich Hunger habe,
Ich ruhe, wenn ich müde bin.«

Teil 4

Das Tao ist ein erfrischendes Paradox

道是一個悅人的僻論

35
Verrückte und vernünftige Philosophie

Ich würde alle Arten von Philosophie grob in zwei Sparten unterteilen, in die »verrückte« und in die »vernünftige«. Von den beiden steht mir erstere wesentlich näher. Das Bemerkenswerte an vernünftiger Philosophie ist ihre Nüchternheit; sie wahrt die Form, zeugt von Rationalität, analytischem Scharfsinn und anderen schönen Dingen. Ihr wesentlicher Vorteil liegt vor allem darin, daß sie sich in der Regel sehr vernünftig benimmt. Verrückte Philosophie zeichnet sich durch ihre Wildheit aus, durch Spontaneität, Sinn für Humor und durch ihre absolute Unabhängigkeit von unseren grundlegendsten Denkgewohnheiten; sie ist unmoralisch, wunderschön, göttlich, natürlich, poetisch und vollkommen aufrichtig, frei von Verboten, widersprüchlich, paradox, ohne jede Disziplin und im großen und ganzen äußerst bekömmlich. Ihr entscheidender Vorteil gegenüber jeder Art von vernünftiger Philosophie besteht darin, daß sie der Wahrheit wesentlich näher kommt. Sicherlich werden viele Philosophen der »vernünftigen« Schule das bestreiten und mich fragen, ob ich diese Behauptung »beweisen« kann. Meine Antwort darauf lautet: »Oh ja, das ist ganz einfach, vorausgesetzt Sie erlauben mir, daß meine Beweisführung eher verrückt als vernünftig sein darf.« Aber diese Erlaubnis werden sie mir natürlich nicht erteilen.

Es ist bemerkenswert, wie unterschiedlich die einzelnen Menschen sind, die in diese beiden Sparten fallen. Allgemein würde ich sagen, daß Psychologen, Psychiater, Wirtschaftswissenschaftler, Soziologen und Politologen dazu neigen, »vernünftig« zu sein, während Künstler, Dichter, Musiker und (zu meiner großen Freude) Chemiker, theoretische Physiker sowie Mathematiker – insbesondere mathematische Logiker – dem zugeneigt sind, was ich als »verrückt« bezeichne. Ich kann aus Erfahrung sagen, daß die meisten glänzenden Logiker, die ich getroffen habe, sowohl über ein tiefes Verständnis des »Vernünftigen« verfügen als auch ein wunderbares Gespür für das »Verrückte« haben. Kein Wunder! Verrückte Philosophie ist die belebendste Sache der Welt, sie ist eine umfassende Erleuchtung und eine unabdingbare Voraussetzung dafür, die Dinge so zu verstehen, wie sie wirklich sind.

Das Wunderbare an dieser ständig zunehmenden Verrücktheit ist, daß sie einen immer lebensfähiger, liebenswerter und toleranter macht. Wenn man nur verrückt genug ist, wird einem mit der Zeit sogar der – normalerweise so grauenhafte – Zustand geistiger Gesundheit erträglich. In einem noch weiter fortgeschrittenen Stadium der Verrücktheit wird der ganze Dualismus zwischen Verrücktheit und geistiger Gesundheit transzendiert und beides als in Wirklichkeit ein und dasselbe erkannt.

Ich bin keineswegs *gegen* vernünftige Philosophie. Ich bediene mich ihrer lediglich, um zu zeigen, wie wunderbar im Gegensatz dazu verrückte Philosophie ist.

Vielleicht sollte ich Ihnen einige Beispiele für vernünftige und verrückte Philosophien geben. Von ersterer wimmelt es in der Literatur ja nur so – insbesondere in der westlichen Literatur. Schlagen Sie einfach aufs Geratewohl eine Seite Aristoteles auf, und Sie werden wissen, was ich meine. Was verrückte Philosophie angeht, bietet uns die folgende Passage von Tschuangtse eine perfekte Beschreibung:

Das Wissen der Alten war vollkommen. Wie vollkommen? Ich werde es dir sagen. Erstens wußten sie noch nicht, daß es Dinge gab. Das ist das vollkommenste Wissen, dem nichts hinzugefügt werden kann. Nächstens wußten sie zwar, daß es Dinge gab, aber noch trafen sie zwischen ihnen keine Unterscheidungen. Nächstens trafen sie Unterscheidungen zwischen ihnen, aber fällten noch keine Urteile über sie. Als sie Urteile fällten, war das Tao zerstört. Mit der Zerstörung des Tao kamen die individuellen Beliebigkeiten ins Sein.[1]

Meine einzige Entschuldigung in bezug auf dieses Kapitel besteht darin, daß es immer noch so verdammt vernünftig ist! Als teilweise mildernder Umstand kann vielleicht die Beobachtung eines scharfsinnigen Freundes gelten: »Ja, es ist wirklich sehr vernünftig – aber auf eine ganz verrückte Art und Weise.«

36
Wäre es nicht komisch, wenn …

Viele von Ihnen kennen die berühmte Geschichte des taoistischen chinesischen Philosophen Tschuangtse, der träumte, er sei ein Schmetterling. Anderntags sann er vor sich hin: »Gestern träumte ich, ich sei ein Schmetterling. Heute bin ich Tschuangtse. Oder ist es so, daß ich jetzt ein Schmetterling bin, der träumt, er sei Tschuangtse?«

Wittgenstein soll irgendwo sinngemäß gesagt haben: »Ich habe manchmal das Gefühl, mein wirklicher Körper liegt anderswo.« Ich halte es für eine ziemlich weit verbreitete Phantasie, sich vorzustellen, daß das Leben ein Traum und unser Körper etwas Unwirkliches ist, und daß unser wirklicher Körper anderswo sein könnte.

Wäre es nicht komisch, wenn Ihr Leben *tatsächlich* ein Traum wäre, und Sie beim Erwachen feststellen würden, daß sich Ihr wirklicher Körper an einem ganz anderen Ort befindet, und daß Ihr wirklicher Körper weder Mensch, noch Schmetterling, noch Säugetier oder irgendein anderes Lebewesen wäre, sondern ausgerechnet ein elektronischer Computer? Ja, dieser Computer, der Sie in Wirklichkeit sind, hatte ein paar Jahre lang geschlafen und sich Ihren »menschlichen Körper« erträumt. Da wäre es schon eine besondere Ironie, wenn Sie in Ihrem Traum als Mensch bestritten hätten, daß Computer wirklich denken oder über eine Seele verfügen könnten. Sie seien (Ihren Worten nach) rein mechanische Wesen. Sagen wir, Sie wären in Ihren Traumtagen ein sehr sorgfältiger Denker gewesen und hätten eine streng behavioristische Definition von »Denken« aufgestellt, die logisch die Möglichkeit ausschloß, daß auch anorganische Wesen denken könnten – d. h. es wäre fester Bestandteil Ihrer Definition eines denkenden Wesens gewesen, daß es sich dabei um einen biologischen Organismus handeln müsse. Es ist dieser Definition zufolge offensichtlich, daß Computer nicht denken können. Aber nun sind Sie wach und wissen ganz genau, daß Sie denken, also können Computer denken – oder wenigstens einige von ihnen. Ich vermute, unter diesen Umständen würden Sie sich darum kümmern, Ihre Definition von »Denken« zu revidieren, nicht wahr? Oder würden Sie lieber dickköpfig an Ihrer alten Definition klebenbleiben, obwohl sie Sie dazu zwingen würde zu sagen: »Da ich ein Computer bin, kann ich offensichtlich nicht denken«?

Ebenso ironisch wäre es, wenn Sie in Ihren Traumtagen ein Verfechter der »Identitätstheorie« von Körper und Geist gewesen wären, die besagt, daß alle mentalen Ereignisse eigentlich physikalische Ereignisse sind; die sogenannten »Gedanken« eines Menschen wären dann nichts weiter als bestimmte physiologische Prozesse innerhalb seines Gehirns. Sie pflegten also Ihre »Denkakte« mit Prozessen im Gehirn Ihres angeblichen Körpers gleichzusetzen, und Sie pflegten sich selbst mit diesem Körper zu identifizieren – der in Wirklichkeit praktisch nie existiert hat! Nun sind Sie wach und können klar erkennen, daß Sie sich getäuscht haben. Das bedeutet natürlich nicht, daß Sie die Identitätstheorie aufgeben müssen; Sie müssen sie nur etwas modifizieren. Das heißt, Sie glauben vielleicht immer noch, daß physikalische Ereignisse die einzige Realität sind, daß alles Denken rein physischer Natur ist, und daß Sie damit Recht hatten, Ihr *Ich* mit irgendeiner physikalischen Struktur zu identifizieren. Nur wird Ihnen jetzt bewußt, daß Sie sich aufgrund irreführender Umstände mit dem falschen Körper identifiziert haben. Im Wachzustand hätten Sie nicht den Fehler begangen, sich mit einem nicht existenten Körper zu identifizieren, sondern hätten von Anfang an gewußt, daß Ihr wahres Ich dieser Computer ist und Ihre sogenannten »Gedanken« nichts weiter als bestimmte elektronische Prozesse darin sind.

Wie würden Ihre gegenwärtigen Vorstellungen über Leben und Tod aussehen? Nehmen wir an, daß Sie in Ihren Traumtagen ein glühender Verfechter der Ansicht waren, daß man den biologischen Tod seines »menschlichen Körpers« nicht überleben könne. Sie pflegten sich darum zu sorgen, daß Sie, sobald dieser Körper sterben würde – zisch –, ausgehen würden wie eine Kerze. Jetzt wird Ihnen bewußt, daß dieser »Körper« – dessen Auflösung Sie so düster mit der Vernichtung Ihres *Ichs* bedrohte – nicht einmal existiert hat! Kämen Sie sich da nicht etwas albern vor? Oder würden solche Regungen von Ihrer gegenwärtigen Furcht davor überschattet werden, was Ihnen zustieße, wenn der Computer seinen Geist aufgäbe? Stellen Sie sich bloß einmal vor, irgendein schadenfroher Mensch würde Ihnen den Strom abdrehen und – zisch – gingen Sie aus wie eine Kerze! Angenommen, Sie befänden sich auf einem Planeten, auf dem es keine schadenfrohen Menschen gibt, eigentlich sogar überhaupt keine Menschen. Die einzigen denkenden Wesen wären stationäre Computer wie Sie und ein paar ambulante Computer (Roboter, wenn Sie so wollen), die herumlaufen und die anderen versorgen. Diese ambulanten Computer sind sehr nett und freundlich und versichern Ihnen, daß, solange *sie* in Ihrer Sache irgend etwas zu sagen hätten, der Strom niemals abgedreht werden würde; Sie brauchten sich also nicht darum zu sorgen, daß Sie ausgehen könnten wie eine Kerze. Darüber hinaus könnten alle Ihre abgenutzten Transistoren oder anderen Teile leicht ersetzt werden; das wäre also kein Problem. Vielleicht sagen Sie: »Das ist ja alles gut und schön, aber was geschieht, wenn das Sonnensystem zusammenbricht und es keine Energie mehr gibt, um mich mit elektrischem Strom zu versorgen; was geschieht *dann*?« »Kein Problem«, wird man Ihnen sagen, »bis dahin wird die Wissenschaft längst einen Weg gefunden haben, um Sie (d. h. Ihren Körper) in ein anderes Sonnensystem zu bringen – ein junges, noch frisches Sonnensystem mit genügend Energie, um Sie noch ein paar Milliarden Jahre laufen lassen zu können.« »Ja, aber«, schreien Sie, »was geschieht, wenn das *ganze* Universum zusammenbricht? Was geschieht dann?«

An dieser Stelle erwachen Sie nun *wirklich* und entdekken zu Ihrem Erstaunen, daß Sie weder ein Computer, noch ein Mensch, noch irgend etwas dergleichen sind, sondern eine vollkommen andere Art von Wesen, als Sie oder ich es uns je vorgestellt haben, das die ganze Zeit über nur *geträumt* hat, es sei ein Computer.

Hiermit endet meine Phantasie. Ist es wirklich nur eine Phantasie? Ich zumindest nehme diese Möglichkeit sehr ernst. Ich meine nicht nur, daß sie logisch möglich ist (das ist in gewissem Sinn offensichtlich), sondern ich wäre wirklich nicht allzu überrascht, wenn all dies tatsächlich passieren würde.

Nachtrag: Ich würde es auch sehr komisch finden, wenn irgendein zukünftiger Historiker dieses Kapitel aufgrund kurioser Umstände in ein- oder zweihundert Jahren lesen und diesen kurzen biographischen Abriß über seinen Autor verfassen würde: »Smullyan, Raymond M. Ein exzentrischer Philosoph des zwanzigsten Jahrhunderts, der glaubte, er sei ein Computer.«

37
Ein Traum

Zu meinen Lieblingsstellen in der östlichen Philosophie zählen jene, in denen ein Meister etwas offensichtlich Unrichtiges spricht. Zum Beispiel liebe ich die Predigt eines Zen-Meisters, in der er sagt: »Vom Uranfang an hat kein Ding je existiert.« Ich war schon immer sehr angetan von der hinduistischen Vorstellung, daß nichts existiert. Ich würde nicht so weit gehen und behaupten wollen, daß ich das glaube, aber ich finde die Vorstellung verlockend und auf eigenartige Weise außerordentlich sinnvoll. Ferner halte ich die Vorstellung für tiefgründig und ziemlich vielsagend. Mein einziges Problem besteht darin, daß ich mich irgendwie schwertue, wenn ich zu erklären versuche, *was* sie denn nun eigentlich besagt.

Eines der denkwürdigeren Ereignisse meines »nichtexistenten« Lebens war folgender (etwa dreißig Jahre alter) Traum. Ein großer Yogi erschien und sagte:

Siehe, und was erschaust du?
Ein leeres Universum!

Dagegen ließe sich natürlich einwenden: »Aber wenn das Universum leer ist, gibt es doch wenigstens *etwas* – nämlich ein leeres Universum.« Also sollte ich mein Gedicht vielleicht abändern und sagen:

Siehe, und was erschaust du?
Nicht einmal ein leeres Universum!

38
Astrologie

Soweit ich weiß, bieten manche Universitäten jetzt Kurse in Astrologie an. Ein kluger Mathematiker, mit dem ich befreundet bin, bemerkte einmal: »Das Problem, einen Professor für Astrologie einzustellen, ist ziemlich leicht zu lösen. Wenn man einen Mathematiker oder einen Physiker einstellen will, erfordert das, daß man sein Arbeitsgebiet kennt, seine Veröffentlichungen liest, sich seine Empfehlungsschreiben ansieht etc., aber um einen Astrologen einzustellen, braucht man lediglich einen Blick in sein Horoskop zu werfen und nachzusehen, ob er einen guten Professor für Astrologie abgeben würde.«

Bis vor kurzem habe ich Astrologie immer für eine der lächerlichsten Beschäftigungen gehalten, die man sich nur vorstellen kann. Und die Gründe, die ihre Verfechter anführen, um ihren Glauben zu rechtfertigen, erscheinen mir wesentlich weniger plausibel als jener Glaube selbst. Als Heranwachsender hatte ich eine Unterredung mit einer Hochschullehrerin, die an Astrologie glaubte. Ich fragte sie: »Aber wie kann die astronomische Konfiguration zum Zeitpunkt der Geburt eines Menschen auch nur den geringsten Einfluß auf seine Persönlichkeit haben?« Sie gab die übliche Antwort: »Gravitation.« Irritiert wies ich darauf hin, daß die Gravitationskraft, die von einem Planeten wie Mars oder Venus auf ein neugeborenes Kind ausgeübt wird, sehr viel schwächer ist als die eines Stuhls oder

Tischs, der sich bei der Geburt im selben Zimmer befindet. An ihre Antwort kann ich mich nicht erinnern. Wenn mir dagegen ein Astrologe freiweg erzählen würde, daß die Planeten eher einen *magischen* Einfluß als eine nennenswerte Anziehungskraft auf uns ausüben, wäre ich schon eher bereit, das zu glauben. Ich würde nicht so weit gehen zu sagen, daß ich es glaube, aber ich würde es nicht von vorneherein zurückweisen, wie ich es bei pseudowissenschaftlichen Erklärungen tue. Sehen Sie, Magie ist etwas, über das ich rein gar nichts weiß (trotz der Tatsache, daß ich viele Jahre lang ein professioneller Magier gewesen bin), aber ich verstehe ein bißchen von Gravitation. Wenigstens weiß ich, daß die Planeten keine nennenswerte Gravitationswirkung auf uns ausüben. Aber Magie? Woher soll ich wissen, welche magischen Wirkungen die Dinge aufeinander haben? Da ich nichts über Magie weiß, bin ich nicht in der Lage, Erklärungen durch Magie abzuweisen. Aber wenn schon, sollten sie rein magischer Natur und nicht pseudowissenschaftlich sein!

Was die Magie angeht, bin ich ernstlich der Möglichkeit gegenüber aufgeschlossen, daß das ganze Universum letztlich eher von magischen als von wissenschaftlich erwiesenen Einflüssen gelenkt wird. Wer weiß, vielleicht ist das Universum ein großer Zauberer, der nicht will, daß wir seine magischen Kräfte entdecken, und deshalb fast alle sichtbaren Phänomene auf wissenschaftliche Weise anordnet, in der Absicht, uns zum Narren zu halten und zu verhindern, daß wir erkennen, wie er in Wirklichkeit ist. Ja, das ist eine ernstzunehmende Möglichkeit, und je mehr ich darüber nachdenke, desto besser gefällt mir diese Idee. Lassen Sie uns also annehmen, daß Magie das letzte Prinzip des Universums ist, und wir wollen vermuten, daß die Planeten einen entscheidenden magischen Einfluß auf unser Leben ausüben. Dann ist die Frage, welcher Planet welche Art von magischem Einfluß ausübt. Angenommen, Mars und Venus wirken in unterschiedlicher Weise auf uns ein, wie weiß ich dann, wer wie wirkt? Wer kann es mir sagen – die Astrologen? Ich will darauf hinaus, daß wir, selbst wenn wir Dinge wie Magie und das Übernatürliche zulassen, immer noch nicht dazu verpflichtet sind, auf die Astrologen zu hören, denn woher sollen sie wissen, welche Gesetze im Reich der Magie und des Übernatürlichen regieren? (Und wäre, nebenbei gesagt, eine Magie, die Gesetzen unterliegt, noch Magie?)

Nachdem ich mich bisher über die Astrologen lustig gemacht habe, möchte ich sie nun verteidigen, was – überraschend genug – mein eigentlicher Vorsatz bei der Abfassung dieses Kapitels war. Dieser Vorsatz ist in den vergangenen Jahren ständig in mir gewachsen, teilweise als Reaktion auf eine gewisse Art von Selbstgefälligkeit, Snobismus und Intoleranz auf seiten der Wissenschaft, die ich bei anderen angetroffen habe. Kürzlich hatte ich eine Unterredung mit einem Mathematiker, der daran festhielt, daß es für einen intelligenten Menschen absolut unmöglich sei, an so etwas wie Astrologie zu glauben. Im Fortgang der Unterredung widersprach er sich zu meinem Erstaunen selbst, indem er sagte, es mache ihm Sorgen, wie viele intelligente Leute aus seinem Bekanntenkreis heutzutage an Astrologie glaubten. Nun glaube ich nicht, daß der Glaube an Astrologie ein untrügliches Anzeichen für einen Mangel an Intelligenz darstellt. Wie das Leben so spielt, habe ich nur drei oder vier Leute persönlich gekannt, die an Astrologie glaubten, und ich fand sie alle außerordentlich dumm. Meiner eigenen Erfahrung nach müßte ich also mit meinem Freund übereinstimmen. Aber das ist nicht der Fall. Ich bin keineswegs so sicher, daß der Glaube an Astrologie vollkommen irrational ist – aber darauf werde ich später noch zu sprechen kommen. Doch selbst wenn er irrational wäre, würde ich deswegen immer noch nicht glauben, daß der Glaube daran zwangsläufig von einem Mangel an Intelligenz zeugt. Eigentlich glaube ich überhaupt nicht, daß irgendein irrationaler Glaube zwangsläufig von mangelnder Intelligenz zeugen muß. Nicht einmal Aberglauben zeugt zwangsläufig von mangelnder Intelligenz. Ich kenne viele außerordentlich intelligente Leute, die auf unterschiedlichste Weise seltsam abergläubisch sind, manche ganz offenkundig und manche unterschwellig. Natürlich ist es heutzutage üblich, sich seinen Aberglauben zu verbieten; aber dadurch kommt man nicht immer von ihm los, und manchmal unterdrückt man ihn lediglich, so daß er große Ängste erzeugen kann. Zum Beispiel gibt es den ehrlich und überzeugt abergläubischen Menschen, der niemals an einem Freitag, den dreizehnten, reisen würde. Dann gibt es den rationalistischen, wissenschaftlichen Spötter, dem es gar nicht erst in den Sinn käme, nicht an einem Freitag, den dreizehnten, zu verreisen, und der an solchen Tagen zwar verreist, aber aus vollkommen unerfindlichen Gründen eine Panikattacke erleidet. Würden Sie von so jemandem sagen, daß es ihm in seinem tiefsten Inneren an Intelligenz fehle?

Lassen wir den Aberglauben sein, und reden wir von Religion. Was würden jene unter Ihnen, die nicht an so etwas wie ein Leben nach dem Tode glauben, zu einer Person sagen, die Ihnen auf der rein rationalen und bewußten Ebene zustimmt, aber trotzdem ihr Leben lang furchtbare Angst davor hat, eines Tages in die Hölle zu kommen? Würden Sie sagen, so jemand sei einfach dumm? Dümmer oder weniger dumm als, sagen wir, Pascal, der auf der bewußten Ebene an Himmel und Hölle glaubte? Oder würden Sie sagen, daß es zu Pascals Zeiten für intelligente Menschen möglich war, an diese Dinge zu glauben, aber heutzutage mit der philosophischen Aufgeklärtheit durch die moderne Wissenschaft nur dumme Menschen an »diesen ganzen Quatsch« glauben können? Ich kenne viele Leute, die die Dinge so sehen. Meinem Urteil nach sind diese Leute ziemlich intelligent, aber nicht so intelligent, wie sie von sich selbst denken. Beispielsweise sprach ein Psychiater (nebenbei bemerkt ein strenger Anti-Freudianer) einmal mit mir über einen gemeinsamen Freund. Über diesen Freund sagte er: »Er ist der intelligenteste Mensch, der mir je untergekommen ist – mich selbst ausgenommen.« Aus irgendwelchen unerfindlichen Gründen wußte der Psychiater nicht, daß unser gemeinsamer Freund ein frommer Katholik war. Als ich es ihm erzählte, war er vollkommen schockiert. Er sagte: »Aber das ist unmöglich! Ein intelligenter Mensch kann unmöglich an die Existenz Gottes glauben!« Geduldig erklärte ich ihm, daß selbst wenn der Glaube an Gott unrichtig wäre, dieser nicht unbedingt von einem Mangel an Intelligenz herrühren müsse. Ich sagte: »Es ist mit Sicherheit kein Zeichen von mangelnder Intelligenz, wenn man innerlich gezwungen ist, einer posthypnotischen Suggestion zu erliegen, und die religiöse Erziehung in der Kindheit könnte sehr wohl dieselbe psychologische Wirkung haben wie eine posthypnotische Suggestion.« Da er Psychologe war, begriff er sofort, worum es ging, sagte aber zu meinem großen Erstaunen: »Daran habe ich noch nie gedacht. Ihre Analogie zwischen religiösem Glauben und posthypnotischer Suggestion ist sehr treffend.« Und so stieg unser, bei ihm zeitweise in Ungnade gefallener, katholischer Freund wieder in seiner Achtung.

Das Ausmaß intellektueller Intoleranz gegenüber Religion, Aberglauben und den verschiedensten irrationalen Überzeugungen ist höchst bemerkenswert und aufschlußreich. Meiner bescheidenen Meinung nach sind jene, die dem Irrationalen gegenüber am wenigsten Toleranz zeigen, nicht zugleich auch die Rationalsten, sondern gerade die, die ihre irrationalen Anteile unterdrücken und sich dabei gleichzeitig selbst für ihre Rationalität »preisen«.

Und genau so ist es mit der Astrologie. Mein Mathematikerfreund, der nicht verstehen konnte, wie irgendein intelligenter Mensch an so etwas glauben kann, sagte außerdem, der Glaube an Astrologie sei etwas sehr Gefährliches und Schädliches, das den Verlauf des wissenschaftlichen Fortschritts behindere. Als praktisches Beispiel für derartige Gefahren verwies er auf Fälle, in denen junge Paare Astrologie als Ratgeber in Heiratsdingen verwendet hatten. Hier frage ich mich: Gibt es irgendwelche statistischen Daten, die beweisen, daß Eheschließungen, die auf astrologischen Überlegungen beruhen, weniger erfolgreich sind als solche, die auf sogenannten rationalen Überlegungen beruhen? Wenn überhaupt, neige ich dazu, das Gegenteil anzunehmen. Wenn zwei Menschen das Gefühl haben, daß ihre Horoskope für eine Heirat günstig stehen, dann erwarten sie, glücklich zu sein, und gerade ihre Erwartung dieses Glücks – eben ihr Glaube, zueinander zu passen – würde, wie mir scheint, ihre Chancen vergrößern, es auch zu werden. Bei solchen Leuten erfüllen sich astrologische Prophezeihungen vielleicht ganz von selbst. Als ich meinen Freund darauf hinwies, gab er lachend zu, daß da etwas dran sein könnte. Aber er dachte immer noch, daß Astrologie an sich dumm und schädlich sei. Die Unterhaltung endete damit, daß er bemerkte, man dürfe nicht zu tolerant sein.

Ich muß an dieser Stelle auf das Thema Toleranz zu sprechen kommen. Meine unmittelbare Reaktion auf die Bemerkung »man darf nicht zu tolerant sein« war Intoleranz, auch wenn ich sie nicht sofort laut kundtat. (Ich frage mich, ob er diese meine Intoleranz wohl gebilligt hätte?) Ich bin ziemlich empfindlich, was das Thema Toleranz angeht, und im großen und ganzen halte ich mich für ziemlich tolerant, aber die einzige Sache, die ich bisher nicht zu tolerieren gelernt habe, ist Intoleranz. Mißverstehen Sie mich nicht; ich glaube nicht, daß man der Intoleranz gegenüber intolerant sein sollte. Ich halte es für besser, auch der Intoleranz gegenüber tolerant zu sein, aber ich habe es bisher nicht gelernt. Vielleicht werde ich eines Tages – hoffentlich – ein Stadium erreicht haben, in dem ich Intoleranz tolerieren kann, oder aber – wenn ich darin versagen sollte – wenigstens mir selbst gegenüber tolerant sein kann, weil ich unfähig zur Toleranz gegen die Intoleranz gewesen bin. Jedenfalls bin ich, so wie die Dinge jetzt stehen, in bezug auf eine intolerante Haltung der Astrologie gegenüber weniger tolerant als in bezug auf die Astrologie selbst. Und obwohl ich nicht an Astrologie glaube, würde ich, wenn ich zwischen dem Glauben an Astrologie und der Intoleranz gegenüber Astrologie wählen müßte, tatsächlich lieber an Astrologie glauben.

Bisher habe ich die Astrologie so behandelt, als sei sie etwas vollkommen Irrationales, und dennoch eine gewisse Toleranz ihr gegenüber befürwortet. Aber ist sie wirklich so irrational? Wie ich schon früher gesagt habe, sind pseudowissenschaftliche Erklärungen, die Dinge wie Gravitation oder von den Planeten ausgesendete Wellen herbeiziehen, einfach lächerlich, und würden niemals von jemandem geäußert werden, der auch nur ein klein wenig Physik versteht. Was meine Hypothese bezüglich der »Magie« angeht, habe ich natürlich nur Spaß gemacht – obwohl ich, als ich sagte, ich könnte das eher glauben als jene pseudowissenschaftlichen Erklärungen, es auch so gemeint habe. Also schließe ich sowohl physikalische Kräfte als auch Magie aus. Was bleibt dann noch? Etwas von womöglich außerordentlicher Bedeutung! Es ist jenes Prinzip, das C. G. Jung *Synchronizität* nennt. Das ist ein Begriff, der sich einem vom Kausalitätsprinzip der westlichen Wissenschaft durchdrungenen Hirn außerordentlich schwer erklären läßt. Das Prinzip der Synchronizität ist mit dem der Kausalität zwar nicht grundsätzlich unvereinbar, aber doch sehr davon verschieden, und wenn man sich in Zukunft eingehender damit befaßt haben wird, könnte es sich als Grundlage einer alternativen und ziemlich bemerkenswerten Art von Wissenschaft herausstellen.

Die Vorstellung der Synchronizität zweier Ereignisse besteht nun nicht darin, daß eines die Ursache des anderen wäre, sondern daß sie sozusagen eine gemeinsame Ursache haben. Wenn die Synchronizität beispielsweise auch für die Astrologie zutrifft, würde diese Vorstellung so aussehen: Sollte es wirklich wahr sein, daß zwischen der astronomischen Konfiguration des Universums zum Zeitpunkt der Geburt einer bestimmten Person und den Charaktereigenschaften dieser Person eine deutliche Korrelation besteht, dann bedeutet das nicht, daß die Himmelskörper an sich die Ursache besagter Charaktereigenschaften jener Person wären, sondern daß eher jene Umstände, die diese Konfiguration des Universums hervorgerufen haben, dieselben Umstände sind, die die Geburt des Individuums zu just diesem Zeitpunkt verursachten.

Es gibt eine ziemlich bekannte, angeblich wahre Geschichte über einen Zen-Meister, der eines Tages in seinem Garten ganz in die Meditation versunken war, während die Kirschbäume in voller Blüte standen. Plötzlich witterte er eine Gefahr. Er wandte sich um, sah aber niemanden außer einem Knaben, der sein Bediensteter war. Das brachte ihn fürchterlich auf, denn er hatte sich in solchen Dingen niemals zuvor getäuscht; immer wenn er in der Vergangenheit eine Gefahr verspürt hatte, war auch eine Gefahr dagewesen. Dieser unerklärliche Vorfall brachte ihn so durcheinander, daß er sich in sein Zimmer zurückzog und nicht einmal zum Essen herauskam. Einige seiner Diener sorgten sich um ihn und gingen zu ihm hinauf, um nach seiner Gesundheit zu sehen. Er erklärte ihnen, warum er so durcheinander war, und sagte unaufhörlich: »Ich verstehe es nicht; ich habe mich noch nie getäuscht!« Die Nachricht von diesem Ereignis erreichte auch die übrigen Diener und Bediensteten, und schließlich kam der junge Diener, der im Garten gewesen war, zitternd nach oben zu dem Meister und gestand: »Als ich Eure Herrlichkeit im Garten so versunken sah, konnte ich nicht anders, als daran zu denken, daß trotz Eurer Herrlichkeit Geschick im Umgang mit dem Schwert Ihr Euch wohl kaum hättet verteidigen können, wenn ich Euch in diesem Augenblick von hinten einen Streich versetzt hätte. Es ist wohl möglich, daß dieser geheime Gedanke von meinem Herren wahrgenommen wurde.« Der Knabe erwartete bestraft zu werden, aber dem Meister kam das gar nicht in den Sinn, so erleichtert war er, daß das Rätsel sich gelöst hatte.

Was sollen wir von dieser Geschichte halten? Eine logische Möglichkeit wäre natürlich, daß sie nicht wahr ist. Aber nehmen wir einmal an, sie wäre wahr. Wie ließe sie sich erklären? Eine Möglichkeit wäre, daß es sich um ein rein zufälliges Zusammentreffen handelt, aber diese Erklärung verwerfe ich, weil sie überaus unwahrscheinlich ist.* Die am meisten verbreitete Erklärung derartiger Vorfälle wäre vermutlich Telepathie, aber ich möchte hier nur unter Berücksichtigung der Tatsache fortfahren, daß ich die Existenz von Telepathie kategorisch bestreite.** Die einzige Erklärung, die in meinen Augen Sinn ergibt, ist die auf der Synchronizität beruhende, daß es für des Meisters Witterung der Gefahr und des Dieners Angriffslust eine gemeinsame Ursache gab. Vielleicht haben frühere Unterredungen oder sonstige Vorfälle in beiden Köpfen parallel laufende Denkprozesse in Gang gesetzt.

Ich beziehe mich auf diesen Fall, weil ich vor über vier Jahren, lange bevor ich zum ersten Mal von Jungs Prinzip der Synchronizität hörte, davon gelesen habe, und mir sofort der Gedanke an parallele Denkvorgänge als Erklärung in den Sinn kam (folglich war ich gleich doppelt erfreut, als ich im nachhinein auf Jungs Prinzip stieß). Seltsam genug, daß mir ein Mathematiker, dem ich von diesem Fall berichtete und meine Erklärung durch Synchronizität anbot,

* Das sind Zufälle meistens.

** Ich möchte einige unter Ihnen dafür um Verzeihung bitten, daß ich in diesem Punkt auf so kindische und dickköpfige Weise dogmatisch bin, aber so bin ich nun einmal. Wenn zukünftige Einsichten mich eines Besseren belehren sollten, würde mich das freuen.

entgegnete: »Ich würde mich leichter tun, an Telepathie zu glauben.« Ich bin wirklich erstaunt, wie bereitwillig viele wissenschaftlich denkende Menschen auf die Möglichkeit von Telepathie anspringen. Ich habe in meinem Leben schon viele Fälle von *scheinbarer* Telepathie gesehen, aber in fast allen Fällen war ich in der Lage, eine ziemlich plausible Erklärung zu finden, die auf parallel laufenden Denkvorgängen aufbaute.*

Die Art von Synchronizität, die ich hier besprochen habe, gilt für parallele Denkprozesse und träfe wohl kaum auf die Astrologie zu, die – wenn man sie auf diese Weise erklären könnte – eine Synchronizität von viel grundlegenderer Ordnung voraussetzen würde. Ich muß tatsächlich offen zugeben, daß ich mir nicht vorstellen kann, wie eine derartige Synchronizität auszusehen hätte, es sei denn, ich ließe hypothetisch so etwas wie eine universale Intelligenz zu. Wenn es eine universale Intelligenz gäbe, würde mich keine Art von Synchronizität überraschen – egal wie weit hergeholt sie auch erscheinen mag. (Was das angeht, würde mich unter den Bedingungen einer derart drastischen Hypothese – von der ich noch nicht gänzlich überzeugt bin – auch sonst nichts mehr überraschen!) Aber auch mangels einer derartigen Hypothese finde ich die Art von Synchronizität, die so etwas wie Astrologie erklären könnte, überaus verwirrend, aber ebenso ziemlich faszinierend und irgendwie beängstigend.

Auf jeden Fall liegt mein Hauptinteresse an Bereichen

* Darin bin ich sogar ziemlich gut! Ich versetze Leute gern damit in Erstaunen, daß ich ihnen manchmal sage, was sie gerade denken. Das Staunen hält solange an, bis ich sie an die eine oder andere Bemerkung erinnere, die sie drei oder vier Minuten zuvor gemacht haben.

wie der Astrologie in der Möglichkeit begründet, sie als zukünftiges Forschungsgebiet für das Prinzip der Synchronizität zu nutzen. Wie die Dinge momentan stehen, habe ich die meisten Astrologen* im Verdacht, Betrüger zu sein. Schließlich behaupten die Astrologen, daß gewisse bedeutsame Korrelationen existieren, und sie behaupten zu wissen, welche Korrelationen dies sind. Nur bezichtige ich sie nicht des Betrugs, weil sie nicht dazu in der Lage wären, für diese angeblichen Korrelationen eine kausale, wissenschaftliche Erklärung abzugeben, da ja meine ganze Rede ist, daß solche Korrelationen im Prinzip auch ohne eine derartige kausale Basis existieren könnten. Ich verdächtige sie schlicht deshalb des Betrugs, weil ich weder glaube, daß die angeblichen Korrelationen tatsächlich verifiziert worden sind, noch daß die Astrologen den objektiven Methoden einer derartigen Verifikation zugänglich wären. Vielleicht urteile ich damit etwas voreilig; vielleicht gibt es ein paar intellektuell aufrichtige Astrologen, die emsig Unmengen statistischen Materials zusammentragen, um diese vermeintlichen Korrelationen zu untersuchen. Solche Astrologen würde ich – wenn es sie denn gibt – »wissenschaftliche Astrologen« nennen, und mein Vorwurf des Betrugs würde sie wohl kaum treffen. Solche Bemühungen könnten sich sogar als sehr wertvoll herausstellen.

Alles in allem stehe ich der Möglichkeit einer wissenschaftlichen Art von Astrologie aufgeschlossen gegenüber, aber ich habe schwerwiegende Zweifel, ob die gegenwärtige Astrologie diesen Anspruch erfüllt. Doch womöglich

* Ich spreche von Astrologen, nicht von Leuten, die lediglich an Astrologie glauben.

ist sie bloß der Vorläufer einer Sache, die ihn eines Tages erfüllen wird. Deshalb kann ich sie nicht so leichtfertig verwerfen wie meine eher rein empirisch orientierten Freunde. Und außerdem ist sie trotzdem unheimlich faszinierend!

39
Zwei Zen-Geschichten

Ich möchte hier zwei Zen-Geschichten berichten und miteinander vergleichen, die auf der Oberfläche in zwei verschiedene Richtungen zu deuten scheinen, von denen es mir jedoch – aus Gründen, die ich rational nicht erklären kann – in einem viel tieferen Sinn so vorkommt, daß sie in genau dieselbe Richtung weisen. Ich wünschte, ich würde selbst besser verstehen, was ich sage.

Die erste Geschichte handelt von dem mir am nächsten stehenden Zen-Meister Bankei. Von frühester Jugend an hatte er furchtbare Angst vor dem Tod. Er sagt, daß ihn seine Mutter, als er drei Jahre alt war, wenn sie ihn bestrafen wollte, ständig mit dem Tod erschreckt habe. Wenn er sich nicht ordentlich benahm, erinnerte seine Mutter ihn sofort an den Tod oder erschreckte ihn bis ins Mark, indem sie sich totstellte, bis der Junge wieder »brav« war. Diese starke Furcht vor dem Tod war vielleicht eine der Hauptursachen dafür, daß sich Bankei dem Zen zuwandte. Noch nicht ganz erwachsen, trat er in ein Zen-Kloster ein und übertrieb alle Entbehrungen. Er übte sich im Zazen und saß dabei für so lange Zeit, daß sein Gesäß ganz von Beulen und wunden Stellen übersät war. (Nebenbei bemerkt, würden Sie sagen, daß Bankei diszipliniert oder zwanghaft handelte? Ich habe so viel davon reden hören, daß die Übung des Zen »Disziplin« erfordere, aber mir kommt es so vor, als ob Bankei eher zwanghaft als aus Disziplin so gehandelt hätte. Hatte Bankei diesen Weg »gewählt«, oder »nötigte« ihn seine Todesfurcht dazu, so zu handeln?) Er wurde so krank, daß er beinah gestorben wäre. Dann zog er sich ein paar Monate zurück, um sich zu erholen. Während eines Fieberanfalls in seiner Genesungszeit erlangte er Satori. Dies äußerte sich in der unmittelbaren Einsicht, daß er aus dem einfachen Grund gar nicht sterben könne, weil er *niemals geboren worden war*! Der Clou der Geschichte liegt darin, daß er niemals geboren worden war.

Nun die zweite Geschichte. Jemand fragte einen Zen-Meister: »Wo wirst du sein, wenn du gestorben bist?« Der Meister antwortete: »Wo ich dann sein werde? Ich werde wahrscheinlich auf dem Boden liegen, meine vier Glieder geradewegs zum Himmel gerichtet. Dort werde ich sein.«

Was haben diese beiden Geschichten miteinander gemein? Für mich unterstellen sie beide gleichermaßen die Unwirklichkeit des Todes. (Mißverstehen Sie mich bitte nicht! Ich argumentiere hier nicht für die Unwirklichkeit des Todes; ich versuche lediglich die Idee, die beiden Geschichten zugrunde liegt, auf den Punkt zu bringen, ohne sie verteidigen zu wollen.) Daß die Geschichte über Bankei dies unterstellt, ist selbstverständlich unmittelbar ersichtlich. Bankei sagte, *er* sei niemals geboren worden. Nun wußte Bankei ebensogut wie Sie und ich, daß sein Körper zu einer bestimmten Stunde und an einem bestimmten Ort aus seiner Mutter Schoß in diese Welt gekommen war, daß sein *Körper* also geboren worden war. Dennoch glaubte er, *er selbst* sei niemals geboren worden. Das bedeutet, daß er sich nicht mit seinem Körper identifizierte. Also war sein Körper geboren worden, er aber nicht. Dieses Gefühl kenne ich sehr gut! Ich habe oft das Gefühl, mich irgendwie außerhalb der Zeit zu befinden, trotz der offensichtlichen Tatsache, daß ich die Zeit erfahre. (Es ist, als ob ich den Fluß der Zeit von einem Aussichtspunkt, außerhalb der Zeit, beobachten könnte.) So verstehe ich das, was Bankei fühlt. (Ich hätte *fühlte* schreiben sollen, lasse diesen Irrtum jedoch unberichtigt, weil er sehr bezeichnend ist!) Daß die zweite Zen-Geschichte den gleichen psychologischen Effekt haben soll, ist vielleicht etwas verwirrender. Der zweite Zen-Meister identifizierte sich offensichtlich vollkommen mit seinem Körper. Gefragt, wo *er* sein würde, gab er einfach an, wo sein Körper höchst wahrscheinlich sein würde. Warum also soll dies ebenfalls für die Unwirklichkeit des Todes sprechen? Hier bin ich auf Vermutungen angewiesen.

Wirkt diese Antwort zum einen nicht wie ein Schock? Ich denke, überraschend wenige Leute würden eine derartige Antwort geben – selbst jene, die weder an die Seele, ein Leben nach dem Tod oder dergleichen glauben. Solche Leute würden wahrscheinlich in etwa so antworten: »Wo ich sein werde, wenn ich gestorben bin? Ich werde nicht mehr existieren!« oder »Dann wird es kein Ich mehr geben« oder »Ich werde vernichtet sein«. (Nebenbei gesagt, ist das Wort *vernichtet* nicht eins von der allzu grausamen Sorte? Ich weiß nicht einmal, was es für eine Seele bedeuten soll, »vernichtet« zu werden, aber was es auch heißen mag, es klingt wirklich ein bißchen ominös!)

Um von meinem eigentlichen Thema etwas abzuschweifen, möchte ich einige Anmerkungen zu jener Standardantwort machen. Ich finde es merkwürdig, wenn ein selbsternannter »Materialist«, der behauptet, nicht an eine sogenannte »Seele« zu glauben, sagt: »Wenn ich gestorben bin, werde ich nicht mehr existieren.« Bedeutet das, daß er jetzt existiert, nach seinem körperlichen Tod aber aufhören wird zu existieren? Was ist dieses *Ich*, das jetzt existiert, aber nicht mehr existieren wird, wenn sein Körper stirbt? Dieses *Ich* ist mit Sicherheit nicht sein Körper; sein Körper wird tatsächlich noch eine Weile lang als toter Körper fortbestehen – und liegt dabei vielleicht auf dem Boden, alle vier Gliedmaßen zum Himmel gestreckt. Wenn man diesen eigenmächtigen »Materialisten« fragt: »Was ist dieses Ich, das jetzt existiert, aber eines fernen Tages aufhören wird zu existieren?«, wird er wahrscheinlich antworten: »Mein Bewußtsein. Mein Bewußtsein ist rein physikalischer Natur und existiert jetzt, wird aber mit meinem körperlichen Tod aufhören zu existieren.« Ich kenne sogar einen »Materialisten«, der sich unter seinem Bewußtsein nichts weiter als eine Relation, eine Beziehung zwischen Materieteilchen vorstellte. Er verglich das Bewußtsein eines Individuums mit der Bewegung eines Motors. Er sagte: »Sich zu fragen, wohin das Bewußtsein nach dem Tode geht, ist genauso sinnlos, wie sich zu fragen, wo die Bewegung eines Motors hingeht, wenn man den Motor abstellt. Die Bewegung *geht nicht irgendwohin*; sie hört einfach auf.«

Ich weiß nicht, ob die Analogie zwischen dem Bewußtsein und der Bewegung eines Motors besonders gut ist. Mir kommt es so vor, als ob Bewußtsein etwas ganz und gar anderes ist als die Bewegung eines Motors! Außerdem kann ich mir Bewußtsein nicht als eine Art »Relation« vorstellen; Relationen sind etwas Abstraktes, während Bewußtsein so ziemlich die konkreteste Sache der Welt ist. Trotzdem halte ich die Vorstellung für zutreffend, daß das Bewußtsein nicht irgendwohin geht. Hier werden Sie vielleicht fragen: »Wenn das Bewußtsein nirgendwo hingeht, heißt das dann, daß es bleibt, wo es ist?« Darauf antworte ich: »Wohl kaum! Irgendwo zu bleiben oder woanders hinzugehen scheinen überhaupt nicht die Kategorien zu sein, die sich auf das Bewußtsein anwenden lassen.«

Wenn wir innehalten, um darüber nachzudenken, ist auch für den reinen, umfassenden Materialismus (der leider in vielen Fällen nicht die Philosophie jener Menschen ist, die sich Materialisten nennen) die Unwirklichkeit des Todes überraschend naheliegend. Denn wenn es keine Seele gibt, was sollte dann sterben? Ich rede hier natürlich nicht über den biologischen Tod, sondern über den psychischen Tod – falls es so etwas gibt. Wenn ich sage »falls es so etwas gibt«, habe ich dabei einige recht unterschiedliche philosophische Anschauungen im Sinn, die alle meinen, daß es so etwas gar nicht gibt – aber jede aus anderen Gründen. Einerseits glauben einige Richtungen des Christentums – zum Beispiel die Katholiken – ganz entschieden an die Existenz einer »Seele« oder »Psyche«, die unseren körperlichen Tod tatsächlich überlebt. Dann gibt es natürlich jene östlichen Religionen, die an Reinkarnation glauben; ihnen zufolge ist der Tod ebenfalls etwas Unwirkliches. Aber am allerbemerkenswertesten sind vielleicht jene, die an die Unwirklichkeit des psychischen Todes glauben, und zwar nicht aus dem Glauben heraus, daß die Seele den Körper irgendwie überdauert, sondern einfach deshalb, weil es von Anfang an gar keine Seele oder Psyche gibt! Seltsam genug, daß sowohl Materialisten reinsten Wassers als auch philosophierende Buddhisten zu dieser Sorte gehören. Das Wesentliche einer bestimmten Form des Buddhismus liegt in seiner Verneinung des *Ichs* oder des Egos, das die westlichen Religionen die »Seele« des Individuums nennen. Eine Einstellung, die auch von David Hume geteilt wurde.[1]

Ich habe immer noch keine Antwort auf die mich quälende Frage, warum die Aussage des zweiten Zen-Meisters so stark für die Unwirklichkeit des Todes spricht. Die Lösung, die ich oben vorgeschlagen habe – daß sich der Zen-Meister vollkommen mit seinem Körper identifizierte und nicht daran glaubte, so ein Ding wie eine »Seele« zu haben, der etwas zustoßen könnte –, erscheint mir viel zu oberflächlich, um wirklich befriedigend zu sein. Und davon abgesehen entspricht sie auch nicht wirklich dem Eindruck, den mir die Geschichte vermittelt. Wenn der Meister sagt, »Wenn ich sterbe, werde ich wahrscheinlich auf dem Boden liegen, meine vier Glieder geradewegs zum Himmel gerichtet«, ist mein Eindruck dabei, daß der Körper zwar tatsächlich dort liegt, der Meister aber irgendwo in der Nähe ist und den daliegenden Körper beobachtet. Dieser Eindruck ist für mich viel stärker als der Eindruck, daß er sich selbst mit seinem Körper identifiziert. In gewissem Sinn habe ich fast das Gefühl, daß er sich mit dem gesamten Universum identifiziert, oder vielleicht sogar mit einer Art kosmischem Bewußtsein, das das ganze Universum beobachtet. Aber das können alles meine persönlichen Projektionen sein; da es ein Zen-Meister ist, ist es vielleicht wahrscheinlicher, daß er sich überhaupt nicht mit irgend etwas identifiziert! (Identifikation erfordert die Dualität eines Subjekts, das sich identifiziert, und eines Objekts, mit dem sich das Subjekt identifiziert.) Vielleicht meinte der Zen-Meister seine Antwort auch als reine Tatsachenbeschreibung, ganz ohne metaphysische Bezüge. Und noch wahrscheinlicher ist es, daß der Zen-Meister überhaupt nichts Bestimmtes damit *meinte*; seine Antwort wurde ganz spontan durch die Frage hervorgerufen, genauso wie man den Klang einer Glocke hervorruft, indem man sie läutet (und ohne daß die Glocke mit ihrem Klang irgend etwas »meint«). Ja, ich denke, das dürfte von allem das Wahrscheinlichste sein. In diesem Fall habe ich aus der Geschichte wohl viel zuviel herausgelesen. Aber die Antwort legt mir immer noch nahe, daß der Tod etwas Unwirkliches ist. Warum bloß?

40
Zwei Versionen einer Geschichte über Bankei

Ich kenne zwei Versionen einer höchst aufschlußreichen Geschichte über den Zen-Meister Bankei. An der Oberfläche scheinen diese beiden Versionen nahe beieinander zu liegen, aber ich glaube, sie illustrieren zwei vollkommen verschiedene Punkte.

1. Den Reden des Meisters Bankei wohnten nicht nur Studenten des Zen bei, sondern Leute aller Stände und Sekten. Niemals zitierte er Sutren oder erging sich in gelehrten Diskussionen. Statt dessen flossen die Worte aus seinem Herzen geradewegs in die Herzen seiner Zuhörer.

Seine große Zuhörerschaft erzürnte einen Priester der Nichiren-Sekte, dessen Anhänger ihn verlassen hatten, um etwas über Zen zu erfahren. Der von sich selbst überzeugte Nichiren-Priester kam in den Tempel und war entschlossen, mit Bankei zu debattieren.

»He, Lehrer des Zen!« rief er aus. »Warte einen Moment. Wer dich respektiert, wird tun, was du sagst, aber ein Mann wie ich bringt dir keinen Respekt entgegen. Kannst du machen, daß ich dir gehorche?«

»Komm herauf zu mir, und ich werde es dir zeigen«, sagte Bankei.

Stolz bahnte sich der Priester seinen Weg zu dem Lehrer durch die Menge.

Bankei lächelte. »Komm zu meiner Linken.«

Der Priester gehorchte.

»Nein«, sagte Bankei, »wir könnten uns besser unterhalten, wenn du auf meiner rechten Seite stehst. Komm hierher.«

Der Priester schritt stolz zur rechten Seite hinüber.

»Wie du siehst«, bemerkte Bankei, »gehorchst du mir, und ich glaube, du bist ein sehr freundlicher Mensch. Nun setz dich und höre zu.«

Die Schlüsselfrage dieser Version scheint das Problem des Gehorsams zu sein. Die Geschichte erinnert mich an einen netten Spaß oder Trick, den jemand einmal an mir ausprobierte. Er sagte: »Ich wette, ich kann dich dazu bringen, deine Faust aufzumachen.« Ich sagte »okay« und machte eine Faust. Er sagte: »Nein, nein. Den Daumen nach innen!« Naiv wie ich war, öffnete ich meine Faust, nahm den Daumen nach innen und schloß sie wieder. Er sagte: »Na bitte, du hast sie aufgemacht!« Dieser Trick funktioniert tatsächlich; ich habe ihn Dutzende Male ausprobiert, und er ist bisher nicht einmal schiefgegangen! Versuchen Sie es ruhig auch einmal!*

Die Geschichte erinnert außerdem auch an die schöne Fabel von Äsop, in der die Sonne und der Wind sich darum streiten, wer wohl mächtiger sei. Sie einigten sich auf einen Wettkampf. Die Bewährungsprobe war ein Wanderer, der des Weges kam. Die Frage bestand darin, ob es der Sonne oder dem Wind gelingen würde, den Wanderer seinen Mantel ausziehen zu lassen. Der Wind probierte es als erster. Er entfachte einen gewaltigen Sturm und blies und blies und blies und versuchte den Mantel herunterzureißen. Aber je stärker der Wind blies, desto enger wickelte

* Wenn Sie es tun, gehorchen Sie mir!

der Mann sich in seinen Mantel. Schließlich war der Wind erschöpft und gab sich geschlagen. Dann war die Sonne an der Reihe. Die Sonne erwärmte alles, vertrieb den Sturm und schien wärmer und immer wärmer. Schließlich begann der Mann zu schwitzen und zog den Mantel aus.

Als der Priester zu Bankei sagte, er könne ihn nicht dazu bringen, ihm zu gehorchen, meinte er natürlich »nicht gegen meinen Willen«. Aber Bankei gab gar nicht erst vor, daß er den Priester dazu bringen würde, ihm gegen seinen Willen zu gehorchen; Bankei behauptete lediglich, er würde den Priester dazu bringen, ihm zu gehorchen, was ihm natürlich auch gelang. Die Art von Gehorsam, die Bankei erlangte, war genau dieselbe wie bei der Sonne in Äsops Fabel, die den Wanderer auf ihre Weise dazu zwang, seinen Mantel »freiwillig« auszuziehen.

Die Natur dieser Art von Gehorsam ist überaus taoistisch. Die ganze Idee taoistischer Staatskunst besteht darin, daß der Herrscher die Menschen so beeinflußt, daß sie *freiwillig* das tun, was gut für sie ist. Wie Laotse gesagt hat: »Wenn die wahrhaft Weisen regieren, wird Gutes erreicht, und alle Leute sagen: ›Wir haben es selbst vollbracht.‹« Das ist, nebenbei gesagt, ein Beispiel für Wu-Wei in der Politik (woran Laotse interessierter war als Tschuangtse).

Diese Methode des Wu-Wei zur Erlangung freiwilligen Gehorsams (die auch von Ferne an B. F. Skinner erinnert) ist in Wirklichkeit die unmethodische Methode des Tao selbst (obwohl sich das Tao dessen nicht bewußt ist). Das Tao handelt eher spontan als zweckgerichtet, aber eben das ist der Weg seines Handelns. Die folgenden Worte könnten sehr gut von Laotse stammen:

Das Tao erteilt keine Befehle,
Und aus diesem Grund gehorcht man ihm freiwillig.

Im Gegensatz dazu könnten wir bemerken, daß der jüdisch-christliche Gott Gebote aufstellt, und man ihm aus diesem Grund manchmal nicht gehorcht.

2. In der zweiten Version der Geschichte scheint es auf einen ganz anderen Punkt anzukommen. Das Thema ist nicht der Gehorsam, sondern das Verständnis. Dieser Fassung zufolge war der Nichiren-Priester weder von Grund auf böse noch streitlustig, sondern sagte einfach immer wieder zu Bankei: »Ich kann dich nicht verstehen.« Bankei sagte: »Du kannst mich nicht verstehen? Komm zu mir herauf auf die Plattform, und vielleicht kann ich dich dazu bringen, mich zu verstehen.« Der Priester stieg auf die Plattform, und Bankei bat ihn, zur linken Seite zu treten, dann zur rechten, was der Priester tat. Bankei sagte: »Bitte, du verstehst mich vollkommen! Jetzt sei so gut und setz dich und höre auf das, was ich zu sagen habe.«

Diese zweite Version kommt mir spitzfindiger, wenn auch in gewissem Sinn tiefgründiger als die erste vor und erscheint mir außerdem etwas beunruhigend. Ein Logiker wäre von dieser Geschichte wohl ziemlich irritiert und würde sagen: »Aber bloß weil der Priester Bankeis Aufforderung heraufzukommen und seinen Standort zu wechseln versteht, wird dadurch nicht die Tatsache entkräftet, daß er nicht verstand, was Bankei sagte, als er seine Predigt hielt. In der Tat hätte die folgerichtige Antwort des Priesters auf Bankeis ›Bitte, du verstehst mich vollkommen‹ so lauten müssen: ›Natürlich verstehe ich, was du jetzt sagst, aber ich habe nicht verstanden, was du vorher gesagt hast, und du hast mich immer noch nicht soweit gebracht, daß ich es verstehe.‹«

Tja, das ist eine typisch logische Analyse, und wie das logische Analysen so an sich haben, ist sie gar nicht so schlecht. Aber ich glaube, sie geht nicht weit genug; das Bild gibt noch mehr her. Doch unglücklicherweise ist dieses *mehr*, wenn überhaupt, mit rein rationalen Methoden außerordentlich schwer zu erklären – wenigstens geht es mir so. Könnte man vielleicht sagen, ein Teil von Bankeis eigentlicher Botschaft bestehe darin, daß die Art des von dem Priester beim Besteigen der Plattform gezeigten Verständnisses grundlegender und bedeutsamer ist als die Art von Verständnis, die man braucht, um den Gedanken einer Predigt folgen zu können? Hier ließe sich ein noch spitzfindigerer Punkt anführen. Die Antwort des Priesters, der sagt »ich verstehe dich nicht«, war eine lebendige, spontane Reaktion und steht als solche für eine bedeutsame Art des Verstehens, die der direkten und nicht vorherbedachten Reaktion des Priesters entspricht, als er die Plattform bestieg. Diese Art unmittelbaren Verstehens – die Art, die direkt aus unserer wahren »ungeborenen Natur« stammt – ist die entscheidende. Wie ich glaube, ist das Bild damit noch immer nicht ausgeschöpft, aber an diesem Punkt angelangt, versagen mir einfach die Worte.

41
Eine imaginäre Zen-Geschichte

Zen-Meister: Ich habe hier einen Stock, und doch habe ich keinen Stock. Wie erklärst du dir das?

Jüdischer Novize: Das kann ich nicht!

Meister: Na, werde nicht unverschämt! Wenn du, wie du behauptest, wirklich die Erleuchtung erlangen möchtest, ist es dir aufgegeben, jede nur mögliche Anstrengung auf dich zu nehmen, um diese Frage zu beantworten.

Novize: Also gut, ich nehme an, was in einem bestimmten Sinn so aussieht, als hättet Ihr einen Stock, sieht anders betrachtet so aus, als ob Ihr keinen hättet.

Meister: Nein, das meine ich ganz und gar nicht! Ich meine, daß ich *in genau demselben Sinn* einen Stock habe und doch keinen Stock habe. Wie erklärst du dir das nun?

Novize: Ich gebe mich geschlagen!

Meister: Aber du *darfst* nicht aufgeben! Du solltest dich mit jeder Faser deines Seins bemühen, diesen Knoten zu entwirren.

Novize: Ich will mich nicht mit Euch darüber streiten, ob ich aufgeben sollte. Die existentielle Tatsache ist einfach, daß ich aufgebe.

Meister: Aber möchtest du nicht die Erleuchtung erlangen?

Novize: Wenn das Erlangen der Erleuchtung gleichbedeutend mit der Beantwortung solcher verdammt blödsinniger Fragen ist, dann zum Teufel damit! Es tut mir leid, Euch zu enttäuschen, lebt wohl!

Zwölf Jahre später

Novize: Und so, oh Meister, kehre ich im Zustand tiefster Reue zu Euch zurück. Zwölf Jahre lang habe ich nun das entsetzliche Gefühl der Feigheit und Ungeduld mit mir herumgetragen. Ich verstehe jetzt, daß ich nicht länger vor dem Leben davonlaufen kann. Früher oder später muß ich mich den letzten Fragen des Universums stellen. Deshalb bin ich nun bereit, allen Mut zusammenzunehmen und mich ernsthaft der Bearbeitung jener Frage zu widmen, die Ihr mir gestellt habt.

Meister: Was war das für eine Frage?

Novize: Ihr sagtet, Ihr hättet hier einen Stock und doch hättet Ihr keinen Stock, und wie ich das erklären würde.

Meister: Habe ich das wirklich gesagt? Wie dumm von mir!

42
Warum wir einander manchmal mißverstehen

Zen-Schriftsteller sagen uns immer wieder, daß es uns machmal deshalb nicht gelinge einen vorgegebenen Text zu verstehen, weil wir einen allzu intellektuellen und rationalen Zugang wählen würden. Wir würden versuchen, ihn mit dem Verstand zu erklären, anstatt ihn intuitiv zu erfassen. Das trifft mit Sicherheit oft zu, aber ich möchte hervorheben, daß der Fehler in vielen Fällen in Wirklichkeit nicht bei uns liegt, sondern eher der unglaublichen Einfältigkeit mancher Übersetzer zuzuschreiben ist. Lassen Sie mich einige Beispiele nennen.

Ein chinesischer Übersetzer Laotses überträgt die erste Zeile des *Tao Te King* so:

Das Tao, das taoisiert werden kann,
ist nicht das wahre Tao.

Wie, um alles in der Welt, kann man von irgend jemandem, der des Chinesischen nicht mächtig ist, erwarten, das zu verstehen? Der zugrundeliegende Tatbestand ist der, daß das chinesische Schriftzeichen für Tao noch zahlreiche andere Bedeutungen hat, wovon eine »reden« lautet. Eine korrekte (und vollkommen einleuchtende) Übersetzung wäre folglich »Das Tao, von dem man reden kann« oder »Das Tao, das benannt werden kann« oder vielleicht »Das Tao, das sich beschreiben läßt«, ist nicht das wahre (oder ewige) Tao. Aber »Das Tao, das taoisiert werden kann«, ist wohl kaum verständlich!

Eine weitere Ursache für unser mangelhaftes Verständnis besteht darin, daß der Übersetzer es gelegentlich versäumt, bestimmte relevante Tatsachen zu berücksichtigen, die dafür ganz entscheidend wären. Beispielsweise gibt es eine wohlbekannte Geschichte über einen Zen-Meister, der auf die Frage »Was ist Buddha?« entgegnete: »Drei Pfund Flachs.«

Nun wird jeder Leser, der glaubt, die Geschichte (in der oben angegebenen Fassung) verstehen zu können, nur sich selbst zum Narren halten. Er wird eventuell auf eine ziemlich abgelegene Interpretation verfallen, aber den Punkt, auf den es ankommt, komplett verfehlen, und er hätte besser daran getan, die ganze Geschichte zu ignorieren. Das habe ich denn auch getan, bis ich vor kurzem auf folgende Fassung stieß, die endlich Sinn ergab. In dieser Version war der Zen-Meister gerade damit beschäftigt, Flachs zu spinnen, als man ihm die Frage stellte, und er antwortete etwa wie folgt: »Was Buddha ist? Na, nichts anderes als diese drei Pfund Flachs.« (Anders gesagt: das Tao ist dein gewöhnliches Bewußtsein, Gott ist überall, und Buddha ist alles und in allem, zum Beispiel in diesen drei Pfund Flachs.) Gibt das nun Sinn, oder nicht?

Es gibt noch einen weiteren Grund dafür, daß wir viele Begebenheiten aus dem Zen mißverstehen, der tatsächlich unser eigenes Verschulden ist: Wir nehmen an, daß ein Zen-Meister, der etwas sagt, auch immer etwas damit meinen muß. Und um die Sache noch schlimmer zu machen, vermuten wir gern, daß er irgend etwas Tiefsinniges und Bedeutsames meint (und genau dadurch ist uns etwas

Tiefsinniges und Bedeutsames entgangen!). Ein Zen-Meister muß also immer etwas Bestimmtes *meinen,* wie? Dann verraten Sie mir doch mal, ob ein Gong, der von Ihnen geschlagen wird und mit seinem Klang antwortet, mit seiner Antwort immer etwas Bestimmtes meinen muß? Diese Analogie mag für die meisten Leser ein Schlag sein, aber zum Glück ein Schlag von der Art, die einem Gong entspricht.

Wer Analogien zwischen Menschen und Gongs nicht mag und ihnen solche zwischen Menschen und anderen Menschen vorzieht, denke an jenen Witz von den zwei Psychologen, die einander auf der Straße begegnen. Einer sagt »hallo« und der andere denkt: »Hm, ich würde gern wissen, was er jetzt damit gemeint hat!« Ich glaube, viele von uns sind um nichts besser als diese Psychologen und versuchen andauernd, allen Äußerungen einen bestimmten Sinn unterzuschieben. Ein Zen-Meister läßt sich nur dann angemessen verstehen, wenn wir nicht andauernd versuchen, die »tiefe spirituelle Bedeutung« seiner Antworten herauszubekommen, sondern sie statt dessen als einen natürlichen Ausdruck des Zusammenhangs verstehen, der sie erzeugt, so wie der Klang eines Gongs durch einen Schlag erzeugt wird. Damit sage ich nicht, daß die Antwort des Zen-Meisters *keine* tiefe spirituelle Bedeutung hat, sondern daß ihr diese Bedeutung nicht unbedingt von dem Zen-Meister selbst verliehen wird, und daß er auch nicht unbedingt weiß, worin diese Bedeutung besteht. Mit dem Gong ist es das gleiche! Sein Klang hat tatsächlich tiefe spirituelle Bedeutung, aber es ist nicht gesagt, daß der Gong sie uns mitteilen kann.

Ich kann mir für dieses Kapitel keinen passenderen Abschluß vorstellen, als folgende, allseits bekannte Geschichte. Jemand fragte einen Zen-Meister: »Was ist der Wirklichkeit letztendliche Natur?« Der Meister entgegnete: »Frag den Pfosten dort drüben!« Der andere antwortete: »Meister, ich verstehe nicht!« Der Meister sprach: »Ich auch nicht.«

43
Mondo über Unsterblichkeit

Zen-Schüler: Meister, ist die Seele nun unsterblich oder nicht? Überleben wir den Tod unseres Körpers, oder werden wir ausgelöscht? Werden wir wirklich wiedergeboren? Spaltet sich unsere Seele in mehrere Bestandteile auf, um an dem Kreislauf von neuem teilzunehmen, oder gehen wir als einheitliches Ganzes in den Körper eines anderen biologischen Organismus ein? Bleiben uns unsere Erinnerungen erhalten? Oder ist die Lehre von der Reinkarnation falsch? Ist der christliche Begriff der Auferstehung vielleicht zutreffender? Falls ja, werden wir auch körperlich wiederauferstehen, oder erhält unsere Seele Eingang in ein rein platonisches Ideenreich?

Meister: Dein Essen wird kalt.

44
Sehen Sie den entscheidenden Punkt?

Ein sehr schönes Zenrin-Gedicht beginnt mit den Worten

Ruhig sitzen, nichts tun.
Der Frühling kommt, und das Gras wächst von selbst.[1]

An dieser Stelle würde ich gern unterbrechen und anfügen:

Sich widersetzen, etwas tun!
Der Frühling kommt, und das Gras wächst nicht irgendwie!

Aber ich sollte dieses wunderbare Gedicht nicht verderben. Es fährt fort:

Die Wildgänse werfen ihr Spiegelbild nicht absichtlich;
Das Wasser hat nicht den Wunsch, es zu empfangen.

Der Geist dieser Verse erinnert mich an folgenden tiefen Gedanken:

Obwohl sie das Reisfeld nicht mit Vorbedacht
vor Eindringlingen bewahrt,
Dient die Vogelscheuche letztlich
doch einem Zweck.[2]

Das Zenrin-Gedicht fährt weiter fort:

Die alte Kiefer predigt Weisheit.
Ein wilder Vogel schreit die Wahrheit hinaus.

Ich finde, die Zeile »Ein wilder Vogel schreit die Wahrheit hinaus« zeugt von geradezu erschütterndem Realismus. Diese Zeile scheint vor Wahrheit nur so zu schreien!

Es gibt eine bekannte Geschichte über einen konfuzianischen Gelehrten, der bei einem Zen-Meister die Erleuchtung suchte. Ständig beklagte sich der Schüler darüber, daß die Erläuterungen seines Meisters irgendwie unvollständig seien und der Meister ihm irgendeinen lebenswichtigen Hinweis vorenthalte. Der Meister versicherte ihm, daß er ihm nichts vorenthalte. Der Schüler bestand darauf, daß es etwas gebe, was der Meister ihm vorenthalte. Der Meister bestand darauf, daß er ihm *rein gar nichts* vorenthalte. Etwas später gingen die beiden auf einem Pfad durch die Berge spazieren. Plötzlich sagte der Meister: »Riechst du den Duft des Berglorbeers?« Der Schüler sagte: »Ja.« Der Meister sagte: »Siehst du! Ich enthalte dir nichts vor!«

Ich habe diese Geschichte einmal einem klugen Mathematiker erzählt. Er sagte, er könne nicht erkennen, was der entscheidende Punkt darin sei. In meiner unbeholfenen westlichen Art plapperte ich in etwa wie folgt: Die Wirklichkeit, nach der der Schüler suchte, ist keine andere als die, die uns durch unsere Sinne vermittelt wird. Das Tao ist unser gewöhnliches Bewußtsein. Das Transzendente, von dem der Schüler glaubte, daß es ihm vom Meister vorenthalten werde, ist nichts anderes als das, was uns unmittelbar vor Augen liegt und was der Meister ihm unmöglich vorenthalten könnte. Wenn der Meister ihn jedoch geblendet, taub gemacht oder entsprechende Informationen auf andere Weise daran gehindert hätte, wie gewöhnlich von seinen Sinnen gefiltert zu werden, dann hätte ihm der Meister sehr wohl etwas vorenthalten – und zwar etwas sehr Wertvolles! Aber der Meister tat nichts dergleichen, was also sollte er ihm vorenthalten haben?

In gewisser Hinsicht sah mein Freund nun den entscheidenden Punkt. Dann sagte ich, die im wesentlichen gleiche Botschaft komme in folgendem Zen-Gedicht zum Ausdruck (das ich übrigens für das erleuchtendste Gedicht halte, das ich je gelesen habe):

Wenn die Vögel ihr Lied von den Baumwipfeln singen,
Übermitteln sie die Lehre aller Patriarchen.
Wenn die Bergblumen erblühen,
Offenbart ihr Duft den Wahren-Sinn.[3]

Mein Freund entgegnete aufgeregt: »Wenn du mir dieses Gedicht zuerst vorgelesen hättest, wäre mir die andere Geschichte vollkommen klar gewesen! Jetzt sehe ich den entscheidenden Punkt!«

Nachtrag. Ein Freund, dem ich dieses Kapitel vorlas, sagte dazu: »Ich glaube, es ist der falsche Zugang, immer den entscheidenden Punkt sehen zu wollen.« Was er sagt, hat viel für sich. Deshalb sollte ich vielleicht anfügen:

Wer den entscheidenden Punkt sieht,
Verfehlt ihn vollkommen!

45
Erleuchtung

Ein (womöglich) fundamentaler Begriff östlicher Religionen und mystischer oder philosophischer Schulen ist jene Sache, die *Erleuchtung* – oder *Samahdi* oder (japanisch) *Satori* – genannt wird. Im Christentum gibt es den (womöglich) entsprechenden Begriff der *Erlösung.* Ein möglicher Vorzug des christlichen Erlösungsbegriffs besteht darin, daß er ein vollkommen klares Konzept hat. Nach dem Christentum – oder wenigstens nach seinen altmodischeren Spielarten – gibt es einen persönlichen Gott, dessen Geschöpfe wir sind. Dieser Gott bestraft oder belohnt uns im Jenseits für unser Verhalten im diesseitigen Leben. Wenn wir in ausreichendem Maße »gut« gewesen sind, wird uns die »Erlösung« zuteil – wir werden »erlöst«, und unsere Seelen kommen in den Himmel, wo wir uns bis in alle Ewigkeit vollkommener Glückseligkeit erfreuen. Nun kann ich ohne Rücksicht darauf, ob wir das glauben oder nicht, auch nicht die kleinste Unklarheit an dem entdekken, was dort geltend gemacht wird. Einigen moderneren christlichen Ansätzen zufolge (z. B. dem von C. S. Lewis), ist unsere Erlösung oder Verdammnis weniger ein »Lohn« oder eine »Strafe« Gottes, als etwas, das wir in gewissem Sinn für uns selbst so gewählt haben. Das heißt, beides stellt sich als eine unvermeidliche Konsequenz unserer Handlungen heraus (eine Sichtweise, die der indischen Lehre vom *Karma* bemerkenswert nahe kommt). Dagegen scheinen die östlichen Auffassungen über die Erleuchtung – oder wenigstens einige von ihnen – nicht von derselben begrifflichen Klarheit zu sein – außer vielleicht für jene, die bereits erleuchtet oder teilweise erleuchtet sind. Damit meine ich weniger jene östlichen Religionen, die buchstäblich an die Wiedergeburt glauben. Ihnen zufolge sind Erleuchtung oder das *Nirwana* ganz klar umrissene Dinge. Wenn man genug gute Leben in genügend Lebenszyklen geführt hat, hat man ausreichend gutes Karma angesammelt, um dem »Kreislauf von Leben und Tod« (oder dem »Rad des Samsara«) zu entkommen, und muß so nicht noch einmal in eine Welt des Bösen und des Leidens wie diese hineingeboren werden. Nun kommt mir diese Vorstellung – gleichgültig ob sie nun wahr oder falsch ist – in Hinblick auf ihren Inhalt ebenfalls vollkommen klar vor. Aber in erster Linie interessiere ich mich für jene östlichen Auffassungen der Erleuchtung (oder ihrer Entsprechungen), deren sogenannter *Inhalt* – wenigstens von dem alles wörtlich nehmenden, rationalen Standpunkt westlicher Wissenschaft aus – weniger klar ist. Dabei denke ich vor allem an den taoistischen Begriff der »Harmonie mit dem Tao« und den Begriff des »Satori« im Zen. Was bedeutet es denn, mit dem Tao in Harmonie zu sein, und was ist Satori? Wenn Sie einen der alten Taoisten fragen würden, was es bedeutet, mit dem Tao in Harmonie zu sein, wird er Sie wohl eines süßen, aber traurigen Lächelns würdigen. Erinnern Sie sich an die beiden wunderbaren Zeilen des Dichters Li Tai Po:

Du fragst, warum ich in den blauen Bergen lebe.
Ich lächle, doch ich gebe keine Antwort.

Wenn Sie einen Zen-Meister fragen, was Satori ist, wird er vielleicht lächeln oder Ihnen einen mürrischen Blick zuwerfen, oder er gibt Ihnen eine Antwort wie: »Der Fluß fließt weiter.« Vielleicht versetzt er Ihnen auch ein paar kräftige Hiebe mit seinem Stock.

Ich fürchte, vom rationalen Standpunkt westlicher Wissenschaft aus gesehen, sind solche Antworten nicht gerade befriedigend, oder? Inwiefern geben sie uns darüber Aufschluß, was die Erleuchtung in Wirklichkeit ist? (Auf ihre eigenartige Weise tun sie das tatsächlich, aber ich bin nicht ausreichend darauf vorbereitet, diesen Punkt hier zu diskutieren.) Was das angeht – können Worte uns überhaupt darüber Aufschluß geben, worin diese Art von Erleuchtung besteht? Wie steht es mit solchen Sätzen wie »Erkenntnis deiner wahren, ungeborenen Natur«? Wie mit Sätzen wie »Zeig mir dein wahres Gesicht vor deiner Geburt«? Sind diese Worte hilfreich? Hier scheint unter den sogenannten *Experten** eine Meinungsverschiedenheit vorzuliegen. Manche sagen, der Begriff der Erleuchtung sei etwas absolut Unaussprechliches, und darum seien Worte nicht hilfreich; sie wären nur jenen verständlich, die bereits erleuchtet sind. Andere sagen, Worte könnten einem zumindest dabei behilflich sein, den richtigen Weg anzudeuten.

Obwohl mich in dieser Angelegenheit niemand um meine Meinung gebeten hat, möchte ich sie trotzdem äußern. Ich sehe die Sache so: Natürlich sind Worte hilfreich! Aber sie sind es nur für Leute, die der Idee nicht völlig ablehnend gegenüberstehen. Ich bin hier einer Ablehnung

* Hat die Vorstellung eines Experten in bezug auf die Erleuchtung nicht etwas Lächerliches?

von phantastischen Ausmaßen begegnet. Warum sind die Leute diesbezüglich so unglaublich unruhig und verstört? Ist es schlicht *Eifersucht* den Erleuchteten gegenüber, gepaart mit der Angst, zu dieser wundersamen Sache namens »Erleuchtung« nicht fähig zu sein oder von ihr übergangen zu werden? Ich weiß es wirklich nicht; alles, was ich weiß, ist, daß diese schmerzliche Ablehnung überflüssigerweise existiert und sich oftmals so manifestiert, daß der ganzen Idee der Erleuchtung ihr Inhalt oder irgendeine tiefere Bedeutung schlicht abgestritten werden. Ein verärgerter Skeptiker würde in der Tat sagen: »Wenn die Worte *Erleuchtung* oder *Satori*, wie Sie behaupten, wirklich eine Bedeutung haben, warum können Sie mir dann nicht einfach sagen, was sie bedeuten?« Befriedigend erklären läßt sich das aber, wie ich schon gesagt habe, nur in einer Atmosphäre, die von jeglicher Ablehnung frei ist. Wir sind also an einem toten Punkt angelangt! Ich glaube, ich könnte jemandem ganz leicht (wenn auch nicht gerade schnell) etwas vom östlichen Begriff der Erleuchtung vermitteln, wenn er ihm gegenüber aufgeschlossen ist. Aber jemandem, der das nicht ist, werden das meine Worte auch in hunderttausend Kalpas nicht vermitteln können. Auf alle meine klugen Worte fände er noch klügere, um mir zu beweisen, daß das, was ich sage, so sinnlos wie das Rauschen eines Flusses sei. Das Seltsame daran ist, daß gerade das Rauschen eines Flusses dem Zustand der Erleuchtung so bemerkenswert nahe kommt.

46
Die Abendkühle

Die Abendkühle,
Die von der Glocke nichts weiß,
Schlägt uns die Stunde.

Diese Verse stammen von dem großen Haiku-Dichter Issa. Ein anderes Gedicht von ihm lautet:

Die Abendkühle,
Die um die Glocke wohl weiß,
Schlägt uns die Stunde.

Über diese beiden Gedichte schreibt Blyth:

Diese beiden Gedichte verdeutlichen den Unterschied zwischen dem gewöhnlichen und dem erleuchteten Menschen. Wenn sie darüber nachdenken, wissen beide, daß das Abendgeläute, das vom Tempel herüberdringt, vom Vergehen eines weiteren Tages in ihrem Leben kündet. Aber der erleuchtete Mensch weiß *im Hören der Glocke, in jedem Atemzug, in der Kühle, daß alles fließt und vergänglich ist. Nur der Erleuchtete erfreut sich dieser umfassenden Wahrheit von der zeitlichen Natur der Kühle. Für den unerleuchteten Menschen steht seiner Empfindung der Kühle der Gedanke an die Flüchtigkeit aller Dinge als Feind gegenüber.*[1]

Mit dem letzten Satz dieses Kommentars stimme ich überein, aber alles übrige weise ich weit von mir! Für mich repräsentiert nicht das zweite, sondern das erste Gedicht den Zustand eines erleuchteten Menschen. Erstens ist es nicht einmal wahr, daß die Glocke unserem Leben die Stunde schlägt, und außerdem zeugt es von einem gründlich unerleuchteten Zustand, das Läuten der Glocke mit dem allmählichen Verlöschen unseres Lebens in Verbindung zu bringen. Lassen Sie mich mehr darüber sagen.

Wie ich es sehe, glaubt ein unerleuchteter Mensch an solche Dinge wie den Tod und hält ihn für etwas Tragisches. Ein etwas erleuchteterer Mensch glaubt an ein Leben nach dem Tod. Ein schon ziemlich erleuchteter Mensch glaubt nicht an ein Leben nach dem Tod, aber hält den Tod nicht für tragisch. Ein noch erleuchteterer Mensch glaubt überhaupt nicht an den Tod (außer natürlich im trivialen biologischen Sinn), noch glaubt er unbedingt an ein Leben danach. Das nächste Stadium der Erleuchtung wäre die Einsicht, daß Leben und Tod bloße Illusionen sind; sie mögen in der Welt der Phänomene existieren, aber nicht in der der Dinge an sich. In einem noch höheren Stadium erkennt man, daß alles Gerede über Leben und Tod die Wahrheit vollkommen verfehlt. Beispielsweise gab Buddha auf die Frage »Gibt es ein Leben nach dem Tod?« die Antwort: »Wer sagt, daß es ein Leben nach dem Tod gibt, verfehlt das Ziel. Wer sagt, daß es keins gibt, verfehlt das Ziel. Wer sagt, daß es entweder eins gibt oder keins gibt, verfehlt das Ziel. Wer sagt, daß es beides gibt und zugleich nicht gibt, verfehlt das Ziel. Das alles hat keinerlei Bedeutung angesichts des Problems, auf das es wirklich ankommt: die Erlösung.«

Folglich erkennt man, wie ich schon sagte, ab einem bestimmten Grad der Erleuchtung die Nichtigkeit aller Gedanken über Leben und Tod. Ein vollkommen erleuchteter Mensch transzendiert schließlich sogar noch obige Erkenntnis und hört einfach ganz damit auf, über Leben und Tod nachzudenken. Deshalb behaupte ich, daß ein wahrhaft erleuchteter Mensch, der das Läuten einer Glocke hört, diese Erfahrung voller Freude einfach für das nimmt, was sie ist, und keine derart idiotischen und künstlichen Gedanken an ihre Verbindung zu Leben und Tod hat. In dieser Hinsicht gleicht er meinen Hunden, die beim Hören einer Glocke auch in einer Million Jahren nicht auf die lächerliche Idee kämen, daß sie ihnen »die Stunde schlägt«.

Meine Einstellung hat große Ähnlichkeit mit der des Dichters Basho, der schrieb:

Bewundernswert ist der, der beim Anblick eines Gewitters nicht sagt »Das Leben geht vorbei wie ein Blitz«.

47
Wenn die Zeit reif ist …

Es gibt einige Philosophen – aber auch andere Menschen –, die sich ernsthaft über folgende Fragen Gedanken machen oder sich mit ihnen beschäftigen: Wie bin ich eigentlich zu diesem Leben gekommen? Wie ist das Universum entstanden? Bin ich das Ergebnis äußerlicher Ursachen? Warum gibt es überhaupt etwas? Warum hat diese Welt gerade mich und nicht jemand anderen hervorgebracht? Wo wäre ich jetzt, wenn die Eizelle meiner Mutter von einem anderen Spermium befruchtet worden wäre, statt von dem, das sie tatsächlich befruchtet hat? Und was bin ich eigentlich? Bin ich Geist oder Körper? Oder beides? Oder keins von beiden? Wo habe ich angefangen? Wird es ein Ende geben? Habe ich das Universum hervorgebracht oder das Universum mich? Oder sind das Universum und ich in der Weise miteinander verknüpft, daß keiner von uns ohne den anderen existieren kann? Ist meine Existenz Zufall oder Notwendigkeit? Was soll das Ganze eigentlich?

Wir wollen uns nun einen solchen metaphysischen Störenfried vorstellen, der seine Ratlosigkeit anderen Leuten gegenüber äußert und dabei die verschiedensten Reaktionen erntet.

Moralist: Die Sache, die mir – von der Großspurigkeit solcher Fragen einmal abgesehen – an dem Mann am meisten ins Auge springt, ist sein unglaublich egozentrisches

Verhalten. In fast jeder Frage taucht das Wörtchen *ich* auf. Wie bin *ich* eigentlich zu diesem Leben gekommen? Habe *ich* das Universum erschaffen? Der Mann hat Nerven! Ob *er* das Universum erschaffen hat! Wenn er etwas mehr an die anderen Menschen dächte, würde ihm dieser ganze Unsinn nicht so zu schaffen machen.

Mann von der Straße: Dem stimme ich zu. Aber auch wenn ich moralische Gesichtspunkte ganz außer acht lasse, möchte ich meinem Kummer darüber Ausdruck geben, einen Mann von derartigem Talent zu sehen, der soviel Zeit mit solch absolut hoffnungslosen Spekulationen vergeudet. Kann er seine Zeit nicht mit etwas Sinnvollerem verbringen, anstatt sich in Fragen zu verzetteln, über die sich die Menschheit seit Jahrtausenden den Kopf zerbricht, und auf die bisher niemand auch nur im entferntesten eine Antwort hat? Ich will damit nicht sagen, daß er sich über diese Dinge gar keine Gedanken machen sollte; jeder denkt gelegentlich darüber nach. Sogar ich habe manchmal solche Gedanken, wenn ich gerade nichts Besseres zu tun habe, aber ich lasse sie meist schnell wieder fallen, weil mir bewußt ist, daß sie bloße Zeitverschwendung sind. In dieser Welt ist noch viel nützliche Arbeit zu leisten, und ich schäme mich für jeden, der sich in einem Wust von nutzlosen Spekulationen verliert, obwohl er zu ehrlicher Arbeit fähig wäre.

Logischer Positivist: Diese Fragen sind nicht nur unnütz, sondern in Wirklichkeit vollkommen bedeutungslos. Die Tatsache, daß sie niemals beantwortet wurden, kommt nicht von ungefähr. Es ist nicht so, daß bisher nur niemand intelligent genug gewesen wäre, die betreffenden Antworten zu finden; vielmehr kann es darauf gar keine Antworten geben, weil es sich nicht um wirkliche Fragen handelt. Sie haben eine syntaktische Form, die der wirklicher Fragen etwas ähnelt, und diese oberflächliche Ähnlichkeit führt leicht in die Irre. Aber eine eingehende formalistische Analyse verdeutlicht uns, daß es eigentlich gar keine Fragen sind. Darum ist dieser Metaphysiker, anders als wirkliche Wissenschaftler, kein Wahrheitssucher – obwohl ich ihm zugestehen würde, daß er sich selbst dafür hält. Vielmehr strebt er danach, gewissen poetischen und künstlerischen Emotionen Ausdruck zu verleihen, aber unglücklicherweise ist die Metaphysik ein höchst ungeeignetes Medium für derartige Ausbrüche. Wie es der Philosoph Rudolph Carnap so treffend ausgedrückt hat: »Metaphysiker sind Musiker ohne musische Begabung.«

Andersdenkender: Wir könnten uns kaum uneiniger sein!* Für mich sind die Fragen des Metaphysikers absolut sinnvoll und klar. Es ist mir egal, wie viele formalisierte Sprachen ihr Positivisten erfindet und wie viele empirische Kriterien für »Sinn« ihr euch auszudenken geruht oder wie viele »Beweise« ihr für die Bedeutungslosigkeit der Metaphysik anführt! Wenn ich überhaupt etwas weiß, dann daß metaphysische Fragen ebensoviel Bedeutung besitzen wie alle anderen Fragen, jedenfalls unter der Bedeutung, die ich mit dem Wort »Bedeutung« verbinde. Und Sie brauchen mich gar nicht erst nach *meiner* Definition von »Bedeutung« zu fragen, weil die Ihnen sowieso nichts nützen würde! Sie läßt sich ebensowenig in Begriffe, die Sie verstehen, übersetzen wie die meisten jener metaphysischen Begriffe, die Sie verwerfen. Wenn Sie mich

* Ich habe diesen hinreißenden Satz nicht erfunden, aber ich konnte der Versuchung nicht widerstehen, ihn in diesem Kontext zu verwenden.

fragen, warum Sie als ein vernunftbegabtes Wesen die Bedeutsamkeit metaphysischer Fragen akzeptieren sollten, würde ich Ihnen antworten, daß es dafür überhaupt keinen rationalen Grund gibt. Entweder erkennen Sie die Bedeutung oder nicht. Wenn nicht, kann Ihnen keine rationale Analyse über *Bedeutung*, keine Formalisierung des Sprachgebrauchs und keine Formulierung von »Sinnkriterien« auch nur im geringsten von Nutzen sein.

Ich bestreite vollkommen, daß Metaphysiker Musiker ohne musische Begabung sein sollen. Jedermann weiß, daß Metaphysik weder Logik noch Wissenschaft ist. Die Metaphysiker selbst wären die letzten, die sich weigern würden, diese offensichtliche Tatsache anzuerkennen. Aber nur weil die Metaphysik etwas vollkommen anderes als Wissenschaft und Mathematik ist, folgt daraus nicht, daß sie Kunst, Dichtung oder Musik sein muß. Jemand, der auch nur das geringste Gespür für Metaphysik besitzt, weiß, daß sich der Sinn für das Metaphysische vom Sinn für Ästhetik ebenso stark unterscheidet wie beide vom Sinn für das rein Rationale. Metaphysik ist nicht minderwertige Kunst, sondern etwas davon vollkommen Verschiedenes.

Manchmal muß ich mich wirklich fragen, was eigentlich die psychologische Basis der Angriffe der Positivisten gegen die Metaphysiker ist. Ich kann mir zwei Möglichkeiten vorstellen. Die eine lautet, daß es den Positivisten einfach an metaphysischer Sensibilität fehlt, so wie manchen Leuten jeglicher Sinn für Kunst oder Humor fehlt. Deshalb sind die Positivisten schlicht eifersüchtig, sie beneiden die Metaphysiker und machen darum ein Gesicht, als hätten sie in einen sauren Apfel gebissen: »Metaphysik ist nichts als ein Haufen Unsinn.« Eine andere mögliche

Erklärung bestünde darin, daß die Positivisten in metaphysischen Dingen *sehr* sensibel sind, und zwar mehr als ihnen guttut! Metaphysische Fragen kommen ihren wahren Problemen tatsächlich so bedrohlich nahe, daß die Positivisten sie sich vom Leib halten, indem sie sie für »bedeutungslos« erklären. Aber warum rede ich über diese psychologischen Fragen, wenn wir einen Professor der Psychologie in unserer Mitte haben? Ich denke, wir sollten uns seine Ansichten über die Psychologie der Philosophie anhören.

Psychologe: Sicherlich verfügen Sie alle über genügend psychologischen Scharfsinn, um zu erkennen, welche Fragen der Metaphysiker wirklich stellt. Wir brauchen uns nur einige davon anzusehen: »Woher komme ich? Was ist mein letztendlicher Ursprung?« Ist es nicht offensichtlich, daß den Metaphysiker einfach sein unerfülltes inzestuöses Verlangen beschäftigt, gepaart mit der Sehnsucht, in den Mutterschoß zurückzukehren? Beachten Sie seine letzte Frage, die in logischer Hinsicht höchst vage, psychologisch jedoch höchst aufschlußreich ist: »Was soll das Ganze eigentlich?« Was ist dieses »Ganze«, über das er Bescheid wissen möchte? Ist es nicht klar, daß er in Wirklichkeit wissen will, wie es gewesen wäre, wenn sich seine ödipalen Wünsche tatsächlich erfüllt hätten? Der logische Positivist dagegen fürchtet sich vor seinen ödipalen Bindungen – er möchte sich seine Mutter buchstäblich »vom Leib halten« und versucht sein inzestuöses Verlangen für »bedeutungslos« zu erklären. Ich würde also sagen, ein Metaphysiker ist ein Mann, der sich nach seiner Mutter sehnt; ein Positivist ist ein Mann, der versucht, sich von seiner Mutter zu lösen.

Andersdenkender: Ich fürchte, es ist unmöglich, daß es

uns nicht mißlingt, uns noch uneiniger zu sein. (Entweder meine ich es so, oder genau anders herum.) Diese freudianische Erklärung mag nicht ganz neben der Wahrheit liegen, aber sie vereinfacht die Dinge zu sehr.

Psychologe (erregt): Für Sie vereinfacht sie sie natürlich! Alles, was auf die unwillkommene Wahrheit hinweist und der Zerstörung Ihrer inneren Abwehr gefährlich nahe kommt, wird in der Regel damit abgetan, daß es »die Dinge zu sehr vereinfacht«.

Andersdenkender: Sehr geehrter Herr, Sie können sich Ihre zwanghafte Art zu argumentieren für Ihre »Gemeinde« oder Ihre Patienten aufheben! Aber jetzt haben Sie es mit *mir* zu tun, und ich bin nicht der Mann, der sich von Ihrem Argument ad hominem ins Bockshorn jagen läßt. Wie ich, bevor Sie mich unterbrachen, bereits sagte, vereinfacht diese freudianische Analyse die Dinge zu sehr. Ich will nicht bestreiten, daß zwischen der Neugier in metaphysischen Dingen und der Neugier in sexuellen Angelegenheiten eine enge Verwandtschaft bestehen könnte. Es ist aber ein grober Fehler anzunehmen, daß erstere notwendigerweise eine Sublimierung der letzteren sein müßte. Wenn überhaupt, würde ich sagen, daß letztere eine Sublimierung der ersteren ist. Die Neugier in metaphysischen Dingen beschäftigt sich, wie mir scheint, in Wirklichkeit mit der Frage: Was wird nach meinem Tode tatsächlich mit mir geschehen? Werde ich vernichtet sein, wie die Materialisten behaupten? Oder werde ich irgendwie weiterleben? Und ich halte den Überlebenstrieb eines Individuums für grundlegender als seinen Fortpflanzungstrieb. Aber ich würde gerne hören, was unser Freund, der Mystiker – der während unserer ganzen Unterredung so seltsam stumm geblieben ist – über die wahre Natur des metaphysischen Fragens zu sagen hat. Verraten Sie mir doch, warum Sie die ganze Zeit so still gewesen sind! Warum hatten Sie nicht das Bedürfnis, etwas zu sagen?

Mystiker: Was gibt es da zu sagen?

Andersdenkender: Was Sie wollen! Gibt es nichts, was Sie gern sagen würden?

Mystiker: Doch.

Andersdenkender: Ausgezeichnet, dann sagen Sie es uns!

Mystiker: Was?

Andersdenkender: Was immer Sie uns sagen wollen.

Mystiker: Und was soll das sein?

Andersdenkender: Was soll was sein?

Mystiker: Was sollte ich sagen wollen?

Andersdenkender: Woher soll ich wissen, was Sie sagen wollen? Wenn es jemanden gibt, der das weiß, dann sind Sie das!

Mystiker: Wieso?

Andersdenkender: Wieso? Was weiß ich! Wissen Sie nicht, was Sie sagen wollen?

Mystiker: Doch.

Andersdenkender: Warum sagen Sie es uns dann nicht?

Mystiker: Warum sage ich was nicht?

Andersdenkender: Um Himmels willen, wir drehen uns schon wieder im Kreis! Wenn man mit diesen Mystikern redet, muß man ihnen jedes Wort einzeln aus der Nase ziehen. Warum bekomme ich nie eine klare Antwort auf eine absolut simple Frage?

Psychologe: Vielleicht ist Ihr Ansatz falsch. Ich glaube, Ihre ursprüngliche Frage, ob er nicht das Bedürfnis habe, etwas zu sagen, klang etwas zu hochmütig und gönnerhaft und dürfte den Mystiker in eine nicht gerade kooperative Stimmung versetzt haben. Lassen Sie es mich mal versuchen! Also gut. Verraten Sie uns, was *Sie* über Metaphysik denken!

Mystiker: Ach, seien Sie doch still!

Psychologe: Hm, Sie hatten recht; diese Mystiker sind gelegentlich etwas heikel.

Metaphysiker (an die Adresse des Mystikers): Sind Sie tatsächlich derselben Meinung wie diese Leute, daß meinen Fragen keine Bedeutung zukommt? Damit meine ich jetzt nicht eine kognitive oder emotionale Bedeutung, noch eine künstlerische, symbolische, sexuelle oder psychologische Bedeutung; ich spreche von ihrer *eigentlichen* Bedeutung. Rede ich wirklich nur Unsinn?

Mystiker: Natürlich reden Sie keinen Unsinn! Für mich ergibt ihr Gerede mehr Sinn als das aller anderen zusammen. Wer, der noch bei klarem Verstande ist, könnte auch nur einen Augenblick daran zweifeln, daß Ihren Fragen nicht nur eine Bedeutung zukommt, sondern daß es offensichtlich genau die für die gesamte Menschheit entscheidenden Fragen sind?

Mann von der Straße: Viele von uns haben das bezweifelt.

Mystiker: Das ist kein Widerspruch zu dem, was ich gesagt habe.

Psychologe: Wie können Sie als Mystiker die Bedeutsamkeit der Metaphysik akzeptieren? Hat Buddha metaphysische Fragen nicht ausdrücklich zurückgewiesen, weil sie für das Problem der Erlösung oder Erleuchtung irrelevant seien?

Mystiker: Und weil Buddha eine Abneigung gegen Metaphysik hatte, muß das auch für mich gelten? Glauben

Sie, nur weil Sie mich unter die *Mystiker* einreihen, könnte ich nicht selber denken?

Nein, in meinen Augen ist das Problem der Erleuchtung und die Lösung metaphysischer Probleme ein und dasselbe. Für mich steht es außer Frage, daß die Fragen des Metaphysikers höchst real und von äußerster Wichtigkeit sind. Aber was uns der Mann von der Straße gesagt hat, ist die schlichte Wahrheit: Die Metaphysiker betreiben ihr Geschäft nun schon seit Tausenden von Jahren, ohne auch nur ein philosophisches Faktum beweisen zu können. Ihre Spekulationen haben in der Tat keinen direkten Beitrag zur Erkenntnis dieser Antworten geliefert. Aber im Gegensatz zu den logischen Positivisten glaube ich bestimmt nicht, daß dieser Stand der Dinge ein Anzeichen dafür ist, daß sich derartige Antworten gar nicht finden lassen. Die Ironie der Situation besteht darin, daß die Antworten bereits bekannt sind. Sie sind nicht etwa ausschließlich den Metaphysikern bekannt, sondern allen Menschen.

Andersdenkender (in ernstem Erstaunen): Sie sagen, die Antworten seien allseits bekannt?

Mystiker: Ja. Aber unglücklicherweise nur auf einer unbewußten Ebene. Die Hauptaufgabe der Menschheit besteht darin, diese Erinnerungen wieder in den Vordergrund des Bewußtseins zu bringen.

Psychologe: Glauben Sie wirklich, daß bei dieser Angelegenheit eine Analogie zur Bewußtmachung verschütteter Erinnerungen vorliegt?

Mystiker: Ja, sogar eine ganz strenge Analogie. Darum versagen die Methoden der Philosophie. Sie versucht mittels objektiver Methoden etwas herauszufinden, was nur innerhalb eines Prozesses erkannt werden kann, der eher einem unmittelbaren Sicherinnern gleicht. Wenn ich dafür eine Analogie geben darf, dann stellen Sie sich zwei Individuen vor, die zu ermitteln versuchen, was sich bei einem bereits vergangenen Ereignis abgespielt hat. Einer von beiden – der Typ des »objektiven« Philosophen – versucht das herauszufinden, indem er äußere Informationen sammelt. Er befragt Leute, sucht Briefwechsel heraus, hält nach äußerlichen Hinweisen Ausschau etc. Der andere – der dem sogenannten »Mystiker« entspricht – zerbricht sich einfach so lange den Kopf, bis er sich unmittelbar daran erinnert, was passiert ist. Außerdem kann jemand, der unter Hypnose steht, sich sehr gut an Ereignisse aus seiner frühesten Kindheit erinnern, die er durch äußerliche oder objektive Untersuchungen wahrscheinlich niemals entdecken könnte. Die introspektiven Methoden des Mystikers sind der Hypnose sehr ähnlich und sind im Erbringen gesicherter Daten ebenso zuverlässig. Deshalb sage ich, ein Metaphysiker verhält sich wie ein objektiver Philosoph, dem einfach nicht genügend äußerliche Daten zur Verfügung stehen, um seine Fragen zu beantworten, während ein Mystiker einem Menschen gleicht, der sich unmittelbar daran erinnert.

Metaphysiker (traurig): Dann meinen Sie wirklich, daß alle metaphysischen Spekulationen der Menschheit vollkommen zwecklos sind?

Mystiker: Aber ganz im Gegenteil! Manchmal ist es absolut notwendig, sich dabei zu stoßen, wenn man mit dem Kopf durch die Wand will, indem man versucht, objektive Methoden dort anzuwenden, wo sie gar nicht funktionieren, bis man für sich selbst die Notwendigkeit unmittelbarer introspektiver Methoden erkennt. Die Metaphysik ist im wesentlichen ein gigantisches Koan, das nicht einem einzelnen, sondern der ganzen Menschheit zugedacht ist – ein Koan, dessen Zweck darin besteht, uns zu der Erkenntnis zu zwingen, daß man mit den Methoden der Metaphysik unmöglich weiterkommen kann. Anders gesagt gehört die Metaphysik zu jenem unumgänglichen Reifungsprozeß, der die Menschheit auf den Mystizismus vorbereitet. Ich halte also die metaphysischen Fragen nicht für zwecklos; sie erfüllen einen sehr wichtigen Zweck.

Andersdenkender: Das ist ja alles gut und schön, dieses Gerede über Introspektion, unmittelbare Erinnerung und Hypnose. Aber können wir wirklich sicher sein, daß all diese Methoden verläßlich sind? Erinnerungen, die nicht durch objektive Bestätigungen gestützt werden, sind notorisch unzuverlässig. Und mit Sicherheit wissen wir zuwenig von Hypnose, als daß wir Kindheitserinnerungen trauen könnten, die einem in einem derartigen Zustand widerfahren.

Psychologe: Hier muß ich Ihnen widersprechen.

Andersdenkender: Vielleicht wissen Sie gut genug darüber Bescheid, um dem trauen zu können, ich jedenfalls nicht. Ich habe noch nie verstehen können, warum Erinnerungen – insbesondere unter Hypnose – nicht eher Phantasien oder Irrtümer sein sollten und deshalb nicht unbedingt wahr sein müssen.

Psychologe: Für diese Sache haben wir eine Unmenge schlagkräftigen Beweismaterials.

Andersdenkender: Also gut, vielleicht sollte ich mit Ihnen nicht über das Thema Hypnose diskutieren, aber im Hinblick auf sogenannte »mystische Einsichten« teilen Sie meine Skepsis doch?

Psychologe: Ja.

Andersdenkender (zum Mystiker): Und wie könnten Sie uns für unsere Skepsis tadeln? Warum sollten wir die Vertrauenswürdigkeit mystischer Aussagen vorbehaltlos akzeptieren?

Mystiker: Dazu haben Sie keinen Grund. Gerade Ihre Skepsis ist ein äußerst wesentlicher Teil des Reifungsprozesses, durch den Sie an einen Punkt gelangen werden, an dem Sie diese Dinge ganz von selbst erkennen.

Andersdenkender: Ach, hören Sie mir bloß damit auf! Erwarten Sie wirklich, daß ich diesen Kram einfach schlucke?

Mystiker: Nein, das tue ich nicht. Es mag mein Glück oder mein Unglück sein, aber ich fühle mich einfach dazu gezwungen, Ihnen das zu sagen, was ich für die Wahrheit halte, selbst wenn ich weiß, daß Sie diese Wahrheit zurückweisen werden. Aber ich weiß genug, um zu erkennen, daß eine heftige Ablehnung der Wahrheit manchmal eine notwendige Vorbedingung für die letztendliche Erkenntnis der Wahrheit ist.

Glauben Sie bitte nicht, daß diese skeptischen Argumente mir in irgendeiner Weise neu wären. Ich verstehe genau, wie Sie sich fühlen, denn vor langer Zeit ging es mir genauso wie jetzt Ihnen – vielleicht sogar noch schlechter. Ich habe zwanzig Jahre lang, so beflissen wie man nur kann, Philosophie studiert und verfaßte ständig leidenschaftliche Artikel zur Verteidigung der rein objektiven Erkenntnismethoden gegen die sogenannten »subjektiven«. Und nur durch die intensive Beschäftigung mit dieser Objektivität konnte ich im Ergebnis zu jenem Stadium heranreifen, in dem ich die unbedingte Notwendigkeit einer eher subjektiven Herangehensweise erkannte. Ich bin nicht auf *objektivem* Weg zu der Schlußfolgerung gekommen, daß Subjektivität etwas Wertvolles sei, sondern es ist vielmehr so gewesen, daß mich diese Verwandlung im Verlauf eines bestimmten Prozesses überkam, den ich ebensowenig erklären kann wie das Wachsen eines Baumes. Ich hoffe, daß Sie verstehen, was ich sage. Es könnte womöglich passieren, daß jemand damit anfängt, eine rein objektive Herangehensweise einzuschlagen und dann zu dem objektiven Schluß kommt, daß eine subjektive Herangehensweise besser wäre. Aber das ist mir nicht passiert. Ich begann mein Leben als Philosoph und Wissenschaftler, der jeglicher Subjektivität zutiefst mißtraute. Dann kam der Tag, an dem ich rein subjektiv – und nicht etwa objektiv – den Wert subjektiver oder eher unmittelbarer Einsicht erkannte.

Andersdenkender: Das finde ich alles wunderbar. Ich bezweifle nicht, daß Sie das alles tatsächlich glauben. Meine einzige Frage an Sie lautet: Warum sollte ich das ebenfalls tun?

Mystiker: Ich versuche Ihnen nur zu sagen, daß es für Sie absolut keinen Grund gibt, das zu glauben. Letztendlich kommt es nicht darauf an, ob Sie es glauben sollten oder nicht, sondern ob Sie es tatsächlich tun.

Ich hoffe, Sie halten mich nicht für so unrealistisch, daß ich von der gesamten Menschheit erwarte, sie sei bereit, sich auf den Weg der Mystik zu begeben. Ich habe keine Zweifel, daß sie dies eines Tages tun wird, aber erst wenn die Zeit reif dafür ist. Und schenken Sie jenen selbsternannten »Mystikern« keinen Glauben, die Ihnen einreden wollen, daß Sie etwas Bestimmtes tun »sollten« – solche Leute versuchen in Wirklichkeit nicht Sie, sondern eher sich selbst zu überzeugen. Jemandem einreden zu wollen, daß er den Weg der Mystiker einschlagen *sollte,* ist genauso albern, wie auf einen unreifen Apfel einzureden, daß der Zeitpunkt, an dem er vom Baum zu fallen hätte, bereits gekommen sei. Wenn der Apfel reif ist, muß man ihm nicht sagen, daß er hinunterfallen soll; er tut es ganz von selbst.

Anmerkung des Übersetzers

Für die Wiedergabe der von Smullyan angeführten Zitate wurde in der Regel auf bereits bestehende deutsche Übersetzungen zurückgegriffen. Bei Werken, von denen keine deutsche Übersetzung vorlag oder diese in dem von Smullyan benutzten Kontext unbrauchbar war, erfolgte statt dessen eine möglichst wortgetreue Wiedergabe des Originaltexts. In diesen Fällen wird in den Anmerkungen die entsprechende englischsprachige Ausgabe als Quelle genannt. Der Übersetzer dankt Herrn Professor Dr. Karl-Dieter Ulke, Frau Margit Blum und Frau Hester Butterfield für ihre Beratung, Ermutigung und Unterstützung.

Anregungen zum Weiterlesen

Die folgende, kommentierte Literaturauswahl ist unvollständig, zusammenhanglos und sehr persönlich. Ich führe lediglich meine Lieblingswerke an, und zwar ungefähr in der Reihenfolge, in der man sie meiner Meinung nach lesen sollte.

1. Taoismus und Zen

Chang Chung-yuan: *Tao, Zen und schöpferische Kraft.* Diederichs Verlag, Köln 1987.

Dieses Buch ist genauso wundervoll wie alle übrigen auf dieser Liste und zugleich eine ausgezeichnete Einführung. Es entwirft ein einheitliches Bild taoistischer Philosophie, Poesie und Malerei (die dem klassischen chinesischen Verständnis nach ein und dieselbe Sache sind).

Arthur Waley: *Lebensweisheit im alten China.* Suhrkamp Verlag, Frankfurt a. M. 1974. Eine ausgezeichnete vergleichende Studie über Taoismus, Konfuzianismus und Legalismus.

Lin Yutang (Hrsg.): *Die Weisheit des Laotse.* Fischer Taschenbuch Verlag, Frankfurt a. M. 1987. Eine schöne Einführung in die Gedanken Laotses und Tschuangtses. Jedem Vers des Laotse wird eine sachlich entsprechende Stelle von Tschuangtse gegenübergestellt. Auf diese Weise bekommt der Leser einen umfassenden Überblick über die Ideen der beiden Denker.

Lin Yutang ist generell höchst empfehlenswert. Seine folgenden Werke sind von Zeit zu Zeit eine hübsche Ergänzung zu den anderen Lesevorschlägen auf dieser Liste.

Weisheit des lächelnden Lebens. Rowohlt Verlag, Reinbek 1963.
From Pagan to Christian. The World Publishing Company, Cleveland & New York 1959.
My Country and My People. Reynal and Hitchcock, New York 1936.
The Wisdom of America. The John Day Company, New York 1950.
The Gay Genius – The Life and Times of Su Tungpo. The John Day Company, New York 1947.

Mein Lieblingsübersetzer für Tschuangtse ist Thomas Merton. Sein Buch *Sinfonie für einen Seevogel und andere Texte des Tschuang-tse* (Patmos Verlag, Düsseldorf 1973) ist ein literarisches Meisterwerk. Ich wünschte, Merton hätte *alles* von Tschuangtse übersetzt! Das Buch enthält außerdem einen großartigen Essay als Einführung.
Nebenbei möchte ich auf zwei weitere herrliche Bücher von Thomas Merton hinweisen:

Zen and the Birds of Appetite. A New Directions Book, 1968.

Mystics and Zen Masters. Dell Publishing Company, New York 1967.

Die beste Übersetzung des ganzen Werkes von Tschuangtse, die ich kenne, stammt von Burton Watson: *The Complete Works of Chuang Tzu.* Columbia University Press, New York & London 1971.

Es ist gut, mehrere Übersetzungen von Laotse und Tschuangtse zu haben. Der Leser sollte auf jeden Fall die beiden folgenden zusammengehörigen und von Gia-Fu Feng und Jane English gemeinsam herausgegebenen Bände besitzen:
Lao Tse: *Tao Te King.* Hugendubel Verlag, München 1978.
Tschuang Tse: *Glückliche Wanderung.* Hugendubel Verlag, München 1978.
Ich liebe besonders die Tschuangtse-Texte. Die Photographien von Jane English, die Kalligraphie Gia-Fu Fengs und die Ausstattung beider Bände sind einmalig.

The Taoist Teachings from the Book of Lieh Tzu in der Übersetzung von Lionel Giles (John Murray, London 1959) ist womöglich nicht mehr im Handel.

Wenn Sie ein Exemplar bekommen können, wird es Ihnen von der ersten bis zur letzten Zeile ein außerordentliches Vergnügen bereiten.*

* Die deutsche Übersetzung von Richard Wilhelm ist leichter erhältlich: Liä Dsi, *Das wahre Buch vom quellenden Urgrund,* Diederichs Verlag, Köln 1987 (Anm. d. Übers.).

Wenn schon von vergnüglichen Büchern die Rede ist, versuchen Sie unbedingt, sich ein Exemplar von Oscar Mandels *Chi Po and the Sorcerer* (Charles E. Tuttle Co., Rutland, Vermont & Tokio, Japan) zu besorgen. Was mich besonders angezogen hat, war der Untertitel »Eine chinesische Geschichte für Kinder und Philosophen«. Ich fand mich für beide Bereiche qualifiziert. Dieses Buch ist für Kinder ebenso wie für Erwachsene rundum ein Vergnügen.

Alan Watts: *Zen-Tradition und lebendiger Weg* (Windpferd, Aitrang 1990) ist die beste Einführung in Taoismus und Zen, die ich kenne. Es ist so, wie ich schon allen Freunden, denen ich es empfohlen habe, gesagt habe: »Wenn jemandem das erste Kapitel über die Philosophie des Tao gefällt, wird ihm das übrige Buch ebenfalls gefallen. Wer das erste Kapitel nicht mag, wird mit dem ganzen Thema nichts anfangen können.«

Ich bin ein Fan von Alan Watts. Ich halte dieses Buch und seine Autobiographie für seine besten Werke. Ich empfehle:

Zeit zu leben – Erinnerungen eines »heiligen Barbaren«. Heyne Verlag, München 1984.
Dies ist ES – Über Zen und spirituelle Erfahrung. Sphinx Verlag, Basel 1979.
The Book – On the Taboo Against Knowing Who You Are. Pantheon Books, New York 1966.
Psychotherapy East and West. Ballantine Books, New York 1969.
Weisheit des ungesicherten Lebens. O. W. Barth Verlag, München 1981.

Der Lauf des Wassers – Eine Einführung in den Taoismus. Suhrkamp Verlag, Frankfurt a. M. 1983.

Das Kapitel aus *The Book*, das mich am meisten interessierte, war das dritte »Wie man eine echte Fälschung wird«. Es enthält eine ausgezeichnete Darstellung von Gregory Batesons Theorie des Double-Bind als Hauptursache der Schizophrenie. Diese Theorie ist vielleicht die bisher größte Errungenschaft der Psychiatrie.

Daisetz Suzuki ist im Westen wahrscheinlich der bekannteste Interpret des Zen. Ich empfehle vor allem:

Zen and Japanese Culture. Bollingen Series LXIV, Pantheon Books, New York 1959.
Manual of Zen Buddhism. Grove Press, New York 1960.
Leben aus Zen – Eine Einführung in den Zen-Buddhismus. O. W. Barth Verlag, München 1987.
The Zen Doctrine of No Mind. Samuel Weiser, New York 1972.
Essays in Zen Buddhism. 3 Bd. Luzac, London 1927, 1933, 1934. Deutsche Ausgabe in Einzelbänden im O. W. Barth Verlag.

Ich empfehle insbesondere *Zen and Japanese Culture*, und mit Sicherheit ist es der beste Suzuki für Einsteiger. Es ist üblich, mit der Lektüre der *Essays* zu beginnen, aber das halte ich für einen Fehler. Diese Essays sind viel besser verständlich, wenn man zuerst eine Reihe anderer Suzukis gelesen hat.
Ferner empfehle ich *Zen-Buddhismus und Psychoanalyse* von Erich Fromm, D. T. Suzuki und Richard De Martino (Suhrkamp Verlag, Frankfurt a. M. 1971).

Zen in der Kunst des Bogenschießens von Eugen Herrigel (O. W. Barth Verlag, München 1981) ist eines der allerbekanntesten Werke. Es war das erste Buch über Zen, das ich je gelesen habe, aber ich konnte seine wahre Bedeutung erst ermessen, als ich es nach der Lektüre vieler anderer Bücher über Zen zum zweiten Mal las. Es ist ein außerordentlich wichtiges Buch und wird von vielen japanischen Zen-Meistern hoch gelobt.

Ich glaube, das beste Buch über Zen, das es überhaupt gibt (wenigstens unter denen, die westlichen Lesern zugänglich sind), ist Huang Po: *Der Geist des Zen – Der klassische Text eines der größten Meister des Zen.* Hrsg. John Blofeld. O. W. Barth Verlag, München 1983. Ich habe es bis zum Schluß aufgespart, weil es für Anfänger vollkommen verwirrend ist.

Über chinesische Philosophie im allgemeinen sollte der Leser folgende Werke zu Rate ziehen:
Fung Yu-Lan: *A History of Chinese Philosophy.* 2 Bde. Princeton University Press, Princeton 1952, 1953.
Wing-Tsit Chan: *A Source Book in Chinese Philosophy.* Princeton University Press, Princeton 1963.

2. Poesie und Malerei

Kenneth Rexroth: *One Hundred Poems from the Chinese*; *Love and the Turning Year*; beide erhältlich als New Direction Paperbooks, 1970 und 1971. Es gibt keine Übersetzungen, die ich so geliebt habe wie diese.

Mein anderer Favorit ist John C. H. Wu: *The Four Seasons of T'ang Poetry.* Charles E. Tuttle Company, Rutland, Vt. & Tokio, Japan 1972.

Ich empfehle ebenfalls:
Kojiro Yoshikowa: *An Introduction to Sung Poetry*. Tr. Burton Watson. Harvard University Press, Cambridge 1969.
Burton Watson: *Chinese Lyricism.* Columbia University Press, New York & London 1971.
Beide Werke sind von philosophischer Tiefe.

»Kalt ist es auf diesem Berg! Nicht nur dieses Jahr, sondern jedes Jahr wieder!« Das schreibt Han-Shan, der zusammen mit seinem geistigen Bruder Shih-Te das vergnüglichste Paar von Sonderlingen darstellt, dem ich je begegnet bin! Wenn Sie sich einen chinesischen Hippie-Dichter des achten Jahrhunderts vorstellen können, bekommen Sie eine ungefähre Vorstellung von Han-Shan. Man sollte die Übersetzungen von Burton Watson und Gary Snyder beide lesen und miteinander vergleichen.*
Burton Watson: *Cold Mountain.* Columbia University Press, New York & London 1970.
Cyril Birch (ed.): *Anthology of Chinese Literature*. Grove Press, New York 1967. Wegen Snyders Übersetzung siehe Seite 194–202.

Einige von Han-Shans Gedichten sind auch von Arthur Waley übertragen worden. Eine außerordentlich interessante und wertvolle vergleichende Untersuchung der drei

* Siehe auch Han Shan: *150 Gedichte vom Kalten Berg.* Hrsg. Stephan Schuhmacher. Diederichs Verlag, Köln 1992 (Anm. d. Übers.).

Übersetzungen findet sich in dem Artikel *Three English Versions of Han-Shan's Cold Mountain Poems* von Herbert V. Fackler. Dieser Artikel wurde erstmals publiziert in: *Literature East and West,* Vol. XV No. 2, Austin & New York, Jenkins Publishing Company.

Han-Shan und Shih-Te sind von den Japanern jahrhundertelang immer wieder gemalt worden. Eine besonders schöne Reproduktion findet sich in Suzukis *Zen and Japanese Culture.*

Es ist ein Jammer, daß nur ungefähr ein Drittel der Gedichte vom *Kalten Berg* in englischen Übersetzungen vorliegt. Es ist höchste Zeit, daß sich jemand daran macht, ein wirklich umfassendes Werk über Han-Shan vorzulegen, das *alle* seine Gedichte in Übersetzung enthält, sowie alle überhaupt vorhandenen Übersetzungen und als Illustrationen ein Heer von Reproduktionen zahlreicher japanischer Gemälde.

Auf ganz andere Weise liebe ich den Dichter Wang Wei ebenso sehr. Er ist der Dichter der Ruhe *par excellence.* Einige wunderbare Bemerkungen über Wang Wei im Vergleich zu Han-Shan finden sich in Burton Watson, *Chinese Lyricism,* S. 176–78. Ein paar Übersetzungen von Wang Wei erscheinen in *Tao, Zen und schöpferische Kraft,* in *The Four Seasons of T'ang Poetry* und in *Authology of Chinese Literature.*
Für einen umfassenderen Überblick empfehle ich nachdrücklich:

Chang Yun-nan & Lewis Walmsey: *Poemes of Wang Wei.* Charles E. Tuttle Co., Rutland, Vt. & Tokio, Japan 1969.

Lewis Calvin Walmsey & Dorothy Brush Walmsey: *Wang Wei, Painter-Poet.* Charles E. Tuttle Co., Rutland, Vt. & Tokio, Japan 1968.

Wang Wei war tatsächlich sowohl einer der größten Maler als auch einer der größten Dichter Chinas. Der zweite Band ist wunderschön illustriert und exzellent ausgestattet.*

Es ist schon fast ein Axiom, daß Zen ohne Haiku so etwas ist wie Brot ohne Butter (oder vielleicht eher wie Butter ohne Brot). Das offensichtlich unentbehrliche englische Standardwerk ist R. H. Blyth: *Haiku.* 4 Bd. Hokuseido Press, Tokio 1950, 1952. Vom selben Autor stammt *Zen in English Literature*, Hokuseido Press, Tokio 1942.

Das Wunderbare an den theoretischen chinesischen Schriften über Ästhetik besteht darin, daß sie von exakt derselben Schönheit sind wie die Kunstwerke, die sie beschreiben. Eine Lektüre der chinesischen Philosophie der Malerei ruft praktisch dieselbe ästhetische Erfahrung hervor wie die Betrachtung der Gemälde selbst. Auf jeden Fall sollten Sie lesen

Lin Yutang (Hrsg.): *Chinesische Malerei – Eine Schule der Lebenskunst, Schriften chinesischer Meister.* Klett Verlag, Stuttgart 1967.

Osvald Siren: *The Chinese on the Art of Painting.* Schocken Books, New York 1971.

In *Chinesische Malerei* dürfen Sie sich das phantastische Kapitel über Shih T'ao nicht entgehen lassen! Ich habe Shih T'aos Bilder nie besonders gemocht, aber seine Ansichten über Kunst sind die bemerkenswertesten, die mir je begeg-

* Siehe auch: Wang Wei, *Jenseits der weißen Wolken – Die Gedichte des Weisen vom Südgebirge.* Hrsg. Stephan Schuhmacher. Diederichs Verlag, Köln 1989. (Anm. d. Übers.)

net sind. Bezüglich eines Abschnitts in diesem Kapitel schreibt Lin Yutang in einer Fußnote: »Das ist die seltsamste Abhandlung, die ich je übersetzt habe. In diesem ganzen Abschnitt identifiziert sich der Künstler mit dem Universum und seinen verschiedenen Manifestationen.«

Eine umfangreiche Sammlung chinesischer Kunstbände kann kostspielig sein, lassen Sie mich darum nur auf ein paar wesentliche Werke hinweisen:
George Rowley: *Principles of Chinese Painting*. Princeton University Press, Princeton 1947; Second Edition 1959.
Der Text ist ausgezeichnet. Die Reproduktionen der Erstauflage sind besonders schön.
Ernest Fenellosa: *Epochs of Chinese and Japanese Art*. William Heinemann Ltd., London 1912. Auch Dover Paperback, New York.
Lawrence Binyon: *The Flight of the Dragon* (The Wisdom of the East Series, Grove Press, New York 1961), *Painting in the Far East* (Edward Arnold, London 1908; auch Dover Paperback, New York 1957), *The Spirit of Asian Art* (Harvard University Press, 1936; auch Dover Paperback, New York 1965).

Wenn Sie das einmalige Glück haben sollten, daß Ihnen folgendes Schmuckstück über den Weg läuft, dann greifen Sie zu!
Richard Barnhart: *Wintry Forests, Old Trees*. China House Gallery, China Institute in America, New York.
Es ist der Katalog einer prächtigen Ausstellung des China-Instituts vom 26. Oktober 1972 bis zum 28. Januar 1973. Vielleicht finden Sie noch ein Exemplar in einem Buchladen, der auf orientalische Kunst spezialisiert ist.

Kleine Bibliographie für deutsche Leser

I. Texte

Laudse: *Daudedsching* (Lao-tse: Tao-te-king). Hrsg. Ernst Schwarz. Reclam Verlag, Leipzig 1978.

Lau Dse: *Dau Dö Djing* (Lao Tse: Tao Te King) – *Das Buch vom rechten Wege und von der rechten Gesinnung*. Hrsg. Jan Ulenbrook. Ullstein Verlag, Frankfurt a. M. & Berlin 1980.

Laotse: *Tao te king – Das Buch vom Sinn und Leben*. Hrsg. Richard Wilhelm. Diederichs Verlag, Köln 1978.

Lao-tse: *Tao-Te-King – Das heilige Buch vom Weg und von der Tugend*. Hrsg. Günther Debon. Philipp Reclam, Stuttgart 1979.

Lao-tse: *Führung und Kraft aus der Ewigkeit*. Hrsg. Erwin Rousselle. Insel Verlag, Frankfurt a. M. 1985.

Dschuang Dsi: *Das wahre Buch vom südlichen Blütenland*. Hrsg. Richard Wilhelm. Diederichs Verlag, Köln 1986.

Meister Bankei: *Die Zen-Lehre vom Ungeborenen*. O. W. Barth Verlag, München 1984.

Buchner, Hartmut/Tsujimura, Koichi (Hrsg.): *Der Ochs und sein Hirte – Eine altchinesische Zen-Geschichte erläutert von Meister Daizohkutsu R. Ohtsu*. Neske Verlag, Pfullingen 1985.

Reps, Paul: *Ohne Worte – ohne Schweigen. 101 Zen-Geschichten und andere Zen-Texte*. O. W. Barth Verlag, München 1981.

Ulenbrook, Jan (Hrsg.): *Haiku – Japanische Dreizeiler*. Schünemann Verlag, Bremen 1963.

Ders.: *Haiku – Japanische Gedichte*. Heyne Verlag, München 1985.

Weber-Schäfer, Peter (Hrsg.): *ZEN – Aussprüche und Verse der Zen-Meister*. Insel Verlag, Frankfurt a. M. 1986.

II. Einführende Literatur

Blofeld, John: *Der Taoismus oder Die Suche nach Unsterblichkeit*. Diederichs Verlag, Köln 1991.

Dumoulin, Heinrich: *Der Erleuchtungsweg des Zen im Buddhismus*. Fischer Taschenbuch Verlag, Frankfurt a. M. 1976.

Ders.: *Geschichte des Zen-Buddhismus*, 2 Bd., Francke Verlag, Bern & München 1985, 1986.

Enomiya-Lassalle, Hugo M.: *ZEN-Unterweisung*. Bearb. u. hrsg. von R. Ropers und B. Snela. Kösel Verlag, München 1987.

Groening, Lies: *Die lautlose Stimme der einen Hand – Zen-Erfahrungen in einem japanischen Kloster*. Econ Verlag, Düsseldorf 1983.

Hoff, Benjamin: *Tao Te Puh – Das Buch vom Tao und Puh dem Bären*. Synthesis Verlag, Essen 1984.

Kaltenmark, Max: *Lao-tzu und der Taoismus*. Suhrkamp Verlag, Frankfurt a. M. 1981.

Suzuki, Daisetz T.: *Die große Befreiung – Einführung in den Zen-Buddhismus*. O. W. Barth Verlag, München 1979.

Schleichert, Hubert: *Klassische chinesische Philosophie – Eine Einführung*. Klostermann, Frankfurt a. M. 1990.

Smullyan, Raymond: *Simplicius und der Baum*. Krüger Verlag, Frankfurt a. M. 1985.

Walf, Knut: *Tao für den Westen – Eine Einführung*. Kösel Verlag, München 1989.

Watts, Alan: *Vom Geist des Zen*. Sphinx Verlag, Basel 1984.

Anmerkungen

Teil 1

2. Kapitel

1 Eine Zusammenstellung aus verschiedenen Sprüchen des *Tao Te King* nach verschiedenen englischen Übersetzungen.

3. Kapitel

1 Lewis Carroll. *Alice im Wunderland.* Insel Verlag, Frankfurt a.M. 1973. S. 123.

5. Kapitel

1 Zusammenstellung verschiedener Übersetzungen.

6. Kapitel

1 Chang Chung-yuan. *Tao, Zen und schöpferische Kraft.* Diederichs Verlag, Köln 1985. S. 99 und S. 165.

7. Kapitel

1 Arthur Waley. *The Way And Its Power.* Grove Press, New York 1958. S. 171.

8. Kapitel

1 Lewis Carroll. *Alice hinter den Spiegeln.* Insel Verlag, Frankfurt a.M. 1981. S. 83.

12. Kapitel

1+2 Herrlee G. Creel. *What is Taoism?* University of Chicago Press, Chicago 1970. S. 31.

13. Kapitel

1 Alan Watts. *Der Lauf des Wassers.* Suhrkamp Verlag, Franfurt a.M. 1983.

14. Kapitel

1 Zusammenstellung aus verschiedenen Übersetzungen.

2 Lionel Giles. *Taoist Teachings.* John Murray, London 1959. S. 68.

3 Für Konfuzius ist einiges, was hier gesagt wird, bemerkenswert taoistisch, z. B. die Zeile »Er tritt nicht für Reformen ein, doch glaubt er, daß rechtes Verhalten spontan und allumfassend ist«. Viele Leute haben sich gefragt, wer wohl jener »Weise aus dem Westen« sein mag. Die frühen jesuitischen Missionare sahen darin eine Anspielung auf Jesus. Andere haben gemutmaßt, daß es sich um Buddha handle, was wohl glaubhafter ist, wenn man sich vergegenwärtigt, daß er und Konfuzius mehr oder weniger Zeitgenossen waren.

15. Kapitel

1 Nach R. H. Blyth handelt es sich entweder um die große Buddha-Statue in Nara oder um die in Kamakura. Siehe *Haiku.* Hokuseido Press, Tokio 1950. Bd. II, S. 216.

2 Ebd., S. 258.

17. Kapitel

1 D. Suzuki. *Zen and Japanese Culture.* Bollingen Series LXIV. Pantheon Books, New York 1959. S. 100.

2 R. H. Blyth. *Zen and Zen Classics.* Hokuseido Press, Tokio 1962. Bd. VII, S. 174.

3 Ich kann die exakte Quelle leider nicht angeben.

4 Richard Maurice Bucke. *Die Erfahrung des kosmischen Bewußtseins.* Aurum Verlag GmbH, Braunschweig 1975. S. 137/38.

Teil 2

19. Kapitel

1 Alan Watts. *ZEN. Tradition und lebendiger Weg.* Windpferd, Aitrang, 1990. S. 167.

21. Kapitel

1 Waldo Beach/Richard Niebuhr. *Christian Ethics.* The Ronald Press Company, New York 1955. S. 41.

22. Kapitel

1 Alan Watts. *The Way of Zen.* Vintage Books, New York 1957. S. 115.

2 Arthur Waley. *Lebensweisheit im Alten China.* Suhrkamp Verlag, Frankfurt a. M. 1974. S. 26/27.

23. Kapitel

1 Siehe Kapitel 22 (1).

2 Thomas Merton (Hrsg.). *Sinfonie für einen Seevogel und andere Texte des Tschuang tse.* Patmos Verlag, Düsseldorf 1973. S. 53.

Teil 3

25. Kapitel

1 R. H. Blyth. *Haiku.* Hokuseido Press, Tokio 1952. Bd. IV, S. 26.

2+3 Ebd. S. 13 f.

4 D. T. Suzuki. *Zen and Parapsychology.* (Philosophy and Culture/East and West, Charles A. Moore/Editor, University of Hawaii Press, Honolulu 1962. S. 740).

26. Kapitel

1 Lin Yutang (Hrsg.). *Die Weisheit des Laotse.* Fischer Verlag, Frankfurt a. M. 1987. S. 119 f.

28. Kapitel

1 Welsch Holmes. *The Creed of Buddha.* John Lane Company, London 1908. S. 211 f.

29. Kapitel

1 Donald Keene (Ed.). *Anthology of Japanese Literature.* Grove Press, New York 1955. S. 434 f.

2 Bis auf die letzte Zeile folgt der Text Alan Watts' Bearbeitung der (englischen) Übersetzung von Ch'u Ta-Kao – siehe Alan Watts. *The Way of Zen.* Vintage Books, New York 1957. S. 20.

3 Fung Yu-lan. *A History of Chinese Philosophy.* Princeton University Press, Princeton 1952. S. 173 f.

30. Kapitel

1 Richard Maurice Bucke. *Cosmic Consciousness.* E. P. Dutton & Co., New York 1923. S. 174 f. Deutsche Fassung des Sonetts nach: William Shakespeare. *Sonette.* Deutsch von Eduard Saenger, Arndt Beyer, Leipzig 1922.

31. Kapitel

1 Arthur Waley. *Chinesische Lyrik aus zwei Jahrtausenden.* Marion von Schröder Verlag, Hamburg 1951. S. 195 ff.

2 William Lyon Phelp. *Robert Browning.* The Bobbs-Merril Company, Indianapolis 1915. S. 28.

34. Kapitel

1 Kojiro Yoshikawa. *An Introduction to Sung Poetry.* Harvard University Press, Cambridge 1969. S. 102.

2+3+4 Ebd. S. 121 f.

5 Lin Yutang (Hrsg.). *Chinesische Malerei – Eine Schule der Lebenskunst, Schriften chinesischer Meister.* Aus dem Engl. von Liselotte Eder. © Dr. Lin Yutang, 1967. Klett-Lotta, Stuttgart 1967, S. 222.

6 Chang Chung-Yuan. *Original Teachings of Ch'an Buddhism.* Pantheon Books, New York 1969. S. 144.

Teil 4

35. Kapitel

1 Mit geringfügigen Änderungen folge ich der Übersetzung in: Oswald Siren. *The Chinese on the Art of Painting.* Schocken Books, New York 1971. S. 184.

39. Kapitel

1 Vgl. *Improvement of the Understanding* – Abschnitt VI.

44. Kapitel

1 Siehe Kapitel 19, Anm. (1).

2 Siehe Kapitel 17, Anm. (1).

3 Siehe Kapitel 6, Anm. (2).

46. Kapitel

1 R. H. Blyth. *Haiku.* Hokuseido Press, Tokio 1950. Bd. III. S. 124 f.

Thomas Cleary

Die Drei Schätze des Dao

Basistexte der inneren Alchemie

Aus dem Englischen
von Ingrid Fischer-Schreiber

Band 12899

Vitalität, Energie und Belebender Geist sind die zentralen Konzepte der uralten chinesischen Kunst der Harmonisierung von Körper, Geist und Seele. Von den Daoisten, die diese Kunst über Jahrtausende entwickelt und verfeinert haben, werden sie die »Drei Schätze« genannt, denn auf ihnen basiert unser Leben, unsere Gesundheit und unsere körperliche und geistige Entwicklung. Diese Drei Schätze sind auch die Grundpfeiler jener von daoistischen Weisen entwickelten Disziplinen, die heute im Abendland so großes Interesse finden. Dieser Band versammelt Auszüge aus chinesischen Quellentexten, die die Theorie der Drei Schätze und die Möglichkeiten ihrer praktischen Umsetzung darlegen. Der Bogen spannt sich dabei über zweieinhalb Jahrtausende von den berühmten Klassikern der Väter des Daoismus (Laotse, Chuang-tzu u. a.) über Parabeln und satirische Lehrgeschichten von geheimnisvollen daoistischen Magiern, die Unterweisungen der chinesischen Alchemisten des Altertums sowie Anleitungen zur Komtemplation und Meditation bis hin zu den Lehren zeitgenössischer daoistischer Adepten. Für jeden, der sich für die philosphischen und spirituellen Lehren Chinas und ihre praktische Anwendung in Medizin, Energiearbeit und meditativer Schulung interessiert, ist dieser Band eine Fundgrube von zum größten Teil erstmals ins Deutsche übersetzten Basistexten.

Fischer Taschenbuch Verlag

fi 5104 / 3

Die Weisheit der Upanischaden

Klassiker indischer Spiritualität

Herausgegeben und
ins Deutsche übersetzt von
Hans-Georg Türstig

Band 12896

Die Upanischaden haben seit über zweitausend Jahren das Leben, das Denken und den Glauben von Millionen von Menschen entscheidend geprägt. Als Abschluß und Krönung der großen vedischen Literatur Indiens enthalten sie Lehren, die in einer ungebrochenen mündlichen Tradition von Generation zu Generation überliefert und weiterentwickelt wurden, ehe sie in der uns heute bekannten Form schriftlich niedergelegt wurden. Der ganze Reichtum der indischen Weisheitstradition hat in diesen Schriften Niederschlag gefunden. Sie geben Auskunft über das Wesen des Göttlichen und der Welt; über den Atman, die unsterbliche individuelle Seele, und ihre Identität mit Brahman, der Weltseele; über die verschiedenen Wege und Methoden des Yoga, die zur Erlösung und Verwirklichung von Sat-Chit-Andanda, von »Sein-Bewußtsein-Glückseligkeit« führen. »Die Upanischaden sind die belohnendste und erhebendste Lektüre, die auf der Welt möglich ist«, sagte Arthur Schopenhauer, dem diese Texte selbst nur in einer unzulänglichen Drittübersetzung zugänglich waren. Die hier vorgelegte zeitgemäße Neuübertragung der wichtigsten Upanischaden aus dem Sanskrit-Original macht deutlich, daß diese Klassiker der östlichen Weisheit bis heute nichts von ihrer Relevanz für jeden Wahrheitssuchenden eingebüßt haben.

Fischer Taschenbuch Verlag

fi 5105 / 2

William Hart

Die Kunst des Lebens

Vipassana-Meditation nach S. N. Goenka

Aus dem Amerikanischen von
Heinz Bartsch

Band 12991

Vipassana, ein Wort aus dem altindischen Pali, bedeutet »die Dinge zu sehen, wie sie sind«. Es ist die Essenz der Lehre des Buddha. Vipassana ist die Wissenschaft vom Geist und der Materie und der Art, wie beide miteinander verknüpft sind. Als Vipassana-Schüler lernt man, die eigene Natur zu beobachten. Dazu muß man sich selbst erforschen und die eigenen geistigen und körperlichen Prozesse erkennen und verstehen lernen. Diese direkte Erfahrung der eigenen Realität, diese Technik der Selbstbeobachtung ist die Vipassana-Meditation. Im Laufe dieser tiefgreifenden Schulung des Geistes lernt der Meditierende, sich nach und nach von seinen geistigen Verspannungen, Konditionierungen und Illusionen zu befreien. Man lernt eine »Kunst zu leben«, mit der man beginnt, die natürlichen Qualitäten des Geistes zu entwickeln: Liebe, Mitgefühl, Freude, Gleichmut. Konkrete Fragen von Schülern und Antworten von S. N. Goenka am Ende der Kapitel zeigen die praktische, einfache und hilfreiche Natur der Vipassana-Meditation.

Fischer Taschenbuch Verlag

fi 5102 / 2

Perle Besserman

Der versteckte Garten

Die Kabbala als Quelle spiritueller Unterweisung

Aus dem Amerikanischen von
Angelika Schweikart

Band 13013

Der versteckte Garten ist eine kenntnisreiche Einführung in die Welt der Kabbala. Anhand eines historischen Abrisses gibt die Autorin die Entwicklung der einzelnen Lehren der jüdischen Mystik wieder. Sie stellt Schulen, Lehrmeister und Methoden vor und untermauert ihre Ausführungen mit Zitaten aus historischen Texten, so daß wichtige Vertreter der unterschiedlichen Richtungen wie Joseph Caro, Simeon bar Jochai, Isaac Luria, Abraham Abulafia und Baal-schem Tov zu Wort kommen. Nach Baal-schem Tov erreicht der Mensch seine Vervollkommnung in Gott nicht allein durch Fasten und Selbstkasteiung, sondern auch durch die Wertschätzung des Göttlichen im Alltag. Epstein weist auf extreme Entwicklungen und ihre Folgen hin, und sie zeigt Parallelen zu anderen esoterischen Traditionen auf. Doch vor allem macht sie deutlich, daß die Kabbala ein Weg spiritueller Schulung ist, der den Übenden zu eigener, unmittelbarer religiöser Erfahrung führt.

Fischer Taschenbuch Verlag

fi 5101 / 4

Ravi Ravindra

Mystisches Christentum

Das Johannesevangelium im Licht fernöstlicher Weisheit

Aus dem Amerikanischen von Hans-Georg Türstig

Band 13029

Von einer in äußeren Formen und dogmatischen Glaubenssätzen erstarrten Amtskirche enttäuscht, haben sich viele Westler, die eine spirituelle Orientierung suchen, östlichen Meditationswegen zugewendet. In diesem Buch zeigt ein indischer Kenner östlicher Religionen, daß das Licht mystischer Erfahrung, das viele im Orient suchen, auch im Herzen der christlichen Tradition zu finden ist – wenn man ihre Quellen vom Standpunkt innerer religiöser Erfahrung und nicht nur vom oberflächlichen Wortlaut zu interpretieren versteht. Ohne die Enge theologischer Schriftgelehrtheit und kirchlicher Dogmatik interpretiert der Autor das Johannesevangelium vor dem Hintergrund der uralten Weisheitslehren des Ostens. So gewinnt das Johannesevangelium – jenseits von christlichen »*Allein*gültigkeitsansprüchen« – eine *allgemein*gültige, universale Dimension, deren Verständnis uns die meisten christlichen Sonntagspredigten und theologischen Abhandlungen eher verbaut als erleichtert haben. Und so ist es gerade der Blick aus der kulturellen Distanz, der uns die mystische Tiefe und die kulturübergreifende Relevanz dieser heiligen Schrift auf eine für Christen wie für Freunde östlicher Weisheit inspirierende Weise vor Augen führt.

Fischer Taschenbuch Verlag

fi 5103 / 2

Thomas E. Mails

Ich singe mein Lied für Donner, Wind und Wolken

Das Leben von Fools Crow

Aus dem Amerikanischen von
Gisela Merz-Busch

Band 13032

Frank Fools Crow (ca. 1890-1989) war einer der letzten großen Häuptlinge und Medizinmänner der Teton-Sioux. Der Neffe und Schützling des berühmten Häuptlings Black Elk (Schwarzer Hirsch), dessen Erinnerungen *Ich rufe mein Volk* und *Die heilige Pfeife* zu den Klassikern der Indianerliteratur gehören, wurde kurze Zeit nach dem Massaker am Wounded Knee im Jahre 1890, einem historischen Wendepunkt im Leben der nordamerikanischen Indianer, geboren. Sein wechselvolles Leben umfaßt ein Jahrhundert, in dem sein Volk durch dramatische Veränderungen und Krisen ging. In einer Vision erhielt der alte Häuptling den Auftrag, sein Wissen um die heiligen Überlieferungen seines Stammes in schriftlicher Form zu bewahren, und ließ es deshalb von Thomas Mails aufzeichnen. Das geistige Vermächtnis dieses großen Häuptlings ist ein außerordentliches historisches Dokument und zugleich eine Quelle der Weisheit für alle Indianer und Nicht-Indianer, die von der »ökologischen Spiritualität« der alten indianischen Überlieferungen lernen wollen.

Fischer Taschenbuch Verlag

fi 5100 / 2

fi 5110 / 3 a